RULE#1

一号法则

[美] 菲尔·汤恩 Phil Town 著

中国青年出版社
CHINA YOUTH PRESS
中青文传媒

图书在版编目（CIP）数据

一号法则 /（美）菲尔·汤恩著；尹宏毅等译.

—北京：中国青年出版社，2007.1

书名原文：Rule #1

ISBN 978-7-5006-6661-5

Ⅰ.①一… Ⅱ.①菲… ②尹… Ⅲ.①私人投资-基本知识 Ⅳ.①F830.59

中国版本图书馆CIP数据核字（2006）第163408号

一号法则

作　　者：〔美〕菲尔·汤恩
译　　者：尹宏毅　刘丽君　万秋梦　曹阿雪
策划编辑：肖妩嫔
责任编辑：于明丽
文字编辑：侯雯洁
美术编辑：佟雪莹
出　　版：中国青年出版社
发　　行：北京中青文文化传媒有限公司
电　　话：010-65511270 / 65516873
公司网址：www.cyb.com.cn
购书网址：zqwts.tmall.com
印　　刷：大厂回族自治县益利印刷有限公司
版　　次：2007年1月第1版
印　　次：2021年11月第3次印刷
开　　本：787 × 1092　　1/16
字　　数：245千字
印　　张：17.5
京权图字：01-2006-7262
书　　号：ISBN 978-7-5006-6661-5
定　　价：79.00元

CONTENTS

目录

序　言　一周只需15分钟就能成功投资的简单策略　/004

第一章　有关投资的3个神话　/015

第二章　一号法则与4M　/037

第三章　投资企业而非股票　/043

第四章　识别护城河　/055

第五章　5个重要指标　/067

第六章　计算5个重要指标　/097

第七章　把赌注押在骑手身上　/115

第八章　确定安全边际　/135

第九章　估算标价　/149

第十章　掌握抛售的时机　/173

第十一章　股票下跌时的应对策略　/187

第十二章　股票交易的3种工具　/197

第十三章　勇于尝试　/215

第十四章　排除障碍　/243

第十五章　为你的一号法则投资做好准备　/253

第十六章　股票投资常见问题解析　/267

Make Money No Matter What

一周只需15分钟就能成功投资的简单策略

序 言

只要改变思维，你就会改变世界。

——诺曼·文森特·皮尔

本书提供了简单易行的指南，教你如何在股市中零风险获得15%以上的回报率。实际上，一号法则几乎不受股市涨落的影响。这一点，等大家读完本书时就会明白。

一号法则今天之所以重要，有许多原因。仅举其中最次要的一项：战后婴儿潮一代人目前在银行里平均拥有5万美元左右存款，用于从现在起20年的退休时间里的花费。他们觉得需要100万，但却没有那么多钱。一方面，他们相比年轻的一代人苦恼于还债、攒钱，甚至还要考虑依靠个人的力量在市场上投资。如果仅仅投资收益率约4%、低风险的政府债券，他们的退休生活肯定会很艰难。另一方面，盲目投资（用投资人的术语说就是“投机”），希冀获得15%的收益率，这样肯定会亏本。一号法则解决的问题就是如何使低风险与高收益并存，这一法则能够让你把退休时间大大提前，而又不需要你所预计的那么多钱。

我没有发明这项“法则”。最初的制订者是哥伦比亚大学的本杰明·格雷厄姆。它问世后又被格雷厄姆的学生、世界上最成功的专业投资者——沃伦·巴菲特推崇奉行。巴菲特说，“投资只有两条法则——一号法则，不要赔钱；二号法则：不要忘记一号法则”。

我之所以要论述一号法则，是因为我既不是巴菲特，也不是格雷厄姆。如果只有天才才能运用一号法则，那么论述它也就没有什么意义了，不是吗？我像大家一样是凡夫俗子。我喜欢简单明了的东西。我没有在商学院上过学，也没有在华尔街工作过。我是通过生活领悟到一号法则重要性的。如果投资没有赔钱的风险，谁会不愿意亲自上阵？

显然，谁都愿意。所以我每年应邀向起码50万人展示，一号法则是多么简单易行。我曾参加彼得·洛的“鼓舞干劲”超级巡回演讲，讲解一号法则。在演讲中，我被介绍为“全美教授人们投资方法最多的人”。此次巡回演讲中，与我同台的有鲁迪·朱利亚尼、比尔·克林顿、乔治·H. W. 布什、杰拉尔德·福特、吉米·卡特、玛格丽特·撒切尔、柯林·鲍威尔、米哈伊尔·戈尔巴乔夫和汤米·弗兰克斯将军。我向200多万人介绍了“法则”。现在，是我向大家传授的时候了。

在学会并四处讲授一号法则之前，我基本上靠干苦力活为生，不敢奢望购买昂贵的房产或奢侈地周游世界。我挖过沟，刷洗过租赁设备，在加油站干过，当过卡车司机，给餐馆服务员当过杂工，加工过（医用的）腿部支架。我在中学里学业平平，大学也是好不容易才毕业。在陆军服役的近4年里，我在特种部队度过两年，在越南待了4个月。

1972年3月1日，我结束了在越南的服役，回到了美国。在军队的最后一天，我漫步在西雅图的西塔科国际机场上，自豪地穿着军装，头戴绿色贝雷帽。突然，一名男子走上前来朝我啐吐沫，然后扬长而去。当时我已离开美国很久，不知道由于我被派到海外干的事，美国人是多么鄙视我。为国效力多年后，我现在身为普通人，在几天时间里我就发现许多人认为我甘冒生命危险是傻瓜（甚至比傻瓜还傻）。

我觉得没有人会雇用我，但我最终找到一份河上导游的工作。在加利福尼亚、犹他和爱达荷担任几年导游之后，我最终来到大峡谷。那时我的头发留得很长，穿着黑皮衣，蓄着山羊胡，住在亚利桑那州旗杆市附近丛林中的一间印第安式帐篷里，外出时骑一辆噪音山响的哈雷戴维森摩托车，看起来很唬人。我距离华尔街和投资界实在太遥远。我仍以干苦力活谋生。但那时我有了正确的态度。

1980，年时来运转，我带领“拓展训练营”的董事会成员进入峡谷两周。“拓展训练营”是一项教育计划，在各种不同的环境中给所有年龄的人们带来挑战。它通常是通过野外的探险，使人们学会团队精神、领导才能和发现自我等。由于“拓展训练营”让参与者自己完成全部任务，因此，我们决定对董事们也照此要求。我们没有划船送他们顺河而下，而是让他们坐上小筏子，自己完成绝大部分的划船工作。几天后，我们来到了“水晶溪”。这是大峡谷中水流最湍急的地方。每秒钟8万立方英尺的水流冲击着花岗岩的岩壁，而后转一个90度的弯，落差达到35英尺①。岩壁上，水流的跌落和水量之大形成了一个巨大的漩涡（以“潭”而著称）。当时，在我所有的大峡谷旅行中，我从未靠近这个水潭，而我认识的唯一一个这样做的人，也几乎命丧黄泉。他全身伤痕累累，后背几乎断裂。我们总是把船划到远离水潭的右侧，从旁边溜过去。但是这一回，我们大家一起划。我需要船员们的帮助，让船筏驶向河的右侧。我们开始还蛮不错，沿着右侧顺流而下。但是，当我要求我所照管的人们向右岸划的时候，船筏只是原地打转。而实际上，我们距离漩涡越来越近。“快划！用力划！安危在此一举！”

但是，我们却一直在往水潭方向漂移。这时我要伙伴们使劲划，就好像我们的生命维系于此，结果却使他们在划船时相互碰撞。他们都气喘吁吁，而船却仍然向后倒退。现在只能调转船头，直接冲入水潭。这样也许我们当中只有一部分人会死。正在这时，我注意到岩壁和水潭之间有一条缝隙，于是我使自己的声音压过急流的噪音，大喊着要船员们奋力划向水潭的上沿。我以为我们也许能够迎浪越过悬崖底部。这是一次十分大胆的尝试。刹那间，我仿佛看到我们撞在悬崖上，然后被淹没在水潭中。也许大家也意识到了这一点，也或许他们最终意识到

① 1英尺≈0.3048米。——编者注

冲入水潭之后就会安全。不管怎样，他们突然间使得这艘船筏飞起来，我们沿着水潭的上沿滑行。一瞬间，我们都瞠目结舌地俯瞰着敞开的漩涡，就像老鼠向洗衣机里面观望。直到今天，我都不知道我们究竟是怎么滑过急流的。我们不偏不倚地进入那条缝隙，躲过了岩壁，避过了水潭，从另一侧出来，甚至没有被打湿，非常惊心动魄。我们上岸时，其中一个伙伴呕吐了。而我则在一旁对这家公司的所有者（他恰好也随队旅行）解释我带领他的6位精英到灾难的边缘走一遭，并不是我的过错。

那天晚上，其中一个乘筏者紧紧地拥抱了我，眼中充满了感激之情。他说："我怎么才能感谢你挽救了我的生命？"我都不敢告诉他其实我差一点就让他送了命。这个人叫作沃尔夫，我称其为"狼人"，是靠自己奋斗成为百万富翁的。当他感谢我的时候，我以为他会给我一些钱作为酬谢。结果，他却讲起了"授人以鱼不如授人以渔"的老故事。我把这全当耳边风，"他可以留着那条鱼。我只想拿到钱"。但是，他已经下定决心要教会我如何投资，并不理会我无动于衷的态度。

那天夜里在篝火旁，他问我挣多少钱。我告诉他我在划木筏的季节里挣4000美元，其余6个月我领取失业救济金。这番话让他沉默了几天。但他依然耐心不减，激发我的好奇心，最终让我鼓起干劲。我借了1000美元。5年后，我成了百万富翁。在当时，我已经掌握了我现在称之为一号法则投资方法的基本内容。但当时我并不知道，世界上最出色的投资家都在运用这项法则，而且它已经存在了80年。我只知道它使我赚了钱。这就是我要在本书中向大家传授的东西。

诚然，发财致富有很多途径：学会本垒打，与一支全国棒球联合会球队签约；发明新的热门机械装置；购买彩票并中奖；或者苦练表演技艺，成为好莱坞收益最高的名人。但是，对你我这样的人来说，说实在的，这些目标有多大可能实现？相比之下，学会用一号法则投资会更容易一些。我就是这样做的。你甚至不必聪颖过人就可以学会。

大多数美国人都陷入了共同基金的圈套。共同基金实际上就是在随市场大流。他们使投资组合多元化以分散风险。他们是在打持久战。他们做了专家们要他们做的一切，但当市场行情下滑时，他们仍然会血本无归。举例来说：1906年，道琼斯指数达到100点；1942年还是100点。换言之，如果你在1906年到1942年期间买进分散的股票组合，那么收益率就会是零或者更糟（有可能更糟）。36年！这是一个很长的时期。从1942年到1965年，市场行情上涨，投资者获得了可观的11%的复合收益率（扣除股息）。在道琼斯指数达到1000点之后的18年里再没有上涨过。一直到1983年，市场再度飙升，在17年中从1000点上升到11000点。现在，它又处于徘徊停滞状态。在我们业余人士看来，市场就是先迅速上涨，获得严重过高的估价，然后在20到30年里陷入停滞。或许你没有注意到，这里的关键是"几十年"。

当然，市场除了会徘徊停滞之外，还有其他可能的变化。就在我撰写本书的时候，美国总统正在设法修改社会保险法案，使2万亿美元回到劳动者手中，以便于他们进行个人投资。如果修订成功，这笔钱就会流入共同基金，使市场行情上涨。但这可能只维持一段时间。之后，战后婴儿潮一代人就会开始退休，可能还会提取自己的几万亿美元，从而可能使市场行情暴跌到2002年的水平。一些人争论说，中国和印度会提供繁荣的市场，导致美国公司的利润将不断增长；而这反过来又会支撑股票价格。但是，你会对此抱有希望吗？这一切给你我这样的普通小投资者能够带来什么？在当今市场环境下，我们唯一可以做的就是用一号法则来投资。

正如巴菲特根据市场变化修改其投资原则一样，我也进一步改进了一号法则的原理。因为最近20年来，市场变化主要源自三个方面：（1）机构资金的影响，譬如共同基金、养老金基金、银行业基金和保险基金等；（2）"高效率市场理论"的影响（后文将加以解释）；（3）网络和计算机对个人能力的影响，人们能够以低成本获取信息，并利用其获利。

一号法则是经过机构投资者验证的投资策略。这项策略适用于电脑普及的时代。这是历史上第一次，无法花大量时间研究股市的小人物也能够实施一号法则，网络投资工具使你有可能每周只用15分钟就成为一名成功的一号法则投资者。你会拥有丰富的信息优势。这些优势让你有可能超越所谓的专家。如果你在购物方面有经验，知道如何找到高性价比的东西，那么基于同一理念的一号法则对你而言就不会有任何困难。

如果一号法则如此了不起，那么以前人们为什么无法获得它呢？原因就在于现在有了电脑和网络，这使得每一个人都可以轻而易举地运用一号法则。

正如本书将会阐明的那样，科技、资金和战略恰好在我们小投资者最需要的时候，汇集在一起并创造出一场革命。

我希望，本书会使你恢复对投资的信念。如果你愿意相信一号法则，我会教你如何移动一座座金融的山峰。需要的仅仅是一点点信念、实践和努力。如果你已对市场失去希望，我会重新培训你；如果你是投资新手，我会培训你，即使你没有任何金融经验，仅仅想尝试某种毫无风险并能提供金融安全保障的东西。

不论你是一位投资老手还是新手，都要抛弃陈旧的、错误的象牙塔理论。把共同基金和基金管理人抛在脑后。这样一来，你就会摆脱平庸，学会依靠自己的力量打开通往真正财富的大门。

作者列维特和都伯纳在《魔鬼经济学》一书中阐明了互联网给我们大家所带来的：获得从前属于机密的信息的机会，以及利用这些信息渔利的力量。书中写道："信息是互联网的通货。作为一种媒介，互联网能够使信息高速、高效地传递。……与专家面对面也许会强化信息不对称，专家的信息优势使我们感到自己愚蠢、低贱或者不光彩，在这些情况下，互联网都被证明是有效的替代方案。”在投资领域中，猜一猜是谁囤积信息，使我们感到愚蠢并在信息方面依赖他们？对，就是所谓的专家，大部分但不是所有的资金管理者、经纪人和理财专家。

大家想知道我为什么如此干劲十足吗？想象一下，如果上中学的孩子们学会一号法则，在15岁时开始以每年20%的复合利率赚钱，年纪轻轻，每年就能获得1000美元来购买大公司的股票，65岁时就会拥有至少4500万美元的退休保障。这意味着，他们在自己的工作生涯中，将能够做自己想做的任何事情，而不必为退休担忧。他们可以成为企业家、教师、军人、航天员、科学家、消防队员、艺术家或者传教士。因为他们知道，自己到50岁就会拥有一笔财富。而当我想到自己这一代人时，我的干劲就更大。战后婴儿潮一代之所以能够过上舒适的退休生活，是因为他们学会了如何进行高回报率的投资，而且投资在自己引以为豪的企业中，不必担心会失去什么。一号法则适用于每个人，不论其年龄大小，财富多少，智商或社会地位如何。如果运用得当，它会确保你永远也不必再为钱担忧。我知道你已经准备好，所以让我们开始吧。

要成为真正的一号法则投资者，你得学会一些基本运算。请相信我，我也是一个害怕数学的人，我讨厌任何复杂的事物。我想让大家做的是假装自己现在是小学四年级，必须学会乘法表。一旦你习惯了鼓弄数字，事情就会像明白二加二等于几一样容易。读完本书，你会获得一些模式识别技能，从而使一号法则投资成为你的第二天性。

一号法则投资鲜为人知的优势之一，就是能够使你不需要很多钱就可以退休。比方说，如果你退休时攒了30万美元（不包括房产等），然后听从大多数专家的建议，把这30万美元主要投到债券之中，从而平均每年获得15000美元左右的收入。也就是每月1300美元左右（如果本金分期偿还，还会稍多一点）。而这远远不够维持中产阶级生活水平。因此，理财专家建议你积累自己目前收入的10倍——这对一些人来说意味着需要积攒100万美元左右。对大多数人来说，这是一个可怕的数字；100万如果安稳地投资债券，会提供每年5万美元左右的收入。

而一号法则投资者却能仅用30万美元的积蓄就创造5万美元的年收入。仅凭这一优势，就有理由学会一号法则。之所以能够得出这些数字，是因为一号法则投资者的年收益率为15%。目前，很少有哪位婴儿潮一代的财务状况使之能够设想在今后15年里会拥有100万美元。而一号法则投资者有了100万美元，就能每月赚得大约12000美元，而不是4000美元。有了12000美元的月收入，一位百万富翁就可以高枕无忧了。

当我向某人保证他（她）能够做到这一点的时候，我常常讲到我几年前在一家工厂里结识的一位妇女的故事。我暂且称呼她“朱丽”。此前20年，朱丽一直是一位家庭妇女。再往前，她曾在中学教过艺术课。她讨厌数学，从来都没有鼓弄过数字，甚至在家里也不管账。但是，她看到我作为演讲者之一的一次研讨会的广告时，产生了好奇心。然后她报名参加了我的研习班。不出几个月，她就学会了如何操纵数字。以前她丈夫管理家里所有的投资和家庭财务，现在也不得不投降。朱丽接管之后，夫妇二人眼看着家庭资产在几个月里从45000美元增长到72000美元——收益率为60%。而在同期，朱丽丈夫的退休金账户（内有5万美元存款）却只增加了462美元。既然朱丽能完成这些数学计算，你也能。

对于一些喜欢独立研究的人而言，如果不愿意使用我网站www.ruleoneinvesting.com提供的节省时间的计算器，也可以到网站挑选我所提供的工具，这些工具与

Excel软件异曲同工。总之，请相信，越是对一号法则思维感到惬意，这个法则就越会成为一个“嵌入你的脑海”的过程。最终，本网站对你的主要用途将是搜集金融数据、使用在线市场工具和获取最新信息。

无论何时，只要你需要咨询，都可以从我的网站给我发送电子邮件。我会对共性问题做出公开解答。

★本书提供的所有网站地址与资源均在本书出版时是可访问并有效的。如果网址与资源出现变更或网站暂停访问的问题，本书作者与出版社为由此给读者带来的不便深感歉意，但不为上述出现的任何变化负有责任。

The Myths of Investing

有关投资的3个神话

第一章

专家就是避免了小错误，却朝着严重的谬误前进的人。

——本杰明·斯托尔伯格

最标准的低风险投资是10年期美国国库券。在撰写本书的时候（2005年），其收益率为4%左右。如果仅仅投资这些债券，你就有保障获利4%。这种策略的唯一问题，尤其是对即将退休的战后婴儿潮一代人来说，就是按照4%的收益率，你的钱翻一番需要18年时间。而且18年后，即使通胀率很低，只有2%到3%，绝大部分的收益也会被涨价抵消，结果你的购买力仅仅会比18年前稍高一点。尽管如此，投资者们仍然趋之若鹜。

为什么会有人想要持有几乎跟不上通货膨胀速度、实际财富增长几乎为零的债券？因为几乎人人都相信，高收益一定意味着高风险。与担心不能过上舒适的退休生活相比，人们更害怕为了获得高收益而血本无归。

而事实是，高收益并不一定伴随着高风险。让我来解释一下。

高收益并不一定意味着高风险

我在亚利桑那州凤凰城发表一次演讲时问听众："你们当中有多少人是开车到这里来的？"大多数人举起了手。"好的，几乎人人都是。那么你们当中有多少人开车来这里冒了很大风险？"再次举手的人寥寥无几。我难以置信地问这几个举手的人："你们开车来这里真的冒了很大风险吗？要么你们开车并没有真的冒险，而只是胡闹，要么我们终于找到了凤凰城交通问题的症结——你们这些举手的人不会开车。是这样吗？"大家都笑了。"这么说，开车前来这里并不那么可怕。但是想象一下，如果不是自己开车，而是你11岁的侄子把握方向盘，你是不是冒了很大风险呢？"人们笑着点点头。"旅程是相同的——从A点到B点。但是当你让某个不会开车的人坐在驾驶员座位上时，一次比较安全的旅行，就会危险得难以置信了。"

实现投资自由的旅程恰恰也是如此。如果你不知道自己在做什么，旅行就会十分缓慢，或者险象环生。这就是为什么大多数人认为高速行驶（追求很高收益）是危险的，因为他们不知道如何驾驶金融这辆轿车，而不是由于高速行驶一定很危险。只有你不知道自己在做什么才会很危险。一号法则的精髓就在于你知道自己在做什么——有把握地投资，不亏本！

现在你大概正在纳闷："那么共同基金呢？我们所学习的使风险最小化和收益最大化的那些方法呢？"朋友们，我不愿意充当坏消息的传递者，但真相的确如此：与成为一号法则投资者相比，成为共同基金投资人的风险要大得多。在许多方面，投资共同基金都很像把你的汽车钥匙交给11岁的侄子。

共同基金的骗局

如果你持有的共同基金试图在金融市场中获胜，如果你希望你的基金管理人能够保障你的退休生活，那么你很可能会成为一场大骗局的受害者。1亿投资者的想法都与你一样。《财富》杂志报道说，从1985年以来，只有4%的基金管理人战胜了标准普尔500指数，而且只是略胜一筹。换言之，你付给基金管理人报酬，但却几乎没有基金管理人做到你要求其做的事情——击败市场。在20世纪80年代和90年代，股市以两位数字的增长率暴涨，使得基金管理人无忧无虑，而这一重要事实并没有引起投资者的注意。但是现在，这段狂欢已经结束，投资者们开始注意到，他们的基金管理人用处不大。这已经不是一种新评判。

几年前，沃伦·巴菲特如此评论基金管理人："一些领域中的专业人员，譬如牙科医生，给普通人带来很多好处。但是在职业资金管理者那里，人们花了钱，却一无所获。"这里的关键词是一无所获。想想，你是怎么做的呢？你把自己辛辛苦苦挣来的钱给了一位基金管理人，希望他能够实现15%或者更高的收益率，就像20世纪90年代你所获得的那样。为什么呢？因为你不想自己投资，而且因为整个金融服务业都使你相信，你自己干不了。

还是鼓足干劲，脚踏实地地自己干吧。从2000年到2003年，共同基金的价值损失了一半。而没有专业人员帮助，你自己干的损失也就是50%。事实上，1996年，一只猴子受聘与纽约最出色的基金管理人竞争。它连续两年击败了他们。有一次，我对洛杉矶的听众讲这个故事时，上层看台上有人喊道："这猴子叫什么名字？"这证明了，一些人总是千方百计地回避自己投资。

彼得·林奇是少数几个取得超过市场平均值的收益率之后就见好就收的基金管理人之一。他在《彼得·林奇的成功投资》(*One Up On Wall Street*)一书中写道，业余投资者具有"许多内在的优势，如果加以发挥，会超越专家"。换言之，你应当自己来干这件事。而你之所以不干，是因为整个金融服务行业都使有关投资的三个神话长存，以使人们不断地把钱送给他们去投资，尽管该行业在任何一个较长的时期里业绩都十分糟糕。

有关投资的3个神话

神话1：专家才能管理资金

我想要打破的第一个神话是，管理金钱必须有很多时间和专门知识。假如投资很难学习，或者获取做出决策的信息需要花费很多时间，情况就会如此。但我将向大家证明情况并非如此，尽管金融服务行业想要使我们相信这是事实。如果该行业能够继续使你相信依靠自己的力量做不了这件事，它就可以从佣金和服务费用中赚取几十亿美元。

互联网已经改变了这一切。如今，曾经每年耗费5万美元的投资工具现在每天只需花费不到2美元就能获得，而且使用起来每天也只需几分钟，而不是每周50小时。而且，与几年前基金管理人所拥有的任何工具相比，互联网工具都更加精确、更加及时，也更加容易应用。你所需要的仅仅是一点指导和一个短暂的学习时期。但是请不要去向你的经纪人、理财专家/顾问、注册会计师或者基金管理人询问你是否应当依靠自己的力量来干这件事。你知道他们会说什么。他们会这样说："但这正是我为您做的事情啊，这样您就不必操心了。"事实上，你应当为此操心。这是你自己的钱，你是唯一一个真正在乎它的人。

就连专业人士，譬如吉姆·克莱默（Jim Cramer）——一个希望你依靠自己的力量投资的人，也并不真正了解我们这类人的境况。像金融行业的其他顶级人物一样，吉姆出身于常春藤盟校，十分精明，喜欢整日整夜地玩股票，他生活中的一切都与炒股息息相关，他全然不了解你我辛苦劳作、希望能够退休的情形。对这些家伙来说，这是一场游戏。一场严肃的游戏，但仍是一场游戏。吉姆是一名操盘手，酷爱投机。如果遵循他的做法，你每周起码得投入5到10个小时。而你就是在用你输不起的钱玩一场十分危险的游戏，对手却是真正富有和精明的家伙——就像吉姆。

如果你认为自己能在这场游戏中获胜，别客气。假如你确实获胜，我向你致敬，因为你比我们大家精明得多。而对我们大家（包括我在内）来说，必须要另辟蹊径。要面对这一事实，我们大多数人每周没有5个小时可以花在投资上。我们得抚养孩子，得过日子，工作时间超出我们可以利用的时间。我们不想每天盯着大盘，更不想沦为忙着进行当日短线交易的个人投资者。这会有什么乐趣呢？我们只想寻找高收益、低风险且不会花费很多时间的投资对象。

一号法则是适合我们大家的投资方法。

神话 2：市场是无法打败的

最近20年来，96%的共同基金管理人都未能战胜市场。但因为你不是基金管理人，所以没有人会根据你是否击败了市场而对你做出判断。人们对你理财能力的判断是看你到75岁时是否生活得舒适。你不应当关注自己是否打败了市场。如果市场行情下跌了50%，而你的基金管理人仅仅损失了40%，虽然他可能是击败了市场，但是这对你有用吗？一号法则投资者的期望是每年复合收益率至少达到15%。如果能够达到这一目标，我们就不在乎市场行情如何。因为无论如何我们的退休生活都会很优裕。因此，如果用这一标准来判断，一号法则投资者就可以在投资时如鱼得水。

认为市场无法战胜，这一神话始于20世纪70年代，其始作俑者之一就是普林斯顿大学教授伯顿·马尔基尔（Burton Malkiel）。他进行了大量研究之后声称，没有人会战胜市场。他的《漫步华尔街》（*A Random Walk Down Wall Street*）一书畅销至今。他影响了商学院教授中的一代人。这些人都认同著名的“有效市场理论”（EMT：Efficient Market Theory）。EMT认为，一般市场（以股票市场为例）都是有效的，即价格以价值为基础。理性投资者对可能会影响其投资的事件做出的反应造成了股价的涨跌。根据EMT，市场十分高效，以致人们所能了解到的某家公司的一切都已经在每一分钟里被纳入到公司股票的价格之中。换言之，股票价格总是等于公司的价值。

如果果真如此，那么就不可能找到估价过低的股票，同样也不可能为股票支付过高的价格。为什么？因为如果价格总是等于价值，市场上便不会有交易，也没有投机。EMT理论支持者称，这一情形解释了为什么几乎没有任何基金管理人打败市场。这些基金管理人是聪明人，如果他们长时间里全都没有击败市场，那么市场的一切定价都必定是尽善尽美。

但是一些人的确在长期时间范畴打败了市场。本书的要义就在于向大家展示怎么做。你很快就会意识到，EMT有多么荒谬。

1984年，沃伦·巴菲特在哥伦比亚大学商学院讲了一堂课。他在课上说，有起码20位投资者，他曾经预言他们会获得很高的收益率，果然在20多年的时间里他们都大大超越了15%的目标。这些投资者全都属于同一投资学派。他称之为“格雷厄姆-多德”学派，因为他们要么师从格雷厄姆和多德两位教授，要么师从巴菲特或者某个效法巴菲特的人——就像我从我的老师那里学习，而大家又从我这里学习一样。（本杰明·格雷厄姆是巴菲特在哥伦比亚大学的老师；戴维·多德是哥伦比亚大学商学院的另外一位教授。）在80年里，这些投资者每年的复合收益率为18%到33%。巴菲特向哥伦比亚大学的学生们阐明的要点是，他所认识的在长期投资区间里每年获利15%以上的人们全都采取了大同小异的做法。他们全都从一号法则做起。

在2000年到2003年的股市崩盘中，一些优绩企业的股票价值暴跌了90%，于是马尔基尔教授接受了采访。正如我们将在第八章里看到的那样，他在自己理论问题上的转向接近于一位学者所能达到的极限。他承认：“市场一般来说是高效的……但也不时地丧失理智。”啊，市场是高效的，但有时不是。很滑稽，但我认为，这正是巴菲特和格雷厄姆80年来一直阐明的观点。巴菲特打趣说，他希望商学院将继续培养相信EMT的基金管理人，以便他继续遇到众多被信息误导的基金管理人，从而可以在其对企业定价过低的时候从他们那里购买企业，并且在他们愿意付出过高价格的时候向其售出。

下图显示了最近几十年来，一些一号法则投资者的业绩，作为对比的是标准普尔500和道琼斯工业指数的绩效。

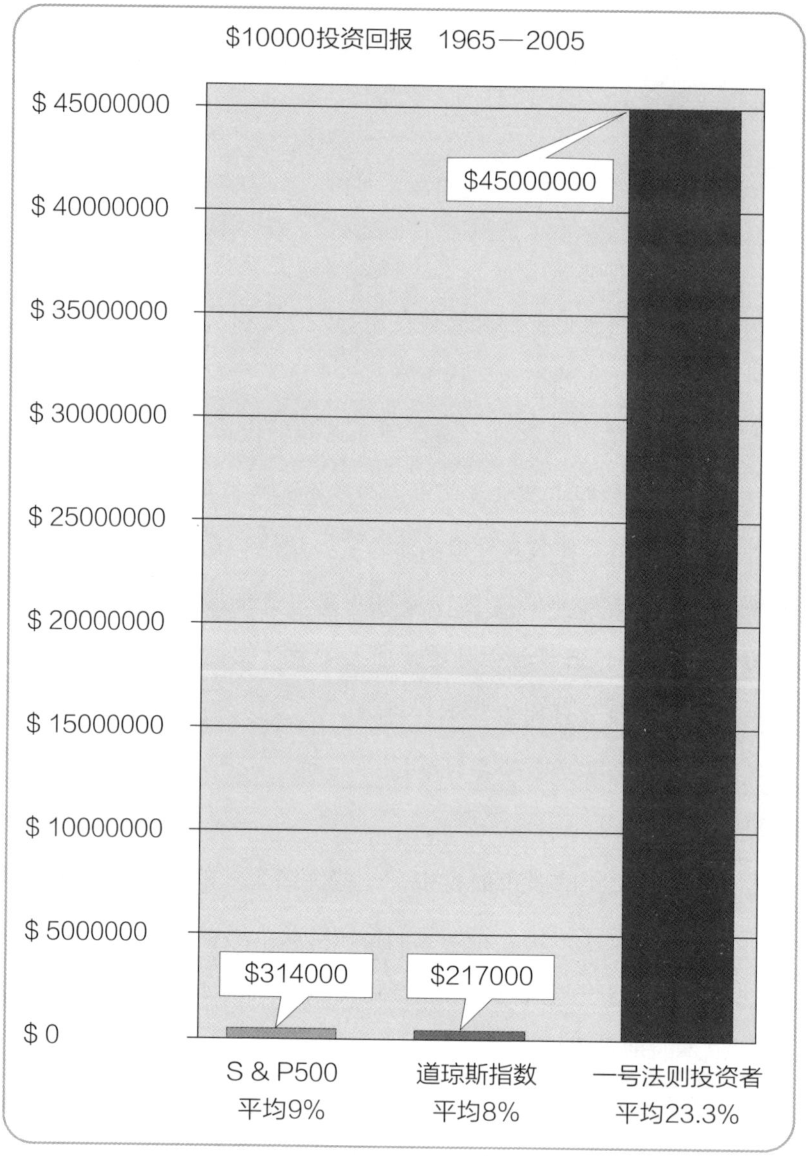

与市场上最流行的股票指数相比，一号法则投资者的业绩如何呢？表面看来，本图可能是错误的或者是夸张的，但实际上一点都不夸张。一号法则投资者的业绩在长时间里都大大超过了标准普尔500和道琼斯工业指数，而且很稳定。复合增长的魔力解释了年复合增长率8%或9%与23.3%之间的天壤之别。

人们一眼就会看到这种巨大的差别。由于23%是8%的近3倍，因此人们以为二者的收益比例也会是3倍。但是，复合增长率并不是线性的，而是“呈几何级数增长”。复合增长率所带来的收益不仅基于本金，还基于利息（即“利滚利”）。由于23%的收益率每年获得的收益比8%要高，依此累积，几年过后，当然会远远超过8%的收益。

神话3：风险最小化的最佳途径是分散投资并长期持有

要分散投资和持有。人人都知道这是最安全的股市投资方法。但是话说回来，曾几何时，人人还都以为地球是扁平的呢。事实是，如果长期分散投资，从1905年到1942年的37年，从1965年到1983年的18年和从2000年到2005年，收益率都会为零。即100年间长达60年，收益率为零。而如果你知道如何投资，懂得一号法则，了解如何在有吸引力的价格上找到出色的企业，那么你就不会把资金分散投资到50种股票或者一个指数共同基金之中，而是集中力量投资少数你所了解的企业。当控制市场行情的基金管理人感到担心的时候你买进；当他们贪得无厌的时候你卖出。假如你不明白我说这话意欲为何，读完本书你就会明白。我保证。

今天，市场上80%以上的资金都由基金（养老金基金、银行基金、保险基金和共同基金）投资。正如我在序言中所说，这就是所谓的“机构资金”。在17万亿美元当中，大机构管理着14万亿美元。换言之，基金管理人就是市场。当他们把几十亿美元投入到一种股票之中时，该股票的价格就会上涨；当他们将资金抽走时，该股票的价格就下跌。他们对市场的影响很大，以至于只要他们突然决定抛售，就能引起价格暴跌。认识到这一事实对于了解一号法则具有核心意义：基金管理人控制着市场上几乎所有股票的价格，但当他们想要退出时，并不能轻而易举地做到。然而，你我却能在几秒钟内进入或者退出市场。在第十一章里，我将详细探讨这对我们都意味着什么。

因此，在一个长时期里，如果推动市场上扬的资金在婴儿潮这一代人退休时开始退出，会发生什么情况？其他某个事件吸引资金退出市场，又将如何？由于共同基金贬值，所以投资者们的反应是加速把钱从基金中抽走，最终导致市场一落千丈。具有讽刺意味的是，虽然从理论上讲，长期投资一个风险分散的共同基金会使风险降低，但是在这个市场上，这种投资战略实际上使风险增加。在这个市场中，不论金融服务行业的推销员们如何大肆加以宣扬，根本就没有“平衡的投资组合”。如果这个市场崩溃，那么玩这些游戏的基金管理人可能会发现自己好像是在泰坦尼克号的甲板上调整座椅。

如果你不认为在一个现代经济体中可能会发生股市的全面崩溃，请回过头来再思考，日本就发生了这种情况。从1992年到2002年，日本股市价值损失了85%，并且一直没有回暖。日本的婴儿潮一代人大约要比美国的年长10岁（政治与经济因素促使婴儿潮在二战开始以前就在日本发生）。如果美国的股市下跌85%，道琼斯指数就会跌到1500点。这种情况曾在20世纪30年代发生，它还可能重演。

分散投资使你的各个投资项目过于薄弱，确保了市场平均收益率。也就是说，整个市场有什么遭遇，你就会有什么遭遇。很显然，有成百上千个了不起的企业可以买进，但是如果你有工作和家庭，而且不想总是守在电脑旁，那就只能关注少数几家企业了。如果不能对买进的企业持续关注，你就会背离一号法则的理念，从而造成总收益下降。

作为一号法则投资者，我们从不同行业中精选少数企业。因此，即便我们不像共同基金管理人一样，通过同时买进几十家不同公司的股票实现“分散投资”，我们所建立的投资组合也应反映出企业的不同类别。但是能够购买多少家公司的股票取决于你拥有多少钱可以用来投资。我将告诉你投资组合中适当的比例关系。

分散投资策略适合这样的人：他们还有30年的时间生活，没有任何愿望要学习如何投资，对8%的年收益率和退休后最低生活水平感到惬意。我们的目标是要找到十分出色的公司，在真正有吸引力的价格上买进，然后让市场发挥作用。也就是说，市场最终会按照这些企业的价值为其正确定价。不出几个星期、几个月或者几年，我们就会比现在富裕得多。这就是我们想要做的事情。但是为了做到这一点，我们不能再是无知的投资者，被整个金融服务行业占便宜，而必须开始成为有知识的一号法则投资者。不是沦为他人的猎物，而是比猎人更胜一筹。

20世纪60年代中期，我父亲建议我投资一个分散风险的共同基金。我投入了600美元，然后就把这件事忘掉了。18年后，我投资的价值是400美元。想象一下，如果那时我45岁，投资的金额是6万美元而不是600美元，那么18年后63岁时发现我的6万美元变成了4万美元，而不是可以用来规划退休生活的24万美元，这会多么地令人沮丧？本书的目的之一就是要使你永远不再畏惧理财投资。

平均成本法不是保护伞

虽然从技术上讲，平均成本法（Dollar Cost Average）并不是一个神话，但是仍有很多人问我关于它的诸多问题，因而我不得不向人们一再证明，平均成本法并不是传说中的投资者的“救命稻草”。作为基金管理人和经纪人所偏爱的推销工具，平均成本法就是每个月用相同的金额买进股票或共同基金，无论股票或基金的价格如何。例如，每个月购买价值100美元的微软公司股票，不论每股的价格怎样。如果价格下跌，所购买的股票就多。如果股价上涨，所购买的股票就少。平均成本法的目标就是使每股的平均成本下降，从而使风险最小化。

这一方法有两项重大缺陷：（1）如果市场行情持平或者下跌，平均成本法就与“买进—持有”相同；（2）要使平均成本法发挥效力，就必须“每个月都投入相同的金额，无论发生什么”。那么，1929年到1930年间，当10万美元的股票变成价值1万美元的时候，你仍然需要买进。2000年到2002年期间，当技术股票价值损失85%时，你必须愿意继续买进，直到其跌到谷底。这样做的前提是：第一，拥有一份工作和多余的现金，可以在经济衰退或萧条时花在股票上；第二，在遭受了惨重的损失后，仍然愿意一掷千金。一号法则不相信平均成本法，它主张了解优秀企业的价值，并在其被低估的时候买进。换言之，我们花费50美分购买1美元的价值，并且一如既往地这样做。我们不去花费10美元购买只值1美元的东西，也不幻想这种肆意挥霍会因偶然的机会得到抵消，例如，有时也许可以以便宜的价格购买同一股票。

如果从1905年到1942年采用平均成本法，一个道琼斯指数基金的收益率就会是1%，而“买进—持有”的收益率是0。从1965年到1983年，收益率会是2%，而不是0。从2000年到2005年，收益率会是3%，而不是0。换言之，在近100年来，在道琼斯指数基金中采用平均成本法还不如购买政府债券然后让它自生自灭。

由于一号法则要求15%的收益率，因此我们必须抛弃在各种市场中都未能达到这一最低限度的策略。因为最近100年来，市场几次持平时，平均成本法都未能实现国库券的收益率，所以它不能成为有用的一号法则策略。

事情的真相是，金融服务业之所以关心你的钱，仅仅是由于不论该行业是否为你赚到钱，它都收取佣金和服务费。它使投资的3个神话长存，鼓吹平均成本法，为的是使你我把钱拱手送给基金管理人。他们最不希望的是，你会依靠自己的力量成功地投资。他们希望你会相信，如果自己做就会亏本；希望你对亏损的恐惧会迫使你不断地把钱交给他们，尽管他们投资的效率可能还不如你。

3个神话	一号法则
难度很大，花费的时间也太长。	很简单，每周顶多只用15分钟。
市场无法打败。	可以利用高估或低估来获得15%以上的收益率。
分散投资，买进和持有。	花50美分购买1美元的价值，然后以1美元的价格出售。如此往复，直到十分富有。

一号法则与房地产投资

如果你对有关股票投资的神话不相信，但却对有关房地产的神话买账，认为与企业相比，房地产是更好的投资，我会告诉你，你的观点也是错误的。如果你认为房地产可以以小博大，与企业/股票投资相比收益率也要高得多，因此对投资新手来说是较好的投资领域，那么请三思。

这是一种普遍的看法，但却完全错误。我曾经拥有大量的房产，从住宅小区到大农场、公寓、办公楼和别墅都有。我曾投资一些热门的房地产市场，譬如加利福尼亚州的德尔玛市和怀俄明州的杰克逊水湾，以及发展比较缓慢的爱荷华州费尔菲尔德等地。如果要拿房地产投资的收益率与企业股票投资的收益率进行比较，我们可以用最红火的房地产市场与最走红的一号法则投资者比较。但用一般的房地产市场和一般的一号法则投资者做对比要更好一些。

在房地产市场中，30年期间内相当不错的收益率是4%左右。而对一号法则投资者来说，相当不错的收益率大约是15%。诚然，在30年里，杰克逊水湾和德尔玛的房地产每年升值10%（呈现为一次次暴涨）。同样，经验丰富的一号法则投资者在30年中取得了25%的年投资回报率（ROI: Return On Investment）。但这些是例外的情况。

投资回报率就是你从一项投资中获得的收益。它可能会反映为盈利或者亏损，通常以年收益百分比来表示。例如，你把100美元投资于一家企业，一年后获得150美元，投资回报率就是50%。从技术上讲，投资回报率就是利润除以总投资额。

小提示：这与投入资本回报率（ROIC: Return on Investment Capital）稍有不同。投入资本回报率的计算比较复杂，具体规定了流入资金和流出资金的构成。你很快就会了解到投入资本回报率，因为它是显示企业健康程度的一个突出指标。

那么我们来看一看将5万美元投资在房地产中与按照一号法则投入到一家企业会有什么差别。鉴于房地产和股市今后15年也许根本不会上涨，所以这是一项特别有趣的对比！（如果上涨，那么下面的房地产实例就会显得十分乐观！）

具体如下：我们购买一座价值25万美元的房子，首付5万美元，按照30年固定利率6%抵押贷款支付。每个月需还款1200美元，但是我们以1200美元的租金将其出租，从而抵消抵押贷款支付。但我们却在保险、维修、广告和税赋方面陷入困境。

假设我们每月都能获得租金，而且能够使租金每年增长4%。到第9个年头，我们就能够使租金足以支付一切开支。从那时起到第30个年头，现金完全是流入。然后我们把房子卖掉。此时，房子的价值为81.1万美元，一切负债都已偿还。此外，我们明智地将租金再投资，其收益率与房子的总收益率相同——每年10%左右，结果额外赚了23万美元。总收益等于104.1万美元。我们的30年复合投资回报率为10.6%。相当可观！我没有扣除管理和维修费用，因为我期望自己来干这些工作。但这正是重要的问题，通过自己辛苦努力获得投资收益并非易事。我们必须做大量的工作，才能获得预期11%的收益率。让我们来看看一号法则如何获得15%的收益率。

一号法则投资者几乎不需要管理——这是重要的有利条件之一。我们每周只需花费15分钟左右。所以，我们有必要学会一号法则。一旦你发现它的好处，学会做这件事就要比房地产投资更容易。我们用5万美元以低价购买一家优绩企业的股票。然后当其价格昂贵时抛售并买进另外一家企业的股票。30年里如果一直都这样做，平均收益率为15%。（像上述房地产实例一样，我们不需缴纳资本利得税。这种情况下，我们是在个人退休账户受到税收保护的情况下进行买卖。对于这一点，稍后你会了解到。）30年后，我的投资价值达到330万美元。复合投资回报率为15%，仅仅比房地产投资高4个百分点，但是我的银行账户里面却多出200万美元。

现在，我们来比较一下在你60岁退休时这两项投资有什么差别。假如之前你投资房地产，不妨取出120万美元，购买每月收益5000美元、收益率为5%的债券。扣除税金之后，每月可以保留4000美元。相当于现在的1650美元。但愿社会保险仍在运行。否则，你不得不需要与房客打交道，修理马桶，而租金就是你的收入来源：每月3800美元左右。唯一的出路就是举债购买更多房地产。而这一定不是你想要的退休生活，不是吗?

最起码，你现在知道了真相：房地产业蛮不错，我有许多钱投在里面。但与一号法则所实现的源源不断的15%的收益率相差甚远。我的忠告是：去寻找一家“物美价廉”的企业，退休后像国王一样生活吧。

但如果运用一号法则投资，每周花15分钟就是小事一桩。因此，你会继续用这330万美元按15%的收益率投资，然后用每年增加的15%来生活。就是说，你每个月可以获得大约4万美元。当然，扣除税金之后，每月可以获得3万美元，相当于现在的12000美元。退休后每月用12000美元维持生活，与每月1650美元相比，你认为如何?

这就是我的观点。你完全可以继续对一号法则不理不睬，依旧选择房地产，在余生靠努力经营来维持生活。否则，就成为一个一号法则投资者吧。

学习一号法则的理由

之所以应当费心学习一号法则，是因为第一，你能够在不冒风险的情况下每年得到15%以上的收益率，这将永远改变你和家人的生活方式。如果投资房地产、共同基金，或者随意选择股票，就做不到这一点。第二，按照一号法则投资，开始投入多少钱并不重要；不出20年，你就能惬意地退休。请看下面这张图表：

初始金额	每月积蓄（账户增加额）	20年获得的总收入	20年获得的年收入
1000美元	300美元	470000美元	70000美元
10000美元	300美元	650000美元	97000美元
50000美元	300美元	1450000美元	215000美元

与上面一号法则同房地产投资作对比类似，如果现在从1000美元起步，20年后能够过上每年固定收入为7万美元的生活，那么你是不是想学会如何操作呢？如果你在20年里把钱攒起来，从第20年开始仅仅消费所获得的利息，而不动用本金，就完全可以做到。如果用1000美元做起，20年后本金就将近50万美元，如果继续每年获利15%，就可以拥有每年7万美元的生活费，而不用动用那50万。如果用5万美元做起，那么20年后本金将为145万美元，从而每年拥有21.5万美元的生活费。这里的关键在于，从头20年的总收入中，每年取出15%以上的利息存入银行，从而使收益率不断上升。如果你认为自己离退休只剩下不到20年，一号法则仍然能够让你获得可观的收入，并使你退休后不断获益。

用事实来证明

我们来看一看一号法则如何在现实中发挥作用。

2003年，康奈利夫妇——道格和苏珊将近50岁，有两个孩子上中学。一家人每年收入约6万美元。道格在一家小企业当推销员；苏珊是一所私立学校的教师。在一次励志研讨会上，他们听了我的演讲，于是开始学习一号法则。

他们依靠自己投资的动力来自于一个简单的事实，即如果他们想拥有体面的退休生活，就必须这样做。当时他们一个个人退休账户中只有2万美元，但是在退休前还必须付清住房抵押贷款。他们认为个人退休账户每年能增长5000美元的税前收入。问题在于，他们知道，假如2万美元加上每年的5000美元投入到收益率为4%的债券中，20年后退休时就只有19万美元可以作为生活费用。按照4%的比率，19万美元将产生每月税前约650美元的收益。再加上社会保险和房子的欠账结清，他们能够勉强度日，但这并不是他们想要的生活。他们想要旅行，在自己喜欢的餐馆就餐，驾驶一辆不会抛锚的轿车。道格喜欢打高尔夫球，但这价格从来都很昂贵。苏珊想隔一段时间就到纽约，在百老汇看演出，但是票价100美元，晚餐每人100美元，饭店住宿250美元。所以她知道，以他们可能获得的收入来看，这种开销太大。

对道格和苏珊来说，更重要的是能为医疗付账。他们知道，医疗费用越来越昂贵，保险并不能全部补偿。他们读到美国《新闻周刊》的一篇文章，上面报道了对退休人员的采访。对于健康保险或医疗保健计划不予报销的医疗费用，这些退休人员每个月自掏腰包支付600美元。康奈利夫妇不想让孩子们承担这一负担，也不想因意外的健康问题失去一切，或者被迫在某个养老院终结一生。他们明白，自己需要更多的钱。

他们之所以对一号法则感到兴奋，是因为以下的计算结果：第一，由于个人退休账户不用纳税，因此如果一号法则使他们每年获得15%的收益，则在20年里个人退休账户中就会有84万多美元可在退休后享用，而不是19万美元。第二，退休后他们能够继续投资，用这84万美元产生15%的复合收益率。这样一来，每个月就会获得10500美元的税前生活费，外加社会保险，而不必动用这84万美元。这比他们期望从债券中获得650美元要好许多。他们认定，为了过上这种更好的生活而学习一号法则完全值得。

退休生活策略	2005年的退休资金	2025年的退休资金	2025年的收入及社会保险
安稳策略	20000美元加上每年5000美元	190000美元	每年7700美元
一号法则	20000美元加上每年5000美元	840000美元	每年126000美元

钱能生钱

道格和苏珊之所以能够早日退休，而且过上比想象好得多的退休生活，是因为复合增长率的威力。它决定了不仅钱能够获得投资回报，而且投资回报也能继续产生回报。（请回想一下，年复合比率为8%或者9%与23%之间的差别。）这就是随着时间推移，钱如何生钱的道理。例如：投资1000美元，每年获得10%的投资回报率。第一年后，投资总收益为1100美元。第二年100美元净收益加上原始的1000美元同时产生10%的投资回报率。这样总额就达到1210美元。以此类推。如果按照每年10%的复合比率增长，50年后这1000美元就变成117391美元……但那时你已经故去。因此我们需要再快一些。我们必须提高投资回报率。

一号法则之所以是我们投资理念的基础，是因为我们认识到，使钱以每年15%以上的复合比率增长取决于永远不赔本。价格如果下跌50%，要恢复原价，也必须涨价100%；下跌80%，就必须回升400%。甲骨文公司的股票价格在

2000年为40美元，尔后下跌到10美元，下跌比率为75%。而从10美元上涨到20美元，就必须翻一番；从20美元回升到40美元，得再翻一番。400%！市场要上涨400%，道琼斯指数就得从1000点上升到4000点。而这可能要花费起码30年的时间！同时，你的投资将陷入永久的灾难，最低15%的年回报率永远都可望而不可及。

再回到康奈利夫妇的例子，假设只有苏珊学会了一号法则，夫妇二人各自有单独的投资组合。两人都采用自己的投资方法，不想把账户合二为一。我们还假设他俩现在各自拥有2万美元可以用于投资，加上每年额外的5000美元（见前面的例子）。道格10年投资期间，每年获取15%的收益，但不料在一场股市崩盘中损失了一半的钱。作为一号法则投资者，苏珊并没有损失。而后她向道格传授了一号法则，从第10年年底开始，他俩每年都能赚取15%。从现在起20年后，道格拥有42万美元；苏珊拥有84万美元。这意味着，道格每年拥有6.3万美元的生活费，而苏珊每年可以花费12.6万美元，生活很舒适。

20年后每年6.3万美元的永久差别就是道格违反一号法则的结果。

这还不算最糟糕的。我成千上万的学生都有过可怕的投资经历。例如，我在得克萨斯的一次讲演中认识了罗伯特。他在自己信赖的上司的敦促下，把自己全部的养老金都投资安然公司股票。我在课堂上展示证据，说明安然公司的内幕人员一边自己退出，一边要求员工们继续持股。罗伯特十分生气，不得不走出会场冷静一下，以免打碎什么东西。这种愤怒十分真切——千辛万苦积攒的财富，却由于无知而被剥夺！当时课堂上所有人都对罗伯特的愤怒和痛苦表示理解。

另一个学生叫克里斯。1990年，他用大约5万美元做起，到2000年积累到100万美元以上。而后他全部输光，仅仅因为他相信价格一定会回升，他的经纪人不断地让他“翻倍停叫”①——把越来越多的钱投入到正在下跌的股票之中，

---

① 赌博术语，发给你两张牌后，如果你认为发给你第三张牌会使你处于有利地位，以击败发牌者的一手牌，你就可以“翻倍停叫”。这样你的赌注翻倍，但你只能再获得一张额外的牌。——译者注

以使他在股价回升时发财。但这些股票一蹶不振，让他倾家荡产。他用1000美元试图东山再起，但他认识到，即使市场在长时期里会回升，他也等不到了。

这些人值得钦佩。他们被打翻在地，却仍然站了起来。尽管我们对他们的勇气和不懈精神表示敬意，事情的真相却是，只要能够避免，我们就不愿有那样的经历。我的看法是，首先要学会一号法则，避免犯这样的错误。

被打倒7次，第8次站起来。

——日本谚语

如果你从未买过股票，不知道如何在证券公司开设账户，或者不知道个人退休金账户是什么，请不要担心。在第十五章里，我将帮助你了解这些东西。但首先，我想让你对一号法则有充分理解，然后我们将解决这些小问题，开始迈出正确的一步。

复合收益率对你的影响既可能是有利的，也可能不利。结果如何，要看你能不能有把握地投资。只有这样，复合收益率才肯定会产生积极效果，并对你的生活产生重大影响。只要复合收益率为正数，最终都会使你发财。问题是“什么时候”。很显然，正的复合收益率越高，发财就会越快，只要你不违反一号法则。

请把这看作棋类游戏。如果跳到错误的方格，就会被发回到起点重新开始。恰恰是这一点枪毙了大多数机构投资者（共同基金）的投资组合。在某一时点，机构投资者都会落在这个方格上。作为小户投资者，你需要做的就是学会避免落在这个方格中。如果你不被发回到起点，你的理财就会十分惬意。

问一下自己：如果每周只用15分钟干这件事，风险还比共同基金要小，从而能够在10年到20年里退休，那么你想不想学习怎么做？我猜想，回答肯定是饱含热情的一个字——“想”。因此请认真听讲，我们现在就把话题转移到一号法则的具体操作方法上。

Rule #1 and the Four Ms

第二章 一号法则与4M

失败的方式可能有很多种，但成功的方法却可能只有一种。

——亚里士多德

总有一些事情是永恒的。一号法则就是其中之一。过去100年来，它一直是优秀投资的基础；未来100年里，它也会依旧。一号法则投资者把股票看作价值可以确定的企业，然后耐心等待市场波动，直到这个企业有个好价钱。

一号法则入门

首先要明白，一号法则原意是“不要赔钱”，实际含义其实是进行有把握的投资。这种把握来源于：低价购买出色的企业。请牢记：

只有低价购买出色的企业，
你才会知道自己会赚钱。

“出色”实际上包括三个简单的要素。我们将在以后各章中深入探讨。第一，出色意味着这家企业对你来说有意义（Meaning）。你对它有充分的认识。如果可能，很愿意也很自豪拥有整个企业。这家企业反映了你本人的价值观。

第二，出色意味着这家企业在财务实力和可预测性方面达到了你的标准。尤其是，它必须拥有一条护城河（Moat）。第三，出色意味着它必须拥有出色的管理（Management）。如果你不知道我说护城河和“出色的管理”是什么意思，请不要担心。我将向你详细介绍护城河究竟是什么，如何辨别它，以及如何识别出色的管理。我将具体说明你能够胸有成竹地称作“出色”的企业所必须符合的所有标准。

然而，企业仅仅出色还不够。我们需要在十分便宜的价格上购买这家企业。“十分便宜”的意思是，我们能够在安全边际（MOS：Margin of Safety）很大的情况下购买该企业。对我来说，不错的MOS就是用50美分购买1美元的价值。因此，一旦我知道一家企业值多少钱，我就想要以一半的价格购买它。很显然，这样做会使我到某个时候十分富有。

弄清一家企业的价值要么很容易，要么不可能。如果一家企业“出色”，那么按照定义，它就是可以预测的。如果可以预测，我们就能确定其价值。我将确切地告诉你如何识别可预测的企业，如何迅速地计算其价值。一号法则投资方法分为4个简单的步骤：

1. 发现出色的企业。
2. 弄清它的价值。
3. 在其价格低于价值50%的情况下购买。
4. 反复这样做，一直到十分富有。

看起来十分简单。为什么并非人人都这样做呢？以下是巴菲特对这一问题的回答：“在我看来很不平常的一件事是，对花费50美分购买1美元的想法，人们要么立即领会，要么完全领会不了。这就像接种疫苗一样。我发现，如果一个人不能立刻领会，就是对他讲上几年，把记录拿给他看，也不会产生任何作用。看来他们就是不能领略这一构想，就这样简单。”

我学习一号法则投资的时候，所领教到的第一个真理是：

价格并不总是等于价值。

例如，我想买一辆新轿车，购买之前就很了解它值多少钱。我知道它的标价，我还知道它能以不同的价格出售，且通常低于标价。我不打算汽车商要多少钱就付多少钱。但假如我不知道这辆车值多少钱呢？汽车商就能得逞，按照大大高于其价值的价格把车卖给我。如果一辆奔驰轿车的价值为10万美元，而我支付了20万美元，那么我卖出时就会损失许多钱。但如果我能以5万美元买下它，出售时就会赚钱。把股票当作企业购买就像这一样，只不过价值没有摆在我们眼前。我们必须弄清价值是多少，然后付出比这低的价格。

一号法则的精髓是精明地购物。

如果你属于等到大减价才购买的类型，即价格大大低于实际价值的时候，比如，平板电视值5000美元，但你以2500美元买到，你就可以成为一名出色的一号法则投资者。所需要做的仅仅是学会如何判定出色企业的价值并等待市场按照折扣价格出售。

如果我们不会期望一辆轿车的定价始终正确，那么为什么要期望一家企业的定价总是正确的呢？

企业在一个很重要的方面不同于轿车等商品：企业价值是由其今后能够为企业所有者产生的剩余现金决定的。一号法则投资者可以考察企业，迅速弄清它今后能够产生的剩余现金，从而推断出它的价值。这就是我要说明的事情。

一旦你知道如何计算一家公司的价值，无论其市场售价如何，你都可以有把握地投资。

4M

寻找价格十分便宜的出色公司的过程中，要考虑一下我刚刚提出的4M——意义、护城河、管理和安全边际。它们将引领你迈向完美投资的道路，从刚刚考虑投资某家企业到准备用辛辛苦苦赚来的钱购买这家企业，全程给予你指导。

领悟4M的技巧是，在评估和决定一家企业是否能成为一项优秀投资时，把这4个词转变成必须回答的问题。

1. 这家企业对你来说有“意义”吗？

2. 这家企业具有一条宽阔的护城河吗？

3. 这家企业具有了不起的“管理团队”吗？

4. 这家企业具有很大的“安全边际”吗？

如果能对这4个问题都做出完全无条件的肯定回答，那么你就能知道这家企业是不是你想购买的。每个问题背后都有一些潜在的要求：

第一个问题要求你只有在愿意使这家企业在今后100年里成为家庭唯一经济支柱的情况下才买进。换言之，你必须了解自己要买的是什么，如果其价格下跌，你的家人就会忍饥挨饿。这个问题还要求你像企业唯一的所有者那样来行动。也就是说，你最好了解这家企业的业务性质，相信其价值观是你所认可的。

第二个问题要求这家企业能够在竞争对手的进攻面前进行自卫，就好像对手是企图洗劫城堡的敌军。换言之，最好能够准确地预测这家企业的长远未来。

第三个问题要求你相信，经营者对待这家企业就好像企业是今后100年他们自身养家糊口的唯一途径一样。换言之，你最好确信他们不会为了自己的短期利益而对你敲竹杠。

第四个问题要求你了解这家企业的价值，并能够以低价购入。换言之，要以足够低廉的价格购买这家企业，以便今后在不亏损的情况下出售，即使你最初购买它就是错误的。

对一名投资的初学者来说，这4个问题令人望而生畏。很多人第一反应就是："我对此一窍不通。"于是放弃依靠自己来进行投资。但同时我告诉大家一些好消息。第一，虽然以前弄懂这些东西很费时间，但是现在，由于有了适当的工具，速度会很快。第二，你只需找到自己可以做出积极评价的少数几家企业，然后在一段时间里就万事俱备。从这时起，你只需监督你的企业，就能财源滚滚。一旦我向你说明如何获得和使用这些工具，你就能对自己的企业保持密切关注，避免任何亏损，即使在这一过程中你稍有失误，或者市场变得乖戾和不可预测。

如果你感到已经有点招架不住，请做深呼吸。本书的核心内容就是要培训你能够对任何公司回答以上4个问题，从而成为一位胸有成竹的个人投资者。要有耐心。虽然现在看来难以想象，但是最终，你将不知不觉地采用4M思维。你将透过一号法则的棱镜来观察投资的世界。

Buy a Business, Not a Stock

第三章 投资企业 而非股票

对敌军的入侵是可以抵抗的，但对合乎时宜的思想却不能。

——维克多·雨果

这家企业对你来说有意义吗？这一问题其实暗含着另外两个问题：（1）你想拥有整个企业吗？（2）为了拥有整个企业，你对其是否有充分的了解？每当我寻找一家了不起的企业来购买时，我都会自言自语地说：菲尔，如果你买了这个，你将拥有全部，还有它所暗含的一切。即使我只打算购买少数股票来拥有企业的很小一部分，我也会对自己反复地这样说。默念这些有一个很好的理由。它使我像企业所有者，而不是股票投资者一样思考问题。而这对成为一名成功的一号法则投资者来说至关重要。

对所拥有的东西感到自豪

如果我们把企业的股票当作自己的企业而不是只为投机而购买，它就成了我们自己的东西。我想要对自己所拥有的一切感到自豪。这是一个重要的起点，以决定把钱投到何处。我们决定投资的企业就获得了我们支持其继续经营的选票，不论其经营什么。例如，如果我们购买可口可乐公司股票，我们就是在默默支持该公司。实际上，这等于我们想让可口可乐公司的产品和经营方式传播开来。如果我们购买的企业在第三世界办厂剥削童工，我们就是在支持剥削儿童。虽然你认为这也许是可以的，但这里的要点是，要拥有自己会自豪地拥有的东西。虽然我们的选票对于选举结果可能无足轻重，但是作为企业的所有者，却很有分量。如果决定拥有一家企业是我们影响世道的一种声音，那么我想，我们就应当慎重考虑自己要表达什么。

在运用一号法则进行投资时，要意识到你的是非观有助于为自己精明的投资进行决策。这并不意味着它会为你提供投资保障，也不意味着你的价值观与公司的相一致就能获得最大限度的成功，而仅仅意味着世界上的伪君子已经足够多，何必要加入他们的行列？如果你认为某种东西对世人不利，就不要拥有其背后的企业。要用你的钱来支持你所希望的一切，要意识到这是你自己的选择。

投资是我们能做的最道德和最重要的事情之一。如果我们有幸成为少数有大量闲钱的人，就必须小心谨慎配置这笔资金。它最终可能会决定下一代的生活。

本书不是要告诉你投资什么，而是要使你明白怎样才能发现了不起的投资项目。要挑选5到10家你最喜欢的公司。我把这项选择留给你自己做。要把用自己的钱投资看作在地里播种一样。种瓜得瓜，种豆得豆。要抱着这一观点来为人处世。

购买任何一家企业，都要牢记“10-10法则”。

10-10法则

我不会拥有这家企业10分钟，除非我愿意拥有它10年。

“10-10法则”仅仅是一种投资思维方式。实际上，我们也许会今天购买一家企业，1个月内就卖掉，再过3个月买回，又过几个星期再次卖掉。购买一家企业并愿意拥有10年，并不排除反复买卖这家企业的可能性。

“10-10法则”之所以重要，是因为它大大增强了我们投资的规范性。

大多数投资者都以为，由于股票行情的涨落，自己的一些投资会亏本。因此，他们分散投资，以降低总体的损失和风险。但没有哪位企业所有者会对自己的好几家企业亏损满不在乎，就好像事情本来就如此。你是否能够想象一位企业所有者决定为了“降低风险”而多购买5家企业？这是多么没有理智！如果第一家企业风险太大，那么为了分散风险而购买更多的企业怎能使第一家企业风险降低？如果第一家企业风险太大，就应当把它卖掉，转而去做自己比较了解的生意。“10-10法则”帮助我们牢记自己“愿意”拥有这家企业多长时间，这是为了使我们始终作为长期投资者来思考问题。

一号法则投资者仅仅拥有少数几家企业。既然如此，我们就必须确保我们的选择正确，不会让我们亏损。

我们可以耐心等待，直到找到价廉物美的公司。我们养成一种习惯，就是只有当确信不会亏损的时候才会投资。如果一家公司确实很出色，而我们所支付的价格的确十分便宜，我们就知道自己会赚钱。

但是，你应该拥有什么样的企业呢？你我应当拥有同样类型的企业吗？你和我是同类人吗？我们喜爱和了解的是同类事物吗？很显然，每个人都是独一无二的，具备完全属于自己的才能。我们之间的差别是有目的的。处世之道要与自己的本性和谐一致，这意味着投资方式也要与自己的本性和谐。因此你应当拥有哪些类型的企业？就是你所理解支持的企业。这些企业往往与你的本性相关联。

了解你的企业

正如我反复强调的，一号法则的目的是要有把握地投资，以使我们不亏损。如果我们不了解自己购买的是什么，那么唯一确定的就是我们对这家企业今后会出现什么情况摸不着头脑。如果不掌握企业未来的走向，怎能弄清其今天的价值？很显然，我们需要了解企业，以便以一定的把握预测未来，并估算今天的价值。同样明显的是，与从未听说过的企业相比，对于已经熟知的企业，认识起来就容易得多。因此，我们从已了解的企业中搜寻一家出色的企业。

你大概很想知道自己必须在多大程度上真正了解一家企业。例如，你真的爱吃麦片，喜欢的品牌是“麦圈”，而这一特定品牌是通用磨坊食品公司生产的，这家公司从未对你有什么侵害，那么是否就真的可以说，你了解通用磨坊呢？抑或你是否需要详细了解“麦圈”的幕后制造和零售过程？是否一定要了解供应链，食品包装盒的生产过程，人工成本、营销与广告工作，厂商如何竞争商店货架上的空间，等等？这些问题都讲的很好，但却远远超出了我说“了解你的企业”这句话含义的范畴。确定企业有意义仅仅是第一步。如果你喜欢“麦圈”，对生产这个品牌的通用磨坊公司有好感，这足以使你通过第1个“M”的检验。等完成其他3个“M”检验的时候，你就会很容易地充分了解这家企业，以做出符合一号法则的精明决策。

需要了解多少才能在第一个“M”上画对钩？其实并不多。只要能感到惬意就足够了。不必太看重这件事。没有必要了解营销的复杂细节、未来的产品供货渠道等，只要你喜欢他们的做法。而且不难看到，他们会持续不断地技压群雄。等完成4M评价过程，你就有充分的了解，可以胸有成竹地投资了。一号法则的工具帮助我们在失败的时候安然逃脱。一号法则所讲的企业有意义仅仅牵扯到对企业经营业务和经营方式的了解。只要你对把自己的名字与该企业联系起来感到开心，并期望在今后100年左右长期在那里留名就足够了。巴菲特先生引用《圣经·马太福音》第6章第21节的话说："你的财宝在哪里，你的心也在哪里。"

我开始进行投资的时候，分辨不出出色的企业和糟糕的企业。我学会的第一件事就是，我对企业的认识大大超出自己的想象。

我们来做一个快速练习：请画出三个中间相交的圆圈。请把第一个圆圈标为"激情"，第二个标为"才能"，第三个标为"金钱"。【我必须指出，这一想法出自作家兼商学研究者吉姆·柯林斯（Jim Collins）。他利用其来评估公司，尤其是从"优秀"发展到"卓越"的公司。】

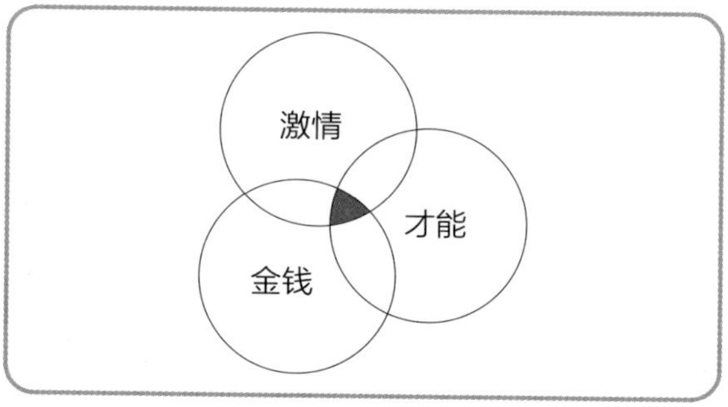

请在第一个圆圈中写出你热爱的事情，或者只要有时间或金钱就会做的事情。请在第二个圆圈里写出你有才能做的事情，你真正擅长的事情，不论是职业的还是业余的。在第三个圆圈里，请写下能使你赚钱或者使你花钱的事情。

例如，我会写："我喜欢河流导游，我在河流导游方面有才干，也靠河流导游赚钱。很简单。"一旦我看到"河流导游"位于所有三个圆圈之中，突然间十分清楚的就是，如果要了解河流旅游生意，我也许会相当轻松自如。而且我也很快认识到河流旅游生意与其他生意很相似，譬如非洲大草原旅游，甚至一条旅游航线。而且，这同迪士尼或者魔山（Magic Mountain：另一个很受欢迎的主题公园）大概还有联系。

问一问自己：

1.我爱做什么？

2.我真正擅长什么？

3.我靠做什么赚钱或者在什么上面花钱？

你的回答，尤其是在3个问题上反复出现的答案，会帮助你挑选属于自己的出色公司。

你在3个圆圈中所要寻找的是在一个以上圆圈里出现的词——表明某种产品、某个行业或者某个企业的一个词。不论是什么，只要两个或三个圆圈里都有，你对它的了解大概就会远远超过其他人。这大概就是对你来说有“意义”的东西，也就自然值得加以调研。

请上网登录yahoo网站，点击“金融”（Personal Finance），然后点击“行业”（Industries），你会看到11个行业分类。世界上几乎每个企业都落入这11个类别之中。这是为了启发你思考自己喜欢购买什么。一旦学会一号法则的所有诀窍，你就会花很多时间在这种网站上搜寻企业，使之接受一号法则的全部检验。这种分类并不是唯一的分类。关于行业分类，没有一个统一的列表。不同的数据公司有不同的分类，但大同小异。

每个行业都由许多相似的产业组成。探险旅行产业就在其中一个行业，是哪个行业呢？请大胆地搜索，自己找一找。探险旅行也许会与服务相关，试一下。只需点击“服务”的类别，网站就会展示一系列产业。它们在某个方面都与服务相关。

这里所要讲的仅仅是一些常识。试想一下，探险旅行行业可能属于哪一类？

娱乐业如何?

我们会看到多家公司，这些公司当中是否有哪一家看起来像是探险旅行公司呢? 对! 美国经典航行公司（American Classic Voyages）、嘉年华公司（Carnival Corporation）、皇家加勒比游轮集团（Royalty Caribbean）和维尔度假休闲公司（Vail Resorts）看来在范围之内。还有一些其他有趣的公司，比如可以获得录像的百视达（Blockbuster），以及可以获得DVD的Netflix网上租赁公司。我还多次去过六旗乐园（Six Flags）。就这样，我涉猎的企业范围，就是我以前当河流导游时有可能了解的企业! 如果我认为自己对户外装备公司略知一二，我可以在“娱乐”产业中找到它们。大约100家公司制造雪地机动车、摩托车、高尔夫球杆、汽艇和滑雪板。还有一些公司出现在“服装”一类中。我购买哥伦比亚运动服饰公司（Columbia Sportwear）和旭日极速公司（Quicksilver）的户外装备，它们制造的在河上穿的短裤和滑雪板上的皮靴固定装置都很好。就这样，仅仅凭着我在军队和当导游、滑雪、骑摩托车和作为一般消费者的经验，我就找到了自己有可能想要拥有的17家企业。我把它们列入一张表。

担任河流导游所了解的：

ZQK	旭日极速公司
COLM	哥伦比亚公司
HDI	哈雷戴维森公司
HED	海德公司
DUD	安霍泽公司
IDR	英特维斯特公司
MTN	维尔度假休闲公司
BKS	巴诺网上书店
BGFVE	Big Five运动用品公司
CAB	坎贝拉公司

（续表）

我习惯购物的地方：	
WFMI	全食超市
WMT	沃尔玛公司
WAG	沃尔格林药品连锁店
SBUX	星巴克公司
OSI	澳拜客牛排店
我在特种部队服役时了解的：	
SWB	史密斯&韦森公司
RGR	鲁格公司

20世纪80年代我开始创业，考察各个产业的时候，工作进度比较缓慢，因为我是在一所公共图书馆翻阅厚厚的数据资料。但我最终还是找到一份企业列表。我只需稍稍下功夫，就能够很容易地了解它们。你也一样。只需回答3个问题，即你在哪些方面有才华、你热爱什么和你如何赚钱或花钱，你就会找到一份自己已经十分了解的几十家公司的列表。有了这份列表，你就可以开始购买。

只要你消费过产品和服务，从事过一两份工作，就能够了解许多企业。要想找到对自己来说有意义的东西，实际上并不需要深奥的知识。看一看沃伦·巴菲特拥有过的各种公司：软饮料、快餐、糖果、剃须刀、露天游乐场、电视台、报纸、图书、活动房车、家具店、钻石店等。你能够充分了解的公司有很多。因此，必须根据一号法则来分析评估，从而缩减你的企业列表。

> 一号法则投资者不做没有把握的事情。没有模棱两可的灰色地带。我在本书中会多次告诫你一定要确信自己了解一家企业。因为作为一号法则投资者，你将拥有整个企业，而如果对要购买的企业没有把握，就会一塌糊涂。

学生凯西的圆圈

我鼓励我所有的学生都亲手来画3个圆圈，看看会出现什么。参加我讲座的学生凯西做了这个练习。她对3个圆圈产生的结果很吃惊。以下是她的结果：

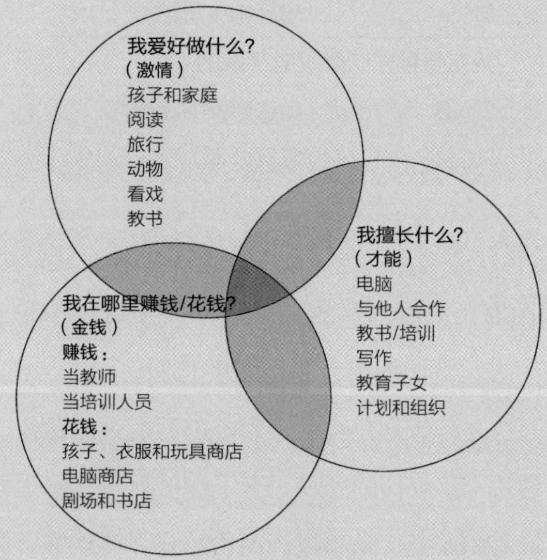

凯西马上注意到，所3个圆圈中都包含教书和孩子，与此同时，两个圆圈里有培训、电脑和剧场。这5个感兴趣的领域引导她找到了8个产业：

兴趣	产业
教书和培训	教育与培训
	出版
孩子	服装店
	借助商品目录出售货品的商店
	玩具店
电脑	个人电脑
	应用软件
剧场	电影制片-戏剧

这8个产业包含300多家企业。凯西在感到惬意的情形下对其加以考察，母亲和教师的经验使她十分熟悉这些产业中的企业。

一旦在实践中运用一号法则，你就会开始认识到什么是自己所了解的领域和应当回避的领域。你还会发现自己想要探索和试图了解的领域，并采取必要的步骤。但是有些了解也许来源于纯粹的试验和犯错。你可能有过一次经历之后，就自认为充分了解了某个企业和行业，结果一投资，发现失败了。那就像是被人扇了耳光一样。我当然也有过这样的体验，是我学习当中的体验。

这发生在我投资一家电脑公司的时候。这家公司人才济济，拥有大量的资金和一位划时代的领导者（史蒂夫·乔布斯）。那是1985年，史蒂夫·乔布斯离开苹果公司，创建了一个比微软公司视窗系统与苹果公司都要好得多的操作系统。他称之为NeXT操作系统。他当时鼓励像我这样的投资者要么投资NeXT，要么投资正在开发与NeXT兼容的软件的公司。由于我当时正在考虑投资一家软件公司，因此我一直在同程序员和电脑怪才联系。我当时以为自己了解电脑世界，而且程序员们人人都说，NeXT电脑对开发商来说是最好的平台、最出色的操作系统、最漂亮的机盒、最热门的新产品，等等。它具备了一切，唯一的不足是，它与微软视窗系统不兼容。而微软公司的产品占据了至高无上的统治地位。几乎在一切方面，微软公司都无可触犯。

从1988年到1991年，如果参观桌面展览会，你大概会见到NeXT独特的灰阶（grayscale）显示屏。而到1993年，它却几乎已经销声匿迹。我损失了500万美元，与其他投资者的损失相比却微不足道。这些投资者包括罗斯·佩罗特（Ross Perot）、卡内基梅隆大学和斯坦福大学以及康柏电脑公司。我承认，从一开始，这就不是一项很好的一号法则投资，因为不论NeXT操作系统还是这家软件公司，都不具有完全可以通过4M检验所需的证据。但是当时，我却急于上船，而且如果遇到了史蒂夫·乔布斯这样的人物请求帮助，当然就会……

我的这次经历使我获得了两个宝贵的教训：（1）如果一家企业缺乏能够让你有可能对未来做出预测的历史，它就具有潜在的风险；（2）不要触碰你所不了解的企业。既然沃伦·巴菲特都承认他不会投资微软公司，因为他不了解电脑技术，那么我为何要给一款用在全新电脑上面的软件投资？我当时年轻而愚钝，以为我可以打破“法则”而不受惩罚。现在我的年龄和智慧都有所增加……唔，反正年岁是增大了，因此我想帮助大家避免犯我的错误。

你要搜索自己认为了解的企业，并对其进行一次数据检验。要竭尽全力不去倾听自己内心的任何傲慢或感情用事的声音，因为这种声音会产生误导。一号法则十分简单和直截了当，因此人们很容易认为它有改进的余地。只要试图这样做，你就会亏损。

进行初步的搜索并不一定需要使用互联网。要找到你所了解的企业，一个简单有效的起点就是考虑一下你经常在哪里购物，以及经常购买什么。比如说，也许你并不了解制鞋产业的复杂之处，但是如果你只穿耐克鞋，而且经常购买耐克服装，并恰好喜欢看到和听到的有关耐克公司的一切，这就是一个良好的开端。看一看信用卡账单和支票簿，了解你的钱都到哪里去了。然后问一问自己：“拥有什么会让我感到自豪？”我想，只要你生活着，工作着，就能列出不止15家的企业。

之后，你就可以开始进行实际的准备工作。首先，必须了解这些企业当中哪家有护城河。

> 一旦你拥有一份满足一号法则标准的出色企业列表，这份列表被称为“观察名单”，那些每周只需花费你15分钟就能监督的企业就列在其中。

第四章 识别护城河

Identify a Moat

学习并不是非做不可的事情……生存也如此。

——W. 爱德华兹·戴明

“我买的是整个企业”“拥有它我感到自豪”，抱着这样的思想购买一家企业时，要知道的第一件事就是，它的前途是否可以预测。很显然，你想要的是一家在今后几十年里都会继续成长的企业。但如果不能十分有把握地预测，它的未来就是不可预测的。而一号法则投资者不会购买前途不定的企业。

本章要让你学会判断一家企业是否会成功并在今后至少20年里一直取得出色的业绩。一家企业要具有这种程度的可预测性，就必须拥有某种持久的竞争优势。就如巴菲特说的那样，“持久的竞争优势，为其提供保护，使之免遭袭击，就像护城河保护城堡一样”。换言之，我们寻求的是这样一家企业：它具有很大、很宽和难以逾越的护城河。我们要获得可靠的保护，以免让竞争对手偷袭。

具有宽大的护城河是出色企业的特点，因为与没有护城河的企业相比，它今后20年的情况要可预测得多。

你们一些人可能已经很熟悉护城河的概念。即便如此，我也要鼓励大家阅读以下内容，以说明这一概念可能是多么重要。在引导大家了解护城河的特点之后，我将告诉你究竟需要哪些财务数字，才能看到一条宽宽的护城河。

什么是护城河

护城河的概念实际上很简单。如果一个产业很容易进入，可能就没有护城河。相反，如果一个产业很难进入和获得成功，你就会发现一些具有护城河的企业。

例如，在我孩提时，我家在俄勒冈州拥有一家很小的农场。农场里有一棵樱桃树。我只需爬上樱桃树采摘，然后让祖父带我到樱桃收购站就可以做樱桃买卖。在那里人家会给我拉来的货物称重，任意挑选一个样品进行检验，然后给我付款。仅此而已。没有任何障碍阻止我从事樱桃生意。之所以没有任何障碍，是因为食品杂货店里没有任何人特别在意樱桃来自哪家农场。樱桃是初级产品，就是说一家农场的樱桃与另外一家农场的没有很大差别。生产初级产品的企业没有护城河。如果你拥有一家生产初级产品的企业，那无异于赤裸裸地面对竞争对手。如果对手想要夺取你的城堡，没有什么方法可以制止。如果对手种植和销售樱桃的价格都能更低廉，你的买卖就会做不下去。我们不想拥有没有护城河的企业，因为这实际上很难赚钱。问任何一个拥有农场、药店、熟食店、加油站或者T恤衫商店的人，他们都同意这一点。在这些企业中赚钱很难，因为它们基本上是初级产品生产企业。

如果我不是在樱桃行业中竞争，而是企图与可口可乐和百事可乐公司交锋，情况会如何？他们好像赚钱很多。但你是否认为这种竞争可能也很难？比如，我拥有一棵树，魔术般地生长出一罐罐可乐饮料，味道与真的可口可乐一样。我能够采撷送到商店，廉价出售，与可口可乐公司竞争吗？不能。店主的冷库只有那么大空间。可口可乐和百事可乐已经占用了每一寸空间，因为顾客到店里来就是要购买可口可乐或百事可乐。顾客们之所以前来购买这些品牌的产品，是因为可口可乐和百事可乐整天在电视上做广告。这些广告并不让店主花费一分钱。此外，公司还激励一些商人，促使其要么摆满可口可乐或百事可乐，要么摆放在显眼的位置。店主为何要对可口可乐或百事可乐的摆放空间有丝毫的放弃，让我那名不见经传的可乐饮料取而代之呢？回答是：他不会，而且寸步不让。

因此，我怎样出售自己的可乐类饮料呢？如果我不能很容易地回答这个问题，这就充分表明可口可乐公司和百事可乐公司具有护城河，阻止了像我这样的竞争对手夺取其城堡。即使我能够不花分文就种植出可乐饮料，也仍然无法在一家商店里获得货架空间。

对企业所有者来说，护城河意味着很难遇到竞争。虽然可口可乐比一般饮料贵，但喜欢可口可乐的人不会在乎。你无法通过降价与可口可乐竞争，这也是护城河存在的一个表现。人们很难与eBay竞争，因为它拥有世界上最大的网上拍卖市场。人们之所以很难与吉列竞争，因为它拥有大量忠实的客户。迪士尼、箭牌糖果公司和苹果公司也如此。

拥有护城河的企业更加引人注目的一点在于，它们能够与通货膨胀保持同步。换言之，成本上涨时，它们能够提价。即使可口可乐、吉列剃须刀或者星巴克的大杯拿铁咖啡今天的价格比昨天要贵，人们也仍然会购买这些商品。

护城河并不限于热爱一种产品。虽然许多人对微软公司不满，却依旧使用视窗软件，因为大量软件需要依赖它运行。一定程度上可以说是被迫使用。（记得NeXT的故事吗？我的投资者同行和我都无法游过微软公司的护城河攻击城堡。）像Linux这样一个竞争对手，虽然能够免费赠送其操作系统，却仍没有对微软的市场造成很大损害。从一种操作系统转向另外一种可能会十分痛苦，以致令人望而却步。虽然小镇上的人们也许不满于当地的沃尔玛超市给自己邻居的五金店带来的不幸，却仍然在沃尔玛买锤子，因为那里的货便宜得让他们无法拒绝。沃尔玛具有价格护城河。

无法复制的商业机密也是一种护城河。除了拥有品牌护城河外，可口可乐公司的机密配方更是坚不可摧，以致该公司甚至无法与自己竞争。它尝试了一个新的配方——新可乐，结果造成公司收益严重下降。近100年来，人们一直享受着原汁原味的可口可乐。别的公司就是无法完全模仿它的口味。即使能够完美地模仿出可口可乐，也必须与其品牌和物流竞争。这也是一种蛮不错的护城河。

辉瑞大药厂的护城河来自于药品的专利。这个护城河受到法律保护。英特尔公司的护城河来自于其在制造芯片方面的长期经验。只有雇用英特尔的员工，你才能获得他们所掌握的知识。

太平洋煤电公司（PG & E）等公用事业公司用政府立法来保护自己。它是所在地区唯一能够提供电力的公用事业公司。因此它拥有垄断权。要想在加州用电，就得从该公司购买，或者建立自己的电力来源。公用事业公司很像收费桥。要想穿过某块水域，就得付费，否则就得建造自己的轮船。收费桥梁公司往往是政府创办的垄断公司，但也不尽然。大多数广告和传媒公司也是“收费桥梁”式企业。要想在华盛顿特区的报纸上做广告，你肯定会在《华盛顿邮报》上做。要做，就得付费。时代华纳、谷歌也是如此。

实际上，拥有护城河就获得了某种持久的保护，从而可以免遭竞争对手的伤害。这不是传统意义上的“垄断”（就是对市场的一个特定领域享有排他性控制

5种护城河		
类型	定义	实例
品牌	顾客很信任，愿意付款购买的一种产品。	可口可乐、吉列、迪士尼、麦当劳、百事可乐、耐克、百威啤酒、哈雷戴维森摩托车等。
商业机密	企业拥有一项专利或商业机密，使得直接与之竞争成为非法或难度很大。	辉瑞、3M、英特尔等。
收费	企业对一个市场享有排他性控制权，从而能够从任何需要这项服务或产品的人那里“收费”。	传媒公司、公用事业公司、广告公司等。

（续表）

5种护城河		
类型	定义	实例
转移	企业已是生活中十分重要的一部分，以致不值得费劲去采用其他公司的产品或服务。	ADP（自动数据处理公司）、Paychex（薪资处理服务公司）、H&R Block（报税服务公司）、微软公司等。
价格	企业能够把产品的价格订得很低，以致无人能够与之竞争。	沃尔玛、Costco（仓储式连锁批发零售公司）、Bed Bath&Beyond（寝浴用品专卖店）、Home Depot（装潢零售公司）、Target大卖场等。

权），而是指在某一行业中数一数二的公司。

一号法则投资者之所以如此喜欢护城河，是因为拥有护城河的企业的前途可以比较准确地预测。与必须同低价产品竞争的公司相比，拥有5种护城河当中一两种的公司生存与成长的能力要强得多。由于一号法则投资者购买企业，就好像它是今后100年唯一的收入来源一样，因此我们希望对护城河确信无疑。

久固的护城河

如果一家公司决心要免遭侵害，其护城河还必须久固。请记住，你我在今后20年都指望这家企业存在，因此这种产品和这个产业的持久性至关重要。该公司所必须做的并不仅仅是提供一种出色的产品。可口可乐公司的优势已经存在了100年。该公司通过保护其饮料配方的秘密来保持优势，就好像这个配方是公司的生命线。但是，可口可乐还保护了自己的物流系统，与百事可乐争夺每一家零售店。配方和物流系统的结合保护了该公司的护城河。但是如果公司放松警惕，未能保卫自己的护城河，百事可乐大军就会最终越过护城河袭击城堡。

微软公司通过不断改进技术来保护其护城河。它认为如果依靠过时或者无用的技术，无法保持常胜。在我撰写本书的时候，谷歌引起了比尔·盖茨的极大担忧，因为它用搜索引擎挖盖茨护城河的墙角。他的担忧可能是对的，因为谷歌已经弄清如何不向任何人收费，也不迫使任何人改装电脑或电脑的操作系统就赚得盆满钵满。谷歌的系统建立在Linux软件上面，因此它不必采用微软公司的任何产品。谷歌的护城河是其在智能搜索方面遥遥领先的地位。盖茨正在绞尽脑汁考虑如何越过这一护城河，以摧毁竞争对手。这是商业机密型护城河，而且已经变成品牌型护城河。谷歌是否能够有效利用与消费者的联系，使任何人都不再喜欢使用视窗操作系统？对于技术行业，这是唯一关键的问题。因此竞争仍然很激烈。是微软，还是谷歌的护城河久固？

对于某一企业，你不需要识别出若干护城河，才认为其是有潜力的投资。但你可能会发现，护城河越宽，就越有可能是几种护城河的结合体。例如，可口可乐公司和微软公司都有品牌型护城河，同时又显示出其他护城河的特征。不要在护城河数量上大做文章，而要注重辨别各种护城河当中最难以逾越的一条，并相信，该公司能够长久地保持这条护城河。

如果你想买一辆受正规摩托车手青睐的结实耐用的摩托车，那么只有一种，就是哈雷（Harley）摩托车。其他摩托都可能会使你在大型摩托拉力赛上惨败。哈雷迷追求的是车的外观、声音、感觉和性能。除此之外别无选择。哈雷摩托已经流行了几十年，并将继续流行下去。但是早在20世纪70年代，该公司不得不与日本人竞争。本田公司斥巨资试图与哈雷一比高下。从技术角度来看，本田公司制造的摩托车更出色、更便宜。但是它轰鸣的声音不像哈雷，不如哈雷皮实，因而不像哈雷车那样受到青睐。无怪乎，尽管本田摩托的外观几乎与哈雷摩托一模一样，但本田公司无法使摩托车手们像对待哈雷一样认可本田摩托。今天，日本人进口哈雷摩托，因为它与本国生产的摩托截然不同。想要哈雷，就得买哈雷。哈雷公司通过确定哈雷摩托独一无二的特色修筑了护城河，并用专利、法律和营销来保卫自己的领地。哈雷公司发现了自己久固的品牌护城河——哈雷外观、声音和感觉。我们能够预测它在今后20年里会继续经营下去吗？

与没有护城河的企业相比，拥有宽而久固的护城河的企业被淘汰的可能性要小得多。长期的盈利预测也比较容易做出。因此，拥有久固护城河的企业有利于进行可预测的投资。

许多投资者所犯的错误是以为企业股票的价格及其涨落取决于其与竞争对手竞争的情况。用我的话说，就是取决于它的护城河有多宽。例如，自2000年之后的7年以来，百事可乐股票的业绩大大超过可口可乐。但请记住，我们买的不是股票，而是企业。作为企业买主，我们必须认识到有许多力量影响着股票价格——这些力量往往与企业的素质及其护城河的宽度无关。

以下是一个很好的例子（参见第64页的图）：1998年，百事可乐每股价值44美元，可口可乐每股价值42美元（我们将在第九章详细说明价值即标价如何计算）。在市场上，百事可乐每股售价30美元，低于其价值的30%左右。而可口可乐每股售价则为90美元，要比其价值高200%左右。从那时起，可口可乐的市价下跌了，百事可乐的价格上涨了。多么出人意料！

要明白，护城河向我们显示的是一家公司在今后20年里是否有可能存在，而不是我们目前应当为其支付的价格。拥有很宽的护城河的企业往往被严重高估。其结果往往是价格暴跌，就像要倒闭了一样。但实际上，如果企业具有巨大的护城河，就几乎保障了其前途会更加明晰。当然，这个“未来”就是一号法则投资者所翘首以待的：在人人都对一种股票估价过低的时候将其买进，届时获利。

一号法则的初学者们有时以为，企业拥有明显的护城河，其定价通常大大高于价值，所以情况总是如此。事实并不是这样，绝对不是。如果是这样，要想获得很大的“安全边际”，你我就不得不赶在别人注意到护城河存在之前发现具有很宽护城河的企业。我不知道你怎么样，但我就是不够精明，因而不能持久地做到这一点。我就是要坚持做行得通的事情：辨别出拥有明显的宽护城河的企业，然后在一切可能的时候按照大大低于其价值的价格将其买下。

如果你1980年买了可口可乐，到2005年，就是25年以后，收益率是12%。如果你1980年买了百事可乐，收益率也会是12%。因此这两家公司的产品、品牌护城河和长期复合收益率几乎相同。但是看一看价格图，就会看到明显的差别。虽然收益率没有什么实际差别，但百事可乐的业绩看来肯定要好一些。实际发生的情况是，20世纪90年代末可口可乐被严重高估。从那时起，市场对其做出了重新估价。

我们的任务是要发现护城河明显很宽的企业，在市场错误地将其定价过低的时候买进，然后在市场错误地将其定价过高时抛售。而相反，在可口可乐的价值为40美元时按照90美元的价格买进，就是糟糕的主意。我们要在90美元的价格上成为卖家。护城河宽的企业如果定价过高，早晚会暴跌。这使我们得以在低价将其买回，然后再等10年、20年，直到其估价再次过高。但要做到这一点，就必须对护城河有信心。

试图仅凭直觉就弄清一家企业是否拥有护城河，是一项挑战。然而，通过考察5个具体的指标，一号法则投资者在辨别护城河方面就剔除了猜臆的因素。这5个数字是一个放大镜，可以使我们真正看清这个企业的真实情况，从而决定是否将其留在出色企业之列。

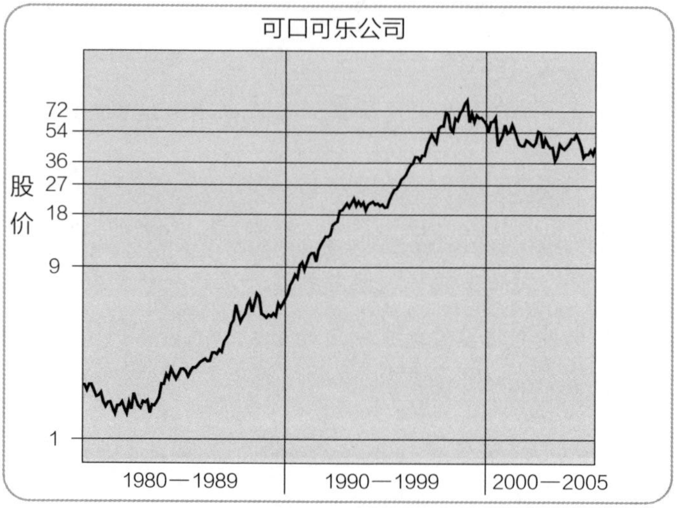

可口可乐公司25年复合收益率为12%

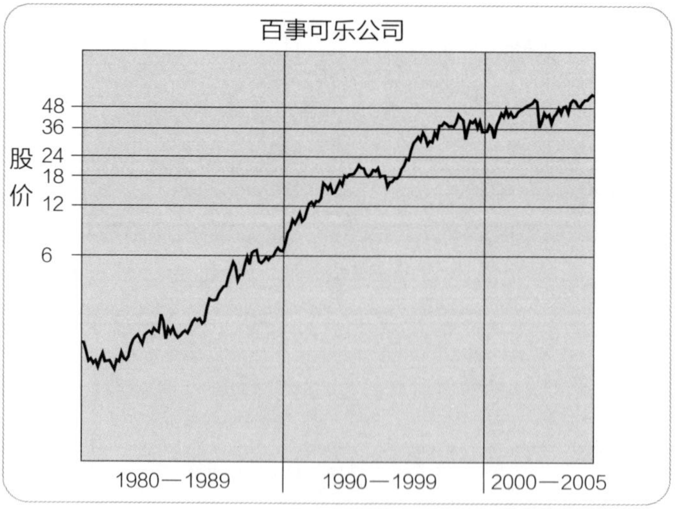

百事可乐公司25年复合收益率为12%

5个重要指标

如果一家企业至少拥有5条护城河中的一条，这5个重要指标就会将其显示出来。这些指标表明护城河是否存在。没有护城河的企业，5个重要指标表现不会良好。如果不能发现出色的5个重要指标，那么我保证你很难预测这家企业的未来。这家企业可能就不拥有你所想象的护城河或者前途。这5个指标十分重要，因此我从不购买这些指标很糟糕的企业。这5个重要指标分别是：

1. 投入资本回报率（ROIC：Return on Investment Capital）。
2. 销售额（Sales）增长率。
3. 每股盈利（EPS: Earnings per Share）增长率。
4. 股本或每股净资产（BVPS: Book Value per Share）增长率。
5. 自由现金流（FCF: Free Cash Flow）增长率。

最近10年的每一年，所有5个重要指标都应当大于或等于10%。

> 登录相关网站找到有用的理财信息，网站会帮助你搜集成功评估企业所需要的原始数据。

虽然雅虎金融和MSN Money等理财网站都对许多企业的几百项数据进行追踪，但是对这5项指标的追踪却并非总是免费的。由于一号法则投资者需要专注这5个指标，因此我要向大家演示自己如何根据免费的信息逐步计算出这些重要的增长率。这将是第六章的重点。但首先，我们要在下一章中讨论这5个指标的含义，以及它们如何帮助我们辨别出护城河宽的企业。要习惯运用这些指标是需要花费一定时间的，因此一定要有耐心。回想起小学一年级学习2+2=4时的挫折感了？不用怕，现在要比那时容易得多，因为我们有了电脑和计算器的帮助。

The Big Five Numbers

5个重要指标

第五章

人类十分厌恶脑力劳动；即使知识唾手可得，更多的人也会满足于无知，哪怕是稍微做出一点努力就可以获得。

——塞缪尔·约翰逊

即使我们认为自己能够不费很大力气就能辨别出一家企业的护城河，这也并不意味着我们应就此罢手，转而考虑企业的管理（第三个M）。首先，我们必须考察5个重要指标，从而证实这家企业的实力。我用这5个指标来弄清一家企业能否使我获得每年起码15%的收益。换言之，这5个重要指标是了解这家企业是否可预测、可信任的重要线索。作为一项后续考虑，我们还会考察一下债务。虽然我并不认为债务是5个重要指标之一，但一旦检查了5个重要指标是否良好，就需要考察债务。（通常情况下，如果5个重要指标看起来都很好，债务也会如此。）

请记住：从1996年到2006年，5个重要指标每年都应当大于或等于10%。我们还必须考察一下5年和1年的指标，并将其与10年的进行比较，以确定企业的发展速度不是在减缓。但如果想只关注几个必要的指标，以习惯于这一评估过程，第一步只需看10年平均数，如果它高于10%，就接着进行下一步。

我们来看看这5个重要指标都意味着什么。当前请不要操心它们怎么来的，而要专注于了解它们都意味着什么，这样我们就会知道如何计算。

投入资本回报率

投入资本回报率（ROIC）就是每年投入现金所赚取的回报率。例如，如果你的孩子们出资200美元建立了一个柠檬水小摊生意，他们的“投入资本”就是200美元。一周后，孩子们带回家300美元。他们花钱采购了供应品，支付了薪水，制作了小广告传单。在减去这些开销的200美元之后，他们的利润是100美元。他们的投入资本回报率就是利润除以投入资本。在上述案例中，他们做的很出色：100美元/200美元=50%。只用了一周时间就获得了令人惊叹的回报率。相比之下，如果把这200美元存入银行，每年利率为2%，那么一周之内他们的投资增长就会低于10美分。我们来看一看：100美元或者10美分——哪一个更好？这对你的孩子们来说，是一个教诲。

不论哪种情况，投入资本回报率都是指投入企业的现金所获得的收益百分比。它衡量了企业经营资金（借来的或者自有的）的有效利用程度。因此它也显示出企业管理团队利用经营资金的有效程度。出色、稳定的投入资本回报率初步表明了企业管理者和企业所有者目标一致。这一点在后面的研究中会十分重要。

如果你要问我这,5个重要指标当中哪一个最重要，我会告诉你首先要看一看投入资本回报率。如果一家企业没有健全的投入资本回报率（自1996年到2006年每年平均在10%以上），那么就要放弃。一家拥有牢固护城河的企业几乎总是拥有颇为吸引人的投入资本回报率，因为护城河保护它免受竞争对手不断施加的价格压力。实际上，正是由于护城河的保护，其他企业才不得不采取价格竞争策略。这可是一条艰难的赚钱路径。

我们想要看到的是投入资本回报率长时间里保持出色。我们想看到它上升或者持平，而不是不断下降。虽然可以只关注10年平均数，但最好要看一看投入资本回报率的3个数字：（1）近10年的平均数；（2）近5年的平均数；（3）近1年的平均数。有了全部3个数字，就能更好地了解企业目前的状况。

我们来看一看2005年年初一些企业的投入资本回报率，看看它们都告诉我们什么（参见下页的图）。每一组两个企业之间相互竞争。例如，阿波罗公司与ITT教育公司；甲骨文公司与赛贝斯公司；通用汽车公司（在一定程度上）与哈雷戴维森公司；全食公司与艾伯特逊公司；戴尔公司与基汇公司。从左至右看这幅图：首先看一看10年的投入资本回报率，然后看5年的，最后看近1年的。显然，我们想要看到所有数字都超过10%。而且，数字从左到右有所增加就更好了。

仅仅根据这些投入资本回报率数字，你会选择哪些公司来投资？

通过比较不同时间段的投入资本回报率数字，我们可以看到，阿波罗、哈雷戴维森、全食和戴尔公司的投入资本回报率上升或者保持稳定，而甲骨文和ITT公司的投入资本回报率则不稳定，但仍然大大高于10%这一最低要求。赛贝斯公司的投入资本回报率有所回升。通用汽车和艾伯特逊最近保持稳定，但数值却太低，因而不能考虑。基汇公司的投入资本回报率则正在暴跌。

请记住：我们希望投入资本回报率保持稳定或者上升。阿波罗公司和ITT公司从事教育产业。两家公司的数据都很出色，但阿波罗公司比较是连续性。全食公司与艾伯特逊公司相互竞争。首先，食品杂货行业的毛利率很低，因此请给它们一次机会，但是请看这两家公司投入资本回报率的差别——全食公司的投入资本回报率越来越高，艾伯特逊的则正在下降。你认为谁具有护城河呢？

通用汽车公司和哈雷公司所从事的行业很相似。通用汽车的投入资本回报率很低，并且越来越低。这是企业濒于破产的一个迹象。与此同时，哈雷公司则显得十分健康。

戴尔公司和基汇公司的情况如何呢？谁拥有护城河？回答这个问题实际上并不难，对吗？戴尔公司修建了一条非常宽阔的护城河，而基汇公司试图游过去。看来基汇公司在戴尔公司的护城河中淹死了。你是想把自己的钱投入到基汇公司，希望他们更好地利用投资呢，还是想支持可以预测的事情，比如戴尔公司？

我会在合适的价位上选择戴尔。

不幸的是，对一号法则投资者来说，基汇公司没有任何“适当的价位”。它没有满足护城河的要求，没有满足可预测性的要求。因此，我们不能判断这家企

公司	投入资本回报率—10年	投入资本回报率—5年	投入资本回报率—1年
阿波罗集团①	32%	30%	36%
ITT教育公司②	171%	313%	46%
甲骨文公司③	110%	182%	54%
赛贝斯公司④	-21%	-24%	12%
通用汽车公司⑤	3%	1%	1%
哈雷戴维森公司⑥	16%	18%	18%
全食公司⑦	7%	10%	12%
艾伯特逊公司⑧	9%	6%	6%
戴尔公司⑨	43%	43%	42%
基汇公司⑩	-10%	-50%	-112%

注明：

① 阿波罗集团（APOL）：为在职成人提供高等教育课程的一家公司，在美国、波多黎各和不列颠哥伦比亚设有校园与学习中心。

② ITT教育服务公司（ETI）：另外一家提供教育课程的公司，在美国各地提供学位和非学位课程。

③ 甲骨文公司（ORCL）：一家为企业开发、制造、营销和分销电脑软件的公司。

④ 赛贝斯公司（SY）：另外一家为企业提供辅助服务的软件公司。

⑤ 通用汽车公司（GM）：美国的老牌大型汽车公司之一。

⑥ 哈雷戴维森公司（HDI）：哈雷重型摩托车的制造商。

⑦ 全食公司（WFMI）：一家天然食品和营养补充剂连锁店。

⑧ 艾伯特逊公司（ABS）：一家经营食品店和药店的连锁超市。

⑨ 戴尔公司（DELL）：电脑制造商，制造网络系统、台式机、笔记本和企业系统。

⑩ 基汇公司（GTW）：另外一家电脑制造商，制造一系列台式和便携式个人电脑，以及与个人电脑相关的产品。

业的前途，不能赋予该企业价值。在不知道其价值的情况下买进，就相当于猜臆它现在很便宜，之后一定会上涨。因此，我们是在赌博、祈望或奢望。无论你怎么想，它都不是投资。

投入资本回报率并不是证实企业具有宽大护城河所需要考察的唯一指标。我们还需要知道这家企业目前的成长对我们所有者有利。为了获取这些信息，我们需要考察以下4个增长率：（1）销售额增长率；（2）每股盈利增长率；（3）股本增长率；（4）自由现金增长率。

一些专业网站为我们计算了这5个重要指标，但这些网站是收费的。MSN Money和雅虎金融等免费网站计算了几个重要指标，其余的就需要我们利用原始数据自己做了。为了提供便利，我为5个重要指标的计算都准备了一号法则计算器。但即使没有我的网站，也能很容易地获取这些增长率。为了说明这一点，在下一章中我将向你演示一个脑算的简单窍门，你只需掌握10年的数字。你可以在MSN Money网站或者你平时用的在线代理网站上找到这些数字。你可以熟悉一家特定的网站，学习一号法则的诀窍，然后用其他网站进行试验，找到你认为最便利的方法。在本书中我们利用的数据主要来自MSN Money和雅虎金融网站。但这并不意味着你在其他的金融数据网站无法获取相同的信息。

4个增长率

我们需要弄清销售额、每股盈利、股本和现金等增长率。这些数字告诉我们过去几年中企业每年的增长幅度，如果这些数字具有连续性，还为我们提供了充分的线索，使我们了解今后应当期望的增长率。这对于计算企业现在的价值十分重要。

销售额是企业销售产品和服务获得的总金额。孩子们的柠檬水小摊卖出了300美元的柠檬水。这就是销售额。十分简单。有时，人们把销售额叫作顶线，因为它位于企业财务报表（损益表）的最顶行。每年，企业都会报告其销售额，从而使我们了解与去年相比，销售额是否增长了。我们希望看到10年的数字，以了解销售额是否连续增长。如果是，我们就能计算出超过去年的增长幅度。

如果孩子们今年的销售额为300美元，明年为1000美元，销售额增长700美元。这一点蛮不错。但真正重要的是增长率。我们仅仅用700美元除以300美元，结果得到2.33。这意味着这一年销售额增长了233%。要想计算若干年的销售额增长率，也是轻而易举。我们在时间上向前推移，假设孩子们已经拥有这个小摊5年时间。在第5年中，我们计算这5年的平均增长率来考察企业目前的经营状况。企业顺利发展，最近一年的销售额达到3000美元，而5年前的销售额仅为1000美元。

进行这项计算，最精确的方法是使用我的比率计算器。计算得出，这5年的平均增长率为25%。（我的计算器使这项工作变得很容易。在下一章，我将告诉你如何进行简单的脑算或在纸上计算。）我们可以就10年期、5年期和1年期进行同样的计算，看一看销售额是膨胀还是萎缩。销售额、每股盈利、股本和现金的增长率，我们都重复这一练习。

每股盈利（EPS）是企业每股所有权获得的利润。例如，鉴于孩子们的柠檬水小摊已经取得开门红，他们需要购买额外的供应品来不断满足需求。他们将需要一些外来资金。为了获得这笔钱，孩子们可以出售自己的部分所有权。比如说到了第7个年头，将一半股份出售给他们的父母。首先，他们把自己的柠檬水小摊转变成企业，以形成许多份所有权，即股票或股份。这样一来，他们就拥有股票可以出售了。他们决定发行2000股。他们本来可以决定发行任意数量的股票，不论是1万股还是100万股。这样做不会改变馅饼的大小，而只会影响股票的数量。

接下来，孩子们必须算出企业目前值多少钱，以决定每股售价多少。5年来，企业一直都在迅速增加其盈利——每年约为25%。去年的盈利为2000美元。你对孩子们说，假如他们是取得类似业绩的上市公司，许多基金管理人就会乐于支付这一增长率价格的大约两倍，即去年盈利的50倍左右，以拥有该企业的一部分。因此，如果该企业规模庞大，股票已经公开交易，拥有大量投资者，则其价值也许就是10万美元。但你指出，企业不大，也没有上市，因此对私人投资者来说不值那么多钱。一路上都有风险，譬如如果你想退出，可以把股份卖给谁呢？或者，企业只有5年历史，且规模实在很小，它扩张以后能够保持这一增长速度吗？如果管理者想要离开去上高中，会发生什么事情？

因此，你和孩子们商定，企业不值10万美元，也许值这一数目的1/4，比如说25000美元。如果企业值25000美元，一半就值12500美元。这样孩子们就同意以12500美元的价格向你出售为了换取12500美元，他们给你所发行的一半股票：1000股。既然你付出12500美元获得1000股，每股就支付了12.50美元。他们也给自己发行了标志着企业另外一半所有权的股份，这样孩子们也拥有1000股。他们没有为自己的股份付出任何东西。他们是企业的创建人，而创建人一般都无偿得到股份，因为他们为企业的成功做了大量工作。

有了你投到企业之中的12500美元，外加孩子们从2000美元盈利中获得的现金盈余，在此后的几年里，孩子们继续使企业成长，直到企业目前每年盈利6000美元。由于企业所有者（你和孩子们）拥有2000股股票，因此将6000美元的盈利除以2000股，得到每股3美元。我们就是这样得出每股盈利的。在这个案例中，每股盈利为3美元。每股盈利经常被称为底线，因为它通常是财务报表（损益表）上的最后一行。

像销售额一样，我们目前所真正关心的是每股盈利的增长率。像销售额的增长率一样，每股盈利的增长率就是用百分比表示的每股盈利逐年增长幅度。如果10年前的每股盈利为10美分（100美元除以1000股，因为妈妈和爸爸尚未参股），而今天的每股盈利为3美元，那么10年内增长率就是41%。

这是一个了不起的数字。现在我们想知道企业所有者是否能够保留这笔钱，还是把它用于购买一系列设备，以创造下一年惊人的增长。要弄清这一点，就要看看股本的增长率。

股本就是在孩子们卖掉了所有货物，还清了欠债和领取剩余所得时，你和孩子们可以自留的部分。如果孩子们断定他们想要离开企业，他们当然会设法将其变卖。但是如果没有人想从他们手中购买，他们就只能卖掉糖和柠檬，然后还清自己拖欠的一切债务。比如说他们手头有8000美元的柠檬、糖、制冰机、玻璃杯和桌子等存货，外加1万美元现金和价值1万美元的几辆卡车（就是用利润和12500美元投资购买更多原料和设备之后获得的剩余）。由于他们不欠任何人的债，所以股本的总额为28000美元（存货8000美元、变卖卡车的1万美元和1万美元现金）。用2000股来划分，得出每股14美元。这14美元被称为每股净资产（**BVPS**），这28000美元称为股本或净资产。（一些人称之为清算价值——企业停业后的价值。）

在计算价值方面，原始数据本身并不那么重要，因为拥有大量房地产和机器的企业，譬如麦当劳，相对于企业的价值，可能拥有巨额的股本；而与知识产权密切相关的企业，譬如谷歌，相对于其价值，也许会有很少的股本。换言之，如果把制造型企业与知识或智能型企业加以对比，它们的股本是截然不同的。但是股本的增长率却可能是相同的，而且十分重要。股本增长率告诉我们企业能够积累剩余，而这一点本身就使该企业变得很出色。因此，股本远远不如股本增长率能够说明问题。这就是为什么我们比较注重增长率，而不是计算增长率的原始数据。

股本增长率为什么如此重要？一些学生问我这个问题，他们很想知道既然股本实际上仅仅是一项剩余，那么股本的增长率为什么是显示企业实力的一个出色指标。如果一家企业的股本（剩余）没有增长，那么这家企业就没有资金可以用于扩大市场或者开发新产品。也许利润被简单地用于再投资，以维持营业，例如修建新工厂（而这些工厂在5年内就可能会分文不值）。或者其可能正在实施一项“为了增长而增长”的战略。这种毫无目的的增长通常会显示为非常低的投入资本回报率，就是说我们这些运用一号法则投资的人正在被人揩油。

在1934年出版的《证券分析》（*Security Analysis*）一书中，作者本杰明·格雷厄姆解释说，大多数企业都无法积累很多股本剩余，因为它们倾其所得来维持现状，对自己继续营业所需的一切（设备和研发等）进行更新和维修保养。由于注意到这一点，沃伦·巴菲特开始寻找例外：剩余积累逐年增加的企业。找到这些例外企业对运用一号法则的投资者来说至关重要。因此，我们寻找积累剩余的企业。这就是为什么我们对股本的增长进行追踪。

巴菲特先生称企业的合理价值为内在价值。股本或每股净资产是一个出色的指标，显示内在价值的长期增长。巴菲特先生在2005年2月的一封信中写道：“尽管净资产逐年计算有缺陷，但是在我们公司（Berkshire）却很有用，是衡量内在价值的长期增长率的一种简单有效的方法。”因此我们十分重视股本增长率，以帮助确定企业的长期增长率和内在价值。

计算股本增长率的方法与计算销售额增长率和每股盈利的增长率相同。早在孩子们最初把自己企业的股票卖给你的时候，在你投资12500美元之后，企业的股本实质上都是现金——14500美元。假如这家企业5年前就停业清算，那么企业的每份股票就连7.25美元也不值。如果孩子们今天，也就是5年后，决定要停业清算，股本会达到28000美元，每股净值14美元。我们将这两个数字——5年前的14500美元股本价值和今天的28000美元，输入到我们的计算器中，结果得出最近5年来股本增长率为每年14%。

最后，现金告诉我们这家企业的现金是否与其利润相一致。特别是，现金的增长告诉我们现金是否随着盈利而增长，或者利润是否仅仅停留在账面上。我们喜欢真实的现金增长。

> 如果一家企业不作为持续经营的企业被出售，而是变卖机器、补给品和房地产，股本基本上就是净收益。销售所得增加企业现金，在清偿债务之后，剩余现金在所有者中分配。股本没有把企业价值当作持续经营的收入来源。而这是任何企业真实价值的重要部分，也属于我们这些所有者。但是，初期增长率的确使我们很好地了解到企业真实价值的增长率。我们可以利用这一数字来计算它在10年之后会价值多少。

孩子们的柠檬水买卖是赚取现金的一个好买卖。一些机器榨柠檬，粉碎冰块和提供柠檬汁，还有几辆卡车，但仅此而已。这意味着，企业的利润不必再投资最终会变得一钱不值并不得不反复更新的昂贵设备。如果这家企业盈利，几乎全部利润都成为银行里的现金。这笔现金可以用于经营目的，也可以作为股息发给所有者。股息仅仅是企业不能有效用于企业发展的额外现金的支付。由于我比较懒惰，宁愿去钓鱼，也不愿研究年度报告，因而我真的很喜欢这样的企业：它们能够为我投资，而不是把钱给我，迫使我自己进行再投资。因此，我喜欢增长迅速的、不支付股息的企业。5年前，孩子们的柠檬水买卖拥有1000美元现金。他们今天拥有1万美元现金。我们把这些数字输入到计算器里，得到58%的现金增长率。

每个季度结束时，企业纷纷计算自己的现金。接着下个季度，他们常常会把上一季度的现金用于更新机床等资本物。剩余的称为自由现金，用于支付股息，或者留作运营资本——即花在企业发展上的钱。

连续性

我们所寻求的是连续的数字。孩子们的柠檬水买卖没有提供充分的数字，使我们弄清它是否连续地增长（我想我们本来能够搜集到所有数字，但是它们不到10年）。我喜欢大量的数字，并看到它们逐年上升。以下是阿波罗集团的这5个重要指标在10年里的情况：

投入资本回报率	
最近10年（1995年—2004年）	32%
最近5年（1999年—2004年）	30%
去年（2003年—2004年）	36%

年	1995	1996	1997	1998	1999	2000	2001	2002	2003	2004
销售额	163	214	283	391	498	610	769	1009	1310	1798
每股盈利	0.08	0.12	0.19	0.26	0.33	0.41	0.60	0.87	1.30	0.77
股本	55	88	124	200	231	261	481	700	1027	957
现金	12	15	36	26	31	83	120	224	287	400

注：除每股盈利之外的所有数值都以百万美元为单位（每股盈利以美元为单位）。

投入资本回报率总是以百分比表示，而销售额、股本和现金的原始数据一般以百万美元为单位。每股盈利以美元为单位。我们必须用这些数字计算出增长率。只有这样，我们才能确信，它们满足我们平均每年10%的最低标准。

在上例中，阿波罗集团的投入资本回报率保持连续，销售额（毛利）、每股盈利、股本和现金几乎每年都在上升，一直到2004年。这家企业显然具有连续性。当我们把这4个数字标在一幅图上时，就是这个样子（为了进行比较，我把这些数字换算成了每股数值）：

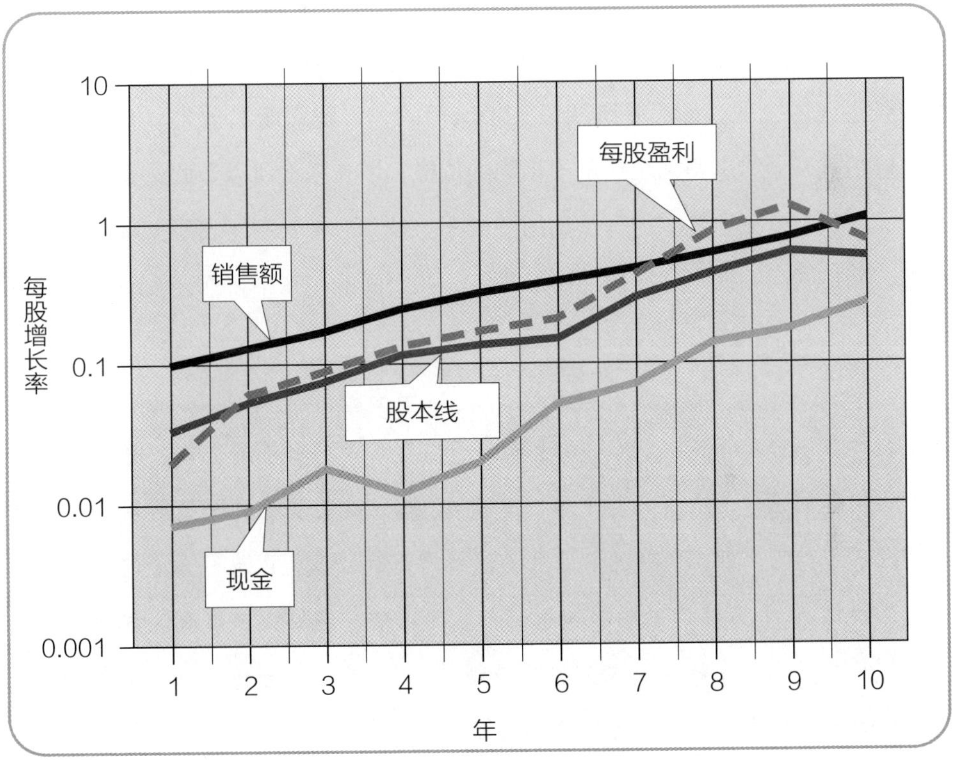

4个增长率

正如我刚刚提到的，增长率不同于原始数据。上面的图显示出，销售额、每股盈利、股本和现金的增长率在一定程度上决定了护城河的大小和企业的未来价值，因而十分重要。在第六章中，我将教会你如何算出销售额、每股盈利、股本和现金的增长百分比。但是现在我想让你熟悉一下增长率，并利用它们来确定企业未来的增长率。增长率的重要之处就在于：它告诉我们企业的未来，而这反过来又告诉我们企业今天的价值。

企业如果能够无限期地每年盈利增长15%，与每年只能增长5%的企业相比，每个单位美元的当前盈利的价值就比较高。此外，企业如果能够使其当前盈利每年增长15%，其护城河大概就是宽的，因而与增长率为5%、没有护城河的企业相比，盈利的可能性就比较大。合理的做法是以相同价格购买护城河宽的、盈利增长迅速的企业，而不是购买没有护城河的、步履蹒跚的企业。但通常没有人这样愚蠢，会给这两家企业定出相同的价格。增长率之所以如此重要，原因就在于此。我们今天所购买的是预期的增长率。较高的增长率是表明护城河存在的证据，而护城河则使得这一预期更加确定。在后面的一章中，你会发现这一点很重要。

MSN Money等免费网站计算出一些增长率，但不是全部。另外一些网站的确计算并显示增长率，但要收费。（这些基于订阅的网站价格也各不相同，因此精明的做法是弄清你想得到什么，以及打算如何利用这些信息。）虽然你也许会加入一个基于订阅的网站，以获取这方面的信息（就像大多数专业人士所做的那样），但是作为一种预备，自己学会如何计算这些比率总是好的。就好像我知道如何种植玉米，以备不时之需，但是我宁愿付钱给别人，让他来种地，而自己在商店购买玉米。

请记住，我们想看到销售额、每股盈利、股本和现金最近10年来平均每年增长率超过10%。为了确保增长率不是在下降，我们将考察5年和1年的指标。阿波罗集团这4个增长率如下（于2005年计算，包括同时期的10年、5年和1年期）：

销售额			每股盈利			股本			现金		
10	5	1	10	5	1	10	5	1	10	5	1
31%	29%	37%	29%	24%	-41%	37%	33%	-7%	48%	68%	39%

注：所有数字都为年度平均数。

从左往右读。首先看一看10年增长率，然后5年的，最后1年的。我们首先要确保所有数字都起码达到10%。然后看看从10年转向最近一年时，这些数字是上升还是下降。

从这些数字我们可以看到，虽然销售额的增长率越来越高，但是每股盈利的增长率却在下降，股本和现金也是如此。如果我们只看原始数据，阿波罗集团显得很不错。但如果看一看这增长率，阿波罗集团就突然变得有问题了。

要想购买阿波罗集团，就必须判断出增长率下降是其偶然情况还是一个长期的问题。正是在这方面，了解企业至关重要。如果你对自己是否了解没有把握，就不可以投资，因为这些数字可能是在向你显示其护城河已经被逾越，并且没有挽救的办法。

根据原始数据计算增长率并非易事。通过计算两个相互竞争的公司的增长率，你可以看到该产业中正在发生的事情，以及谁占了上风（较宽的护城河）。

以下是阿波罗集团与ITT教育公司比较的情况。（请注意：这是2005年撰写本书时计算的比率。）

公司	投入资本回报率			销售额			每股盈利			股本			现金		
	10	5	1	10	5	1	10	5	1	10	5	1	10	5	1
阿波罗集团	32%	30%	36%	27%	29%	34%	29%	24%	-41%	53%	46%	2%	51%	68%	39%
ITT教育公司	171%	313%	46%	12%	14%	18%	25%	27%	26%	19%	29%	23%	29%	11%	-1%

注：所有数字均为年度平均数。

看一看这5个重要指标。这两家企业都有极好的投入资本回报率和销售额（都超过10%）。但沉重打击阿波罗集团每股盈利的因素，对ITT公司没有产生任何影响。最近一年来阿波罗集团的每股盈利增长率下降了41%，而ITT公司则保持了26%的增长率。股本的情况也是如此。阿波罗集团的股本增长率暴跌到2%，而ITT则保持在23%。但ITT公司的现金增长率遭到重创，跌到-1%。不论选择购买哪个，我都需要弄清正在发生什么，才能感到安全。

甲骨文公司与赛贝斯公司比较的情况如下：

公司	投入资本回报率			销售额			每股盈利			股本			现金		
	10	5	1	10	5	1	10	5	1	10	5	1	10	5	1
甲骨文公司	110%	182%	54%	12%	3%	15%	26%	18%	16%	31%	19%	29%	35%	16%	11%
赛贝斯公司	-21%	-24%	12%	-2%	-2%	1%	-11%	-49%	-21%	4%	12%	-1%	32%	-3%	-3%

注：所有数字均为年度平均数。

甲骨文和赛贝斯是在数据库市场上竞争的两家公司。它们的5个重要指标都很一般。看一看赛贝斯公司。看到负数了吗？它的增长率朝着负的方向变化。不是很好的迹象。再看一看甲骨文公司。每股盈利的增长率从26%下滑到18%和16%。现金的增长率从35%下滑到16%和11%。销售额和股本的增长率先下滑，然后回升。因此，甲骨文公司在一定程度上好坏参半。到此，我们对正在发生的事情并不真的清楚，对吗？这不是我们想看到的情况。我们想要看到的是显而易见的情况。这也许仅仅是一种业绩衰退。也许有一种新的技术正在对这两家公司发起攻势。但谁知道呢？你我不必知道。我们只需知道它们遇到了问题，而我们不想拥有自己不了解的、有问题的公司。所以，请把这两家公司划掉。

以下是通用汽车公司与哈雷戴维森公司比较的情况：

公司	投入资本回报率			销售额			每股盈利			股本			现金		
	10	5	1	10	5	1	10	5	1	10	5	1	10	5	1
通用汽车公司	3%	1%	0%	2%	3%	4%	-4%	-11%	-3%	2%	5%	-3%	-5%	-32%	167%
哈雷戴维森公司	16%	18%	18%	17%	15%	8%	23%	28%	20%	20%	17%	27%	33%	23%	74%

注：所有数字均为年度平均数。

通用汽车公司的每股盈利增长率十分可观，但销售额的增长率却远远低于我们10%的要求。尽管现金增长率不断上升，但是股本增长率却朝着负的方向变化。因此也是好坏参半，不清楚即将发生什么。你知道这家公司在20年内将会变成什么样子吗？我不知道。经营这家公司的人也不知道。哈雷公司也是好坏参半。请注意，他们最近一年销售额的增长率正在下滑到我们的最低限度以下。每股盈利也在下滑。要小心。情况是否可能是，婴儿潮一代人已经不再购买摩托车了，而下一代人并不喜欢老爸的哈雷？带有积极意味的是，股本和现金增长率正在上升。哈雷公司的情况也不十分明显，不是吗？

以下是全食公司与艾伯特逊公司比较的情况：

公司	投入资本回报率			销售额			每股盈利			股本			现金		
	10	5	1	10	5	1	10	5	1	10	5	1	10	5	1
全食公司	7%	10%	12%	20%	23%	26%	42%	28%	26%	18%	21%	24%	32%	64%	-10%
艾伯特逊公司	9%	6%	6%	14%	2%	11%	6%	9%	-30%	9%	5%	0%	53%	5%	2%

注：所有数字均为年度平均数。

全食公司的销售额、每股盈利和股本的增长率都是惊人的。每股盈利降低到

26%、27%，但这仍然是一个了不起的数字（是我们最低标准10%的2倍）。这是我们喜欢看到的。但现金的增长率却下降了。我们需要了解是什么吞噬着他们的现金。

另一方面，艾伯特逊公司则满盘皆输。如果说企业是城堡的话，艾伯特逊公司就会被炸成碎片。除了最近的销售额之外，其他指标都呈下降趋势。没有一个超过最低标准。这里哪一个是更好的选择是毫无疑问的。

以下是戴尔公司与基汇公司相比较的情况：

公司	投入资本回报率			销售额			每股盈利			股本			现金		
	10	5	1	10	5	1	10	5	1	10	5	1	10	5	1
戴尔公司	43%	43%	42%	29%	14%	20%	38%	21%	17%	29%	23%	30%	53%	6%	6%
基汇公司	-10%	-50%	-113%	0%	-17%	6%	-35%	-115%	-17%	-16%	-37%	-15%	-23%	-28%	-53%

注：所有数字均为年度平均数。

一家公司的自由现金为什么一直受到侵蚀，这种问题很容易找到答案。在全食公司的例子中，我登录了他们的网站，听了他们的季度报告的回放。管理者们告知投资者，他们分配了大量现金用于修建新的商店。这样很好。今后我们将看到收益。在后面的一章中，我将更加详细地介绍如何找到这种问题的答案。

戴尔公司的销售额和股本的增长率正在回升，每股盈利则继续下跌，现金增长率看来停滞在一个较低的数字6%上。戴尔的指标似乎说明，它拥有一条宽阔的护城河，即使最近情况不太好。考察一下戴尔公司和基汇公司，不难看清哪家公司比较强，不是吗？（答案：戴尔。如果你不确信，请重新阅读本章，要放慢速度读。）

如果你在研究戴尔公司的股票，以期有朝一日购买它，你会发现戴尔花了一半的自由现金来购回自己的股票。从股本和现金中拿出120亿美元付给了投资者。

这实际上并不是坏事。如果我拥有戴尔，认为股价大大低于价值，我也会拿出额外的现金把股票买回。为什么？因为我支付50美分就获得了1美元的价值。如果其他所有者愿意廉价卖出，这对我很有利。我将拥有更大份额，而为此支付的是一半的价格。这是一笔合算的交易。甲骨文的管理者对甲骨文几乎所有自由现金流采取相同的做法。也许管理者们认为自己公司的股票很便宜。如果是这样，那么回购就大大有利于股东们。巴菲特十分喜欢在股价低廉时回购公司的股票。然而，如果是在股价昂贵时回购，就不利于股东。我想我们必须知道一种股票何时便宜，何时昂贵，以了解该公司是否管理良好。我们将在后面一章中对此加以探讨。

> 请记住：一家公司的股票便宜时，公司将自己的股票购回，这对我们所有者来说是好事。但当一家公司高价回购自己的股票时，就不是很妙。它可能是挥霍浪费的投资方式。

获取5个重要指标的渠道

值得庆幸的是，我们再也没有必要到冗长和令人困惑的年度报告中去搜寻我们所需的信息了。（这是我过去常常做的事情！）MSN Money和雅虎金融等免费网站在提供数据方面做得很不错。MSN提供销售额、每股盈利和每股净资产（即股本）的10年期数字，但现金只显示5年期数字。它提供5年期的投入资本回报率。专业网站当然做得更好，但它们整理数据是收费的，因为这样会让你节省时间，而时间对专业人员来说就是金钱。你起初可能想要从MSN复制数据，制作像本章中阿波罗集团那样的图表。该图提供了从1995年到2004年的全部原始数据。这使你在一个地方就看到4个重要指标，据此可以迅速和轻而易举地计算出增长率。以后，当你获得更多经验时，只需看一看这5个重要指标，出色的企业就跃然纸上。

人人都厌恶做会计资料和鼓弄数字（我当然也是如此），因此最好的办法是把精力集中在关键数字上，不管其余的。你会发现大多数数据都是以相同的通用格式提供——不论登录MSN Money、雅虎金融还是其他网站。你会找到企业的损益表（有时称为利润表）、资产负债表和现金流量表。损益表反映出企业的收益、成本、费用和盈利（即销售额和利润）。资产负债表反映出企业的资产、负债和所有者盈余（即股本）。现金流量表反映出流入现金、流出现金和剩余现金（即自由现金流）。因此从这三方面考察企业，就能够看到这5个重要指标，并利用它们来评估潜在的一号法则公司。

你可能会遇到一些采用不同术语或陌生词汇的网站。这些术语和词汇使获取所需数字的过程复杂化。例如，你所看到的可能不是每股盈利，而是“每股稀释后标准化盈利”，简称“每股稀释后盈利”。但是，只要仔细看看我在本书中所采用的例子，学会如何使用金融网站的数据，就会获得充分的经验来学会如何浏览大多数网站并阅读财务报表。经过实践，你会成为发现和操纵数字的能手，不论你采用的是哪家网站的数据，也不论该网站使用什么新奇的术语。（如果你被某个网站整理和命名数据的方式难住，可以让我知道。）

事情的真相是，大多数专业投资者在进行分析方面都做得过头。对我们来说，一家企业要么因其是一项确实合算的交易而跃然纸上，要么因其不是而被放弃。如果是，我们就采取下一个步骤。

财务报表

公司报表很容易在网上找到。阅读和迅速获取所需的数字需要经过一定的适应期（同时不要去管其余的数字）。但不论你所采用的是什么网站的数据，由于这些数字都采用相同的通用格式，因而熟悉它们很容易。财务报表包括：

- 资产负债表：有关规定期间的概览，包括资产（企业都拥有什么）、负债（企业都欠哪些债务）以及净值（从资产中减去负债后的剩余，也叫股本）。在这里可以找到有关股本和债务的数字。

- 损益表：包括一家公司的收益（即销售额）、开支和利润。请在这里寻找有关销售额和每股盈利的数字。

- 现金流量表：经营、投资和融资活动所产生的现金变化。在这里可以找到自由现金和所支付的股息。

浏览MSN Money网站

获取一家公司财务数据的第一步是输入其标识。在MSN Money网站，这个方框标明为“代码”。例如你可以在这里输入耐克公司的代码“NKE”。如果你把代码弄错，程序要么会自动地识别出正确的代码，要么要求你提供一定的信息，以便找到正确的代码。一旦显示出耐克公司的数据，你就会看到罗列出的相关信息。你可以在“概览”与“财经”两栏中找到更多你需要的信息。

浏览免费的金融或者财经网站

网站对于获取产业信息很有用。一些网站会提供完整的行业列表，每个产业都列在其主要经济部门名称下面。你会看到该行业的概览，会看到该行业中的所有企业，以及看到该行业中最佳和最差的企业。

利用专业网站

如果你使用的是付费网站，就可以获得更高级的数据。以下是一些例子：

- 投资者商业日报：www.investors.com
- 扎克斯网站：www.zacks.com
- 晨星网站：www.morningstar.com

一般而言，网站信息越丰富，收费就越高。但利用免费网站也能够做许多事情，即使不是99%。一旦你对评估工作感到得心应手，对于为质量较高的数据付费感觉就会好一些。

债　务

我在本章开始时说过，债务与其说是这5个重要指标之一，不如说可有可无。我向人们传授如何计算这些指标的时候，总有人问我债务问题，他们对于我为什么不把债务当作5个重要指标之一感到纳闷。关于这个问题，我要阐明的如下：

企业就像家庭一样。它们若想立即获得某件东西而不想等待，就会借钱。大多数人都曾借钱购买汽车或房子，因为要等到自己能够支付现金，也许就永远等不到购买的时刻。类似地，像全食公司这样的企业如果需要修建新的商店，也许就会借款。获得贷款是没有问题的。每个人和每家企业都这样做。但如果借款太多，你的月收入必须保持住甚至增加，否则就不够偿还贷款，问题就开始出现。

如果违约，你就得卖掉房子或者汽车（借钱购买的任何东西）来偿还。人们有时借很多钱，以期获得更好的工作（借贷的理由是“未来收入”），结果却失去工作。他们无法迅速卖掉房子或者使用信用卡还账，最终不得不宣布破产来摆脱讨债者。家庭可能会债台高筑，企业也可能如此。

如果企业的借贷超过收入，管理者就会从别的放贷机构借更多的钱，或者变卖资产，以图偿还贷款。或者，卖掉企业的一部分，用这笔钱来偿还贷款。但往往是等你真需要钱的时候，银行不愿意借给你，你也卖不掉一件东西。企业也可能遇到这个问题。管理者借了很多钱来修建更多的商店，然后经济下滑，顾客们开始担心自己的钱包，减少了消费。因而突然间，企业陷入严重的现金紧缺，当月无力支付贷款本息。它无法卖掉商店，而且由于它陷入困境，也没有任何人想要购买企业。然后他们也采取宣布破产的做法，以避免讨债者上门。当这种情况发生时，投资者都大吃一惊，只能认倒霉。

一号法则投资者看重的是肯定会赚钱的投资。要想有把握，就必须找到前途可以预测的企业。债台高出收入的企业（或家庭）具有不可预测的财务前景。一旦经济出现问题，贷款很多的企业就可能陷入严重的麻烦。我们不喜欢捉摸不定，因此我们不喜欢企业债台高筑。

债务为零最好。但是正如我所说，许多公司借债是有确凿理由的，因此我们认为只要能够迅速偿还债务就可以。家庭亦然。如果你知道自己在一年内能够用攒下的钱清偿所有债务，那么债务大概就是可以应付的。企业的情况也是如此。只要企业能够用自由现金流清偿债务，债务负担就是良性的。清偿期最长为3年。超过这一期限，我们就不会感兴趣。

此外，还有其他方法可以评估债务。比如，流行的“债务/股本比率”。但是企业可能会对这些比率做手脚，原因很多。我们最好只了解企业需要多长时间清偿债务，并且保守估计这个时间。这就是我打算向大家说明的事情。你只需弄清一家企业长期债务的总额和当前的自由现金流。这些数字显然以百万美元为单位提供。如果你所找到的债务数字都以百分比列出，请尝试另外一家网站，在财务报表中搜寻以美元为单位列示的长期债务和当期自由现金流数字。

有关债务的法则：要确定一家企业的债务是否合理，请弄清它能否在3年内清偿，方法是用长期债务总额除以当期自由现金流。

不要过多地担心短期债务。我们要关注的是长期债务。你在资产负债表上可以找到它。

我们来看一家负债的公司，来弄清其债务是否可以被接受。

布洛克公司负有债务。以下是2005年布洛克公司的长期债务和自由现金流：

财务报表	资产负债表	现金流量表	
科目 数额	长期债务总额 9.23亿美元	自由现金流 3.04亿美元	923/304=3

鉴于这家公司的长期债务和自由现金流，它用多长时间才能清偿债务？这是简单的数学：用9.23亿美元除以3.04亿美元，得到3。布洛克公司用3年的自由现金流将能够还清债务。因此，布洛克公司的债务情况还是不错的。

虽然我并不认为债务是用来评估的第六个指标，但是你会希望考查债务。而且，在看资产负债表时你会遇到债务，因而很想知道如何处理它们。一旦你认为5个重要指标可以通过，接下来就要确定债务负担是否合理。只需用长期债务除以当期自由现金流。

如果5个重要数字排列起来看来都不错，债务很可能也是良性的。如果债务指标不过关，你就要寻找指标更好并且没有不良债务的企业。

一号法则的应用

我们差不多已经准备好要学习如何计算5个重要指标的增长率，挑选看来很出色的企业，然后计算其价值。但是在计算之前，我要向大家说明，2000年我在同一组股票——哈雷、通用汽车、戴尔和阿波罗上应用一号法则时所发生的事情。2000年，按照一号法则，我可以购买哈雷戴维森公司和阿波罗集团，但不可以购买通用汽车公司和戴尔公司。（请记住，这项决策是在2000年而不是2005年做出的，因此尽管阿波罗集团和哈雷公司当时有过一些不确定的时刻，但是2000年时按照一号法则是可以购买的。）

如果我购买了这些公司的股票并且在这5年期间持有，到2005年为止每家公司的投资回报率就是下面这样：

哈雷公司：按照一号法则，应该在27美元的价位上购买它。专家们认为它将继续快速增长，到2005年价值为120美元。实际上，事情的进展并没有像专家们所希望的那样顺利。2000年开始后不久，美国就陷入了经济衰退。哈雷戴维森公司的盈利增长率远远低于专家的预测。尽管如此，运用一号法则，5年后这项投资仍然产生了100%的高回报，尽管该股票2005年的售价只有预测价格的一半。虽然是一半，但我们仍然赚了一大笔。

通用汽车公司：按照一号法则，不可以购买通用汽车。而专家保守预测它会在今后5年里升值50%。问题在于，如果专家是正确的，那么对一号法则投资者来说，该股票2000年的价格就会大大超过其价值。一号法则告诉我们，价格大大超过其价值的公司在市场下滑中会首先下跌。通用汽车的情况当然就是这样。该股票的定价是其价值的两倍，因而在这5年里遭到了沉重打击。假如我投资该股，那么这笔投资的收益率不会达到50%，而会损失70%左右。该股现在的售价只有专家预测价格的1/3左右。

一号法则之所以重要，原因之一就是，它不会让你陷入糟糕的投资。如果不采用一号法则，在投资通用汽车亏损5年后，仍然持有该股的投资者就必须使之升值300%，才能盈亏相抵。而一种股票如果在今后5年中上升300%，其年收益率就会是25%。投资者如果在通用汽车股价损失70%的过程中一直持有，就一定是在祈祷，该公司的股价会突然间奇迹般地增长。而不论该公司还是分析师们，都不可能预测到这种增长速度。如果死守着该股票，投资者们就是生活在梦想的国度。

梦想的国度中生活着一大批业余投资者。他们不想面对现实，也不懂得一号法则。一号法则投资者不是生活在梦想的国度，永远也不是。如果一位一号法则投资者5年前获得通用汽车股票，我向你保证，他不会在股价损失70%的过程中一直死守，除非他患有紧张性精神疾患。一号法则投资者拥有工具和知识，能够认清自己投资的企业的实际情况，知道外面还有更好的企业可以选择。

戴尔公司：如果你认为自己了解高科技硬件行业，这就是世界上最出色的企业之一。2000年，专家们认为到2005年戴尔会使投资者获得50%的回报，但是2000年股市所希望达到的价位对于一号法则投资者来说太高。支付了这一价位的投资者们亏损了20%。令人吃惊的是，如果你根据专家们2002年的预测，在2002年而不是2000年购买同一股票，你就会在3年内翻一番。

阿波罗集团：这家企业是一项可靠的一号法则投资。根据专家们的预测，它到2005年将会带来高达700%的回报。事实上，情况要比预测的好得多。到2005年，该股使一号法则投资者获得了900%的回报。2000年的时候，按照一号法则，买进它十分合算。尽管它的每股盈利和股本的增长速度一年来放慢了，但是在这5年里总的收益率十分出色。

这样，根据专家的分析，哈雷预计会上涨400%，实际取得了100%；而通用汽车预期上涨50%，实际下跌70%；戴尔预期上涨50%，实际下跌20%；阿波罗集团预期上涨700%，实际上涨900%。如果风险和收益像人人所认为的那样，那么预期收益率为50%的通用汽车和戴尔就肯定是比预测分别上涨400%和

700%的哈雷和阿波罗集团风险要小的投资。实际情况完全不是这样，对吗？实际上，根据一号法则，潜在收益率较高的投资项目却是风险较低的投资。一号法则投资者通过自己的经验知道，在任何股市上都能够找到风险很低、潜在收益率非常高的企业投资。相反地，股市每分每秒提供的都是收益率很低、风险却很大的投资。

股　息

到现在，我们寻找的出色企业都拥有某种护城河，5个重要指标都不错，债务很少或者一点都没有。这大概意味着，企业每年都有剩余现金。由于我们是像企业所有者一样的思维，因此我们把剩余现金看作自己的。但是，把钱给所有者，还是用来开发新产品、增加销售人员数量、修建商店、增加营销预算来进行品牌建设等，这些要由企业的CEO来决定。很显然，如果他不把钱回馈给我们，我们就希望他用我们的钱进行投资获得很高的收益率。只要投入资本回报率保持在高水平上，他用我们的钱投资大概就做得很不错。在这种情况下，我们宁愿他使这笔钱不断增值，而不是返还给我们。因为如果返还给我们，我们就必须将其再投资能够增值的企业。所以他把钱留着要简单得多。

但是，假如CEO不能把我们的钱全部再投资该企业，并从中获得不错的投入资本回报率，情况会如何？如果他能够有效地利用其中一部分，但其余的钱却不会使企业加速增长，情况又会如何？这意味着他要么用我们的一部分钱打了水漂，要么没有将其派上用场。这就坏事了。我们但愿他不会拿我们的钱打水漂。我们希望他把钱还给我们，这样我们就能将其投入到能够增值的企业中去。

当CEO将我们的一部分钱返还给我们时，这笔钱就叫做股息。企业是否支付股息与其是否拥有很宽的护城河无关。一些护城河宽的公司，譬如宝洁公司和微软公司等，断定自己无法利用多余的现金实现更快的增长，因而这笔钱被支付给所有者。而星巴克等另外一些拥有很宽护城河的企业则认为，它们能够利用每一分钱的利润实现增长，因而它们从不支付股息。作为一号法则投资者，我们并不因为一家企业支付（或不支付）股息而将其排除在外。支付股息并不是表明企业增长缓慢或快速的迹象。它只是管理层对如何最好地管理所有者的现金做出的一项选择。许多迅速增长的公司的确支付股息。企业是否支付股息不应对运用一号法则产生任何影响。

股息本身不好也不坏。好的股息是用CEO不能有效配置在企业成长方面的钱支付的。他认为，如果留着这笔钱，他的投入资本回报率就会下降。我们喜爱如此思考的CEO。这就是我们关注投入资本回报率的原因之一。CEO把钱给了所有者，使我们得以更加有效地配置这笔资金。坏的股息是用CEO本来可以用来实现企业增长的钱支付的。例如，通用汽车公司若将其宝贵的现金再投资企业增长，而不是以股息形式配置给股东，情况会好一些。

一位CEO如果本不应支付股息，那么他为什么会支付？因为这样做在政治上很得体。许多拥有股票的人认为自己是投资者，而不是所有者。因此，他们希望在表面上始终如一。对无知的投资者来说，始终如一地分配股息能够造成一种假象，即一切顺利，这样CEO就能够保住自己的职位。这就是一直在通用汽车公司发生的事情。

关于股息问题请考虑一下这一点：支付股息之前，企业要先纳税。纳税要用掉大约35%的盈利。剩下的65%可用来支付股息。如果企业将利润全部作为股息支付给所有者，就不得不按照这一总额缴纳短期收益税。就是按照一定比率对这笔钱的全部再次征税，具体征收比率由美国国会决定。这样一来所有者就只能得到毛利润的40%。政府采用双重征税将60%的利润没收。这样看来，不分配股息而让企业按照35%的税率纳税更合理，即使企业在有效分配利润方面遇到麻烦。政府双重征税政策的结果是，美国企业的竞争力不如经营效率更高的外国企业。

弄清企业拥有护城河的关键是看5个重要指标以及债务。对一号法则投资者来说，猜测是不灵的。我们喜欢确定性。如果企业拥有某种护城河，且5个重要指标以及债务指标看来都不错，我们就采取下一个步骤。如果不是，我们就将其从列表中删除。而企业是否支付股息则并不相干。全食公司支付给我一笔股息时，我一般就会购买更多的全食公司股票。但是如果该股票的价格超过价值，我就会寻找更好的投资对象。就是说，我就要抛售全食公司股票，告别股息。

下面我们就要学习如何计算5个重要指标的增长率。

股息和股本增长率

股息是从股本中扣除的。由于大多数企业都或多或少地按照盈余的一定百分比支付股息，在计算股本增长率时，可以忽略。然而，企业偶尔会支付一笔巨额的一次性股息——就像微软公司一年前所做的那样，它向股东支付了520亿美元以上的股息。在这种情况下，就必须把这笔巨额股息加到股本之中，然后计算其增长率。这笔支付很容易察觉，因为你会看到股本突然锐减。然后只需考查一下现金流，看看当年是否有过巨额支付。（这种支付也会在公司的新闻中看到。）

Calculate the Big Five

第六章

计算5个重要指标

只要我们坚持不懈，事情就会容易起来，不是因为任务本身变得比较容易，而是因为我们的办事能力提高了。

——拉尔夫·沃尔多·爱默生

在第四章和第五章中，我们探讨了5个重要指标和债务。它们表明一家企业要么可能会使我们的钱增值，要么可能会使我们违反一号法则。我向大家介绍了这些指标，向大家演示了几家公司的案例。我仅仅向大家提供了数据，却没有让大家参与很多计算。现在我们将计算这5个重要指标，以便得出增长率。大家只需考查少数企业，就会与这些数字成为好朋友。因此大家完全可以认为，只需一定的实践和稍有耐心，这5个重要指标就会像2加2等于4一样容易。你能够胜任，对吗？如果不能，请别担心，电脑会在这方面派上用场。我们实际上不必进行任何数学计算，而只需挑选我们所需要的数字，输入到电脑中，电脑就会完成其余的工作。那么，我们这就开始吧。

美国高明公司

我们将比较两家公司：美国高明公司（GRMN）和通用汽车公司（GM）。我将带领大家逐步地计算两家公司的一些增长率。不论你计算的是哪些增长率，过程都是相同的。因此，如果我没有向大家演示如何逐个计算哪个比率，一旦大家能够自如地完成这一计算过程，请自己来尝试着计算。

美国高明公司是全球市场上头号GPS设备公司。它是一个新领域中一家比较新的公司。通用汽车公司在全球范围销售汽车。他们在全球销售的汽车超过任何竞争对手。通用汽车公司的市场份额是美国高明公司的5倍左右。通用汽车老牌、著名，是美国的公司。美国高明公司年轻、没有名气，是台湾人开办的。

高明公司 1995—2004

年份	1995	1996	1997	1998	1999	2000	2001	2002	2003	2004
销售额	$102	$136	$160	$169	$233	$345	$369	$465	$573	$763
每股盈利	0.26	0.26	0.41	0.35	0.64	1.05	1.05	1.32	1.64	1.89
股本				136	195	365	454	602	750	936
现金			37	28	16	58	103	149	140	130
投入资本回报率					23%					22%

注：销售额数字以百万美元为单位。

以上表格类似于上一章中所考查的阿波罗集团的表格。在其中，我搜集了计算增长率所需的所有数字。请记住，投入资本回报率总是作为一个百分比给出（大家不必对投入资本回报率的数值进行任何增长率的计算）。大家可以从MSN Money等理财网站获得大多数数据，只需找到输入股票代码的方框输入“GRMN”或者“GM”，然后寻找财务报表。（请记住：要寻找损益表、资产负债表和现金流量表。）

我们做的第一件事就是察看数字是否具有连续性。如果根据数字作图，我希望看到一条稳定并呈上升趋势的曲线。以下就是美国高明公司的每股盈利图。

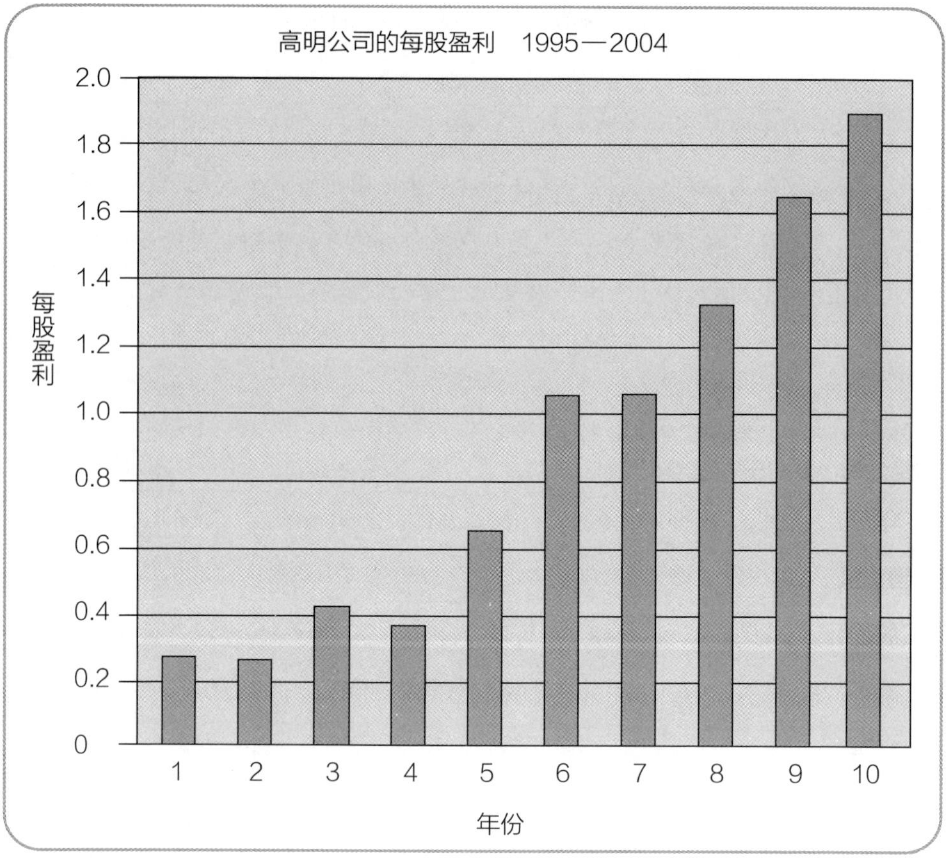

如图所示，数字很不错，稳定而连续，这就是我们所寻求的。但不一定要制作这样一幅图。大家只需察看从1995年到2004年的数字，就会注意到它们是上升，而不是下降的。

我们来看看通用汽车公司作图会呈现什么样子。

通用汽车公司　1995—2004

年份	1995	1996	1997	1998	1999	2000	2001	2002	2003	2004
销售额	$164	$158	$166	$154	$167	$184	$177	$187	$186	$194
每股盈利	7.28	6.07	8.70	4.18	8.53	6.68	1.77	3.35	5.03	4.96

（续表）

年份	1995	1996	1997	1998	1999	2000	2001	2002	2003	2004
股本	23	23	17	15	21	30	20	7	25	27
现金	8	9	7	5	20	12	4	4	−3	5
投入资本回报率					1%					0%

注：销售额数字以十亿美元为单位。

在这里，我们还是首先看一看数字是否具有连续性。以下就是通用汽车公司的每股盈利图。

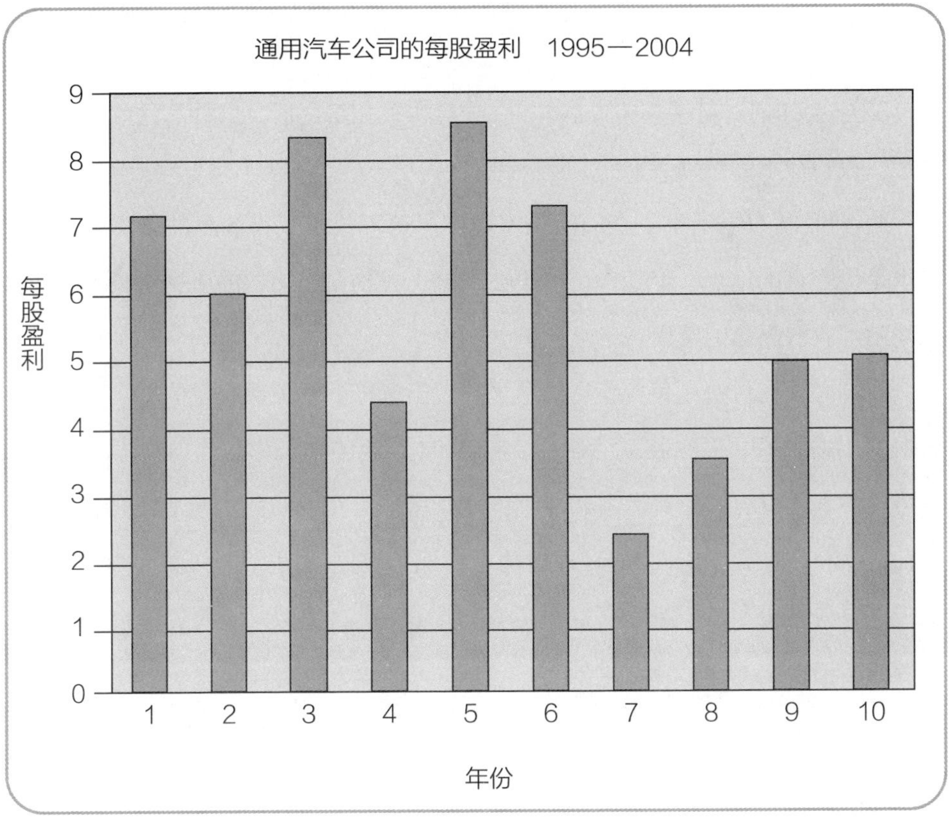

如图所示，数字并不太漂亮，来回跳跃。这不是我们希望看到的。我们所寻求的是可预测性。我们想要较大的把握，即这家公司今后会取得出色的业绩。如果其过去的业绩不平稳，我们就会怀疑它将来会再次大起大落。所有这一切起落都意味着，这些数字并没有取得管理层和所有者希望取得的结果。出了很大的差错。我们不想投资这样的公司。我们可以找到太多业绩连续出色的公司。

现在我们来弄清，这两家企业的4个增长率都是多少。做这件事有4种方法：

1. 学会Excel工作表函数Rate的计算方法。一旦你习惯于使用它，就相当容易，但是完成速度很慢。

2. 学会如何使用我网站上的一号法则计算器。这些计算器使用起来像一个按钮一样便捷，但必须经过一定的实践。只需登录我的网站，按照说明操作即可。

3. 学会如何进行手算（或脑算）。一旦实践几遍之后，这种算法就变得十分顺手。我将在下面带领大家完成这一过程。

4. 到股票数据网站上查阅增长率数字。这不仅是获得信息的最快途径，而且也是最容易的途径。但是你可能不会在网上找到自己想要的所有增长率。而这些网站都收取高昂的费用。

我们必须在付费和免费获得信息之间做出选择。要免费获得信息，要么学会亲自算出增长率，要么将就着采用5年期和1年期的增长率。当前（作者撰写本书的时候）还没有人免费提供10年期的增长率。为了说明免费网站获取信息的局限性，我将以使用MSN Money理财网站为例，在网站搜索框中输入“GRMN”，点击“财务结果”“重要比率”，然后是“增长率”。我们只能找到每股盈利和销售额的增长率。

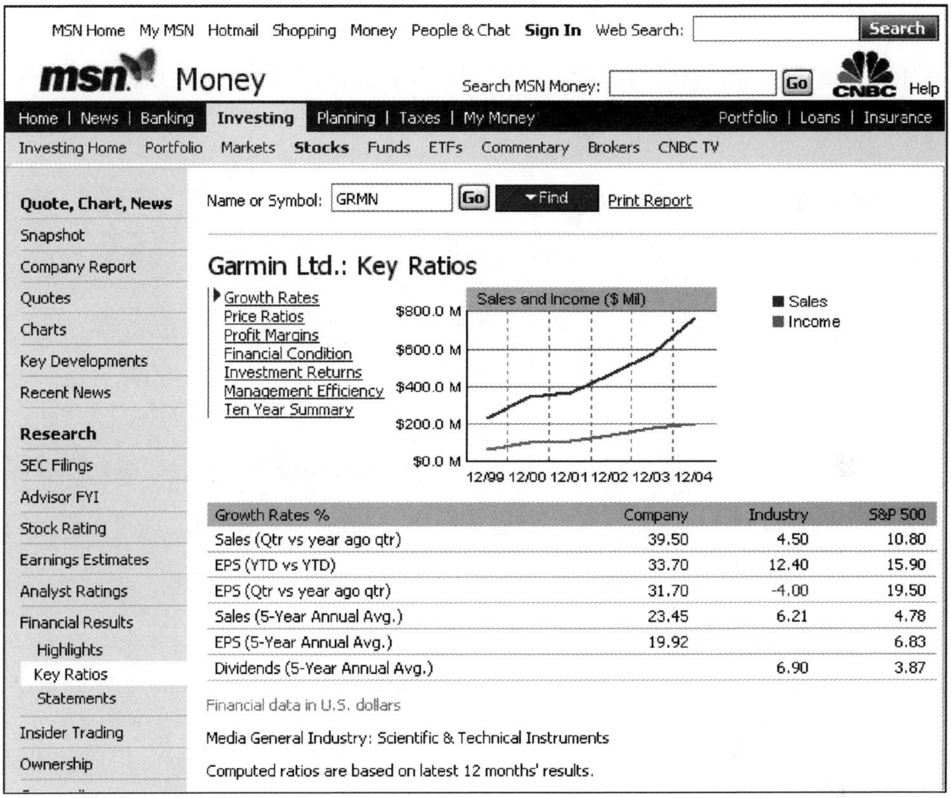

Growth Rates %	Company	Industry	S&P 500
Sales (Qtr vs year ago qtr)	39.50	4.50	10.80
EPS (YTD vs YTD)	33.70	12.40	15.90
EPS (Qtr vs year ago qtr)	31.70	-4.00	19.50
Sales (5-Year Annual Avg.)	23.45	6.21	4.78
EPS (5-Year Annual Avg.)	19.92		6.83
Dividends (5-Year Annual Avg.)		6.90	3.87

请注意，如图所示，5年期的每股盈利增长率为19.92%，而近1年的每股盈利增长率为33.7%。此外，5年期的销售额增长率为23.45%，而近1年的销售额增长率则是39.5%。只能获取两个增长率，而且只有5年期和1年期的。如果能看到9年期或10年期的和3年期的数据会更好，但是该网站并不能向我们提供这些比率。如果我们想要获得股本和现金的增长率，以及每股盈利和销售额的其他期间的增长率，就必须自己计算。

脑算增长率

我将为大家示范几项脑算（不要用像某些网站上提供的所谓的编程计算器）。

一旦你学会这一窍门，就可以做其余的工作。请注意在这种计算过程中，只要你会计算一项增长率，就能计算全部。我们从计算美国高明公司6年期股本增长率开始。首先准备好原始数据：

美国高明公司股本　1995—2004

年份	1995	1996	1997	1998	1999	2000	2001	2002	2003	2004
股本				136	195	365	454	602	750	936

大家能够看到，美国高明公司的股本在6年中从136增长到936。问一问自己：136必须翻几番才能达到936？首先，我们将把136进行舍入，以凑成能够很容易翻倍的整数——比如说150。然后我们将其翻倍，得到300。我们不断地翻倍，直到进入936的附近区域。在此过程中，我们计算翻倍的次数。这样从150到300是翻一番；300到600就是两番；600到1200是三番——但股本并没有达到1200，因此我们并没有达到翻三番。现在算一算我们刚刚经过了多少年？不是6年吗？1998年到1999年是第一年；然后1999年到2000年是第二年；2000年到2001年是第三年；2001年到2002年是第四年；2002年到2003年是第五年；2003年到2004年是第六年。所以6年。

因此，既然美国高明公司在6年内差不多3次翻番，那么问一问自己：美国高明公司第一次翻番用了多少年？好了，如果我们在6年内整整翻了3番，就很容易——两年翻一番，过两年再次翻番，再过两年第三次翻番。因此，翻一番用两年时间。现在诀窍出现了：2要增加多少倍才能达到72？（这个干净利落的小诀窍称为“72法则”，在有电脑之前我们就是用这种算法进行脑算。“72法则”是用来计算增长率的普遍公认的方法，只要知道钱翻一番用多少年。我的老师教会我如何运用它，现在我来教大家。）2要达到72，整整36倍，对吧？因此美国高明公司股本的增长率大概比这稍低一些，因为我们并没有得到整整翻3番。所以就把它算作30%。很酷吗？不需要使用电脑。

72法则：幕后的情况

我完全没有必要介绍“72法则”以及其背后的数学知识。这是一大堆你不想让我展开来说的难题，因为它们涉及应用数学和对数，并且必须深入理解复合年利率的原理。简言之，它之所以叫做“72法则”，是因为按照10%的比率，钱每隔7.2年翻一番，计算7.2/10%，得到72。这一粗略的算法帮助你在给定利率（增长率）下翻番时进行计算。例如，如果你想要知道以9%的利率，翻一番需要多长时间，就计算72/9，得到8年。大家也可以反过来计算，求利率（增长率）。例如，如果在两年内翻一番，你的积蓄就必须达到36%的回报率（因为72/2=36）。

所以，用“72法则”计算得出的是一个近似值，但它却是非常准确的，我们可以在一号法则的计算中胸有成竹地使用它。

我们来计算现金。我们想看到自由现金流如何增长。自由现金就是可供使用的现金投资设备和研发等之后的现金。我们来计算7年期的增长率（从1997年到2004年）：

美国高明公司现金　1997—2004

年份	1997	1998	1999	2000	2001	2002	2003	2004
现金	37	28	16	58	103	149	140	130

美国高明公司的现金在7年内从37增加到130。把37四舍五入为40，以简化计算。这样，40翻一番就是80，翻两番为160，而我们的数字已经达到130。因此，7年内就算作翻两番不到。这就是说，美国高明公司翻一番用了3.5年，也许是4年，因为我们的数字稍微小一点。现在运用“72法则”，用4去除72，求增长率：72/4=18。7年以来，美国高明公司的现金增长率为每年18%。

既然我们知道了如何计算，就可以算出美国高明公司9年期销售额和每股盈利的增长率。

美国高明公司销售额 1995—2004

年份	1995	1996	1997	1998	1999	2000	2001	2002	2003	2004
销售额	102	136	160	169	233	345	369	465	573	763
每股盈利	0.26	0.26	0.41	0.35	0.64	1.05	1.05	1.32	1.64	1.89

销售额从102增加到763，或者四舍五入，从100到800。100到200是翻一番；200到400是翻两番；400到800为3番。因此在9年内大约翻3番。也就是每翻一番为期3年。运用“72法则”：72/3=24。因此9年的年均销售额增长率为24%左右。

每股盈利9年内从0.26增加到1.89。25到50为一番；50到100是两番；100到200为3番。因此每股盈利大约也翻了3番。我们已经知道这一问题的答案：72/3=24。销售额和每股盈利的增长率大致相同——最近9年来年均24%。

你可以用不同的数字组合进行计算，以获得不同时期的平均数。最好看一看不同时期的增长率，以发现情况是否变糟。例如，假如计算美国高明公司2001年到2004年的股本，就会发现3年的股本增长率平均为27%左右。如果计算1年期的比率，就是25%。请注意，虽然股本增长率稍有下降，但仍然很出色，而且远远超过10%的最低要求。我们最想看到的增长率就是股本的增长率。这是因为企业价值增长率与股本增长率联系最为密切。

增长率的优先顺序

并非所有增长率都具有相同的权重，即同等的重要程度，虽然它们都应高于10%的最低限度。按重要性从高到低排列：

1. 股本增长率。

2. 每股盈利增长率。

3. 销售额（即毛利）增长率。

4. 现金增长率。

这意味着，当你需要参考增长率做出评估时，应当首先注重股本和每股盈利的增长，然后才是销售额和现金流。股本和每股盈利的增长率在很大程度上说明了公司的前途，以及我们预测的准确程度。而这种预测是一号法则的基石。

准备好计算通用汽车公司的数字了吗？方法一模一样：看看不做任何工作能在网上搜集到哪些增长率。按照美国高明公司的算法，计算出其余增长率。作为示范，我将计算通用汽车公司的10年期销售额数字：

通用汽车公司销售额　1995—2004

年份	1995	1996	1997	1998	1999	2000	2001	2002	2003	2004
销售额*	$164	$158	$166	$154	$167	$184	$177	$187	$186	$194

注：销售额数字以10亿美元为单位。

销售额在9年内从164达到194！9年内一番也没有。按我个人看法，这等于零。一般情况下，我们对通用汽车的计算就此罢休。但由于你刚开始学习，因此我们再做一项。我们来算算每股盈利：

通用汽车公司每股盈利　1995—2004

年份	1995	1996	1997	1998	1999	2000	2001	2002	2003	2004
每股盈利	7.28	6.07	8.70	4.18	8.53	6.68	1.77	3.35	5.03	4.96

每股盈利大约从7美元跌到5美元。是负数？忽略！把9年的每股盈利增长率记录为零。股本从23变为27。不考虑！现金从8跌到5。又一个零。因此，用“72法则”进行粗略的快速计算，我们得到通用汽车的4项指标都是零。大家可以在MSN上查到5年期和1年期的销售额与每股盈利数字，看一看通用汽车公司的脉搏是否跳动，因为从9年期的观点看，这家企业呈扁平的一条线。

如果你要坚持计算通用汽车公司的所有增长率数字，才能确信该公司是一项糟糕的投资，那么以下就是你将会获得的数据：

- 销售额增长率：9年期=-4%；5年期=-11%；3年期=-8%。
- 股本增长率：9年期=2%；5年期=5%；3年期=11%。
- 自由现金流增长率：9年期=-5%；5年期=-24%；3年期=8%。

我们实际上并不需要计算器来检测才能发现通用汽车公司的增长率对我们来说是否足够好，因为在10年里没有任何一项指标上升。当你观察5年期、3年期和1年期的数据时，它们可能会显示出进步，但仍然不那么令人兴奋。通用汽车公司的指标完全缺乏连续性，足以使我们放弃。我们拿不准这家企业正在走向何方。

计算投入资本回报率

现在来看看最后一个但却是最重要的数字：投入资本回报率。“72法则”对投入资本回报率是不灵的，但值得庆幸的是，我们可以简单地在一个理财网站上看到它，这就足够了！

> 如果你喜欢摆弄数字和获得精确数字，请使用我的在线计算器来迅速计算这些数字。在www.ruleoneinvesting.com，找到资源（Resource），

> 点击“一号法则投资计算器”（Investing Calculators），你就能用上一系列计算器：
>
> - 销售额增长率计算器。
> - 每股盈利增长率计算器。
> - 股本（即每股净值）增长率计算器。
> - 现金增长率计算器。
> - 投入资本回报率计算器。
> - 债务计算器。
> - 企业价值和安全边际计算器。
> - 投资收益率（投资回报率）计算器。
>
> 你只需提供原始数据，这些计算器就能完成所有的计算。你可以从任何财务数据网站的财务报表中提取这些原始数据。

与增长率不同，计算投入资本回报率不是必须完成的任务，因为你可以简单地在各种网站上查阅到它。但我知道，你们当中的一些人想要了解投入资本回报率的幕后情况。以下的公式说明了它的实质：

$$\frac{\text{税后营业净利润}}{\text{股本}+\text{债务}}$$

计算税后营业净利润（NOPAT: Net Operating Profit After Tax），应从营业净收益开始，但要重新把利息和折旧费用计入。值得庆幸的是，我们不必亲自完成全部的计算。（如果大家想学习如何把财务报表上的数字填入计算器，以求得一家公司的投入资本回报率，可以登录www.ruleoneinvesting.com，利用我的投入资本回报率计算器完成操作。不过如果我的网站失效，你可从其他网站查询，许多都免费提供投入资本回报率。）

要集中精力确保投入资本回报率起码超过10%，保障它逐年的数字具有连续性——最好是呈上升趋势。我们可以在网上很容易获得美国高明公司的投入资本回报率。下面我将用MSN理财网站为例来说明，登录MSN理财网站，然后点击“财务结果”“重要比率”和“投资收益率”。（在MSN上，投入资本回报率称为资本收益率。）该网站为我们提供5年期和1年期的投入资本回报率：

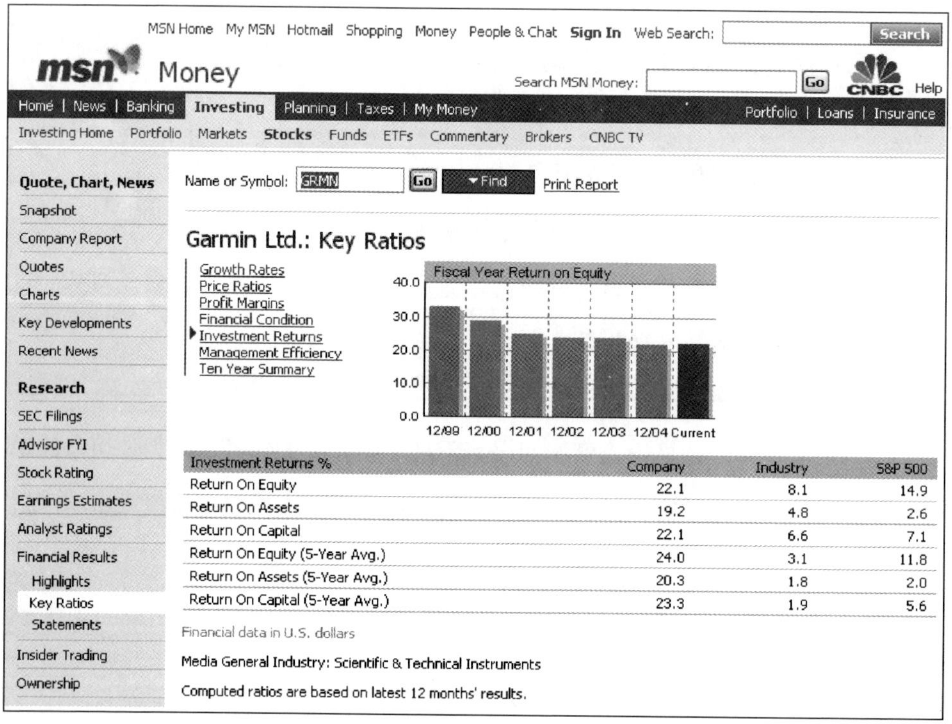

Investment Returns %	Company	Industry	S&P 500
Return On Equity	22.1	8.1	14.9
Return On Assets	19.2	4.8	2.6
Return On Capital	22.1	6.6	7.1
Return On Equity (5-Year Avg.)	24.0	3.1	11.8
Return On Assets (5-Year Avg.)	20.3	1.8	2.0
Return On Capital (5-Year Avg.)	23.3	1.9	5.6

如图所示，5年期的资本收益率为23%，1年期的是22%。通用汽车公司的投入资本回报率分别为1%和0%。拥有该公司的人们如果把钱投资到年回报率为1%的一月期国库券，所赚的钱会更多。

显然，发现美国高明公司和通用汽车公司之间的天壤之别，并不需要深思熟虑。

小　结

以下是美国高明公司和通用汽车公司的指标概览。之前提到的这些数字可能并不明显，现在所呈现的正负对比却十分显眼：

美国高明公司

每股盈利				销售额				股本			现金			投入资本回报率	
9	5	3	1	9	5	3	1	6	3	1	7	4	1	5	1
27%	26%	27%	27%	24%	26%	28%	25%	38%	27%	25%	20%	22%	−7%	23%	22%

通用汽车公司

每股盈利				销售额				股本				现金				投入资本回报率	
9	5	3	1	9	5	3	1	9	5	3	1	9	5	3	1	5	1
−4%	−11%	29%	−3%	2%	3%	3%	4%	2%	5%	11%	8%	−5%	−32%	8%	167%	1%	0%

通用汽车公司的5个重要指标看来很糟糕。即使这家企业拥有护城河，也没有在数字中显示出来。虽然最近3年有所改善，但也不足以显示出护城河的威力。护城河的作用是长期的保护。如果5个重要指标长期和短期内都表现不好，就说明企业发展不稳定，以致无法预测企业的前景。我们可以将其略过，把时间投入到寻找我们可以信赖的某种东西之上。目前对一号法则投资者来说，通用汽车公司显然是必须否定的。

美国高明公司的5个重要指标看来很可靠。（是的，你会注意到，美国高明公司的现金一年来下滑了，但还是可以的。一年很平庸并不足以完全影响长期优势。而且现金增长率也是所有指标中最次要的一个。）美国高明公司的指标显示该公司具有某种护城河。美国高明公司一直在消费者当中创建一条牢固的品牌护城河，它可能还拥有一些商业秘密。如果我们了解这家企业并且对拥有它感到自豪，就可以对美国高明公司进行进一步的分析。

历史增长率的可靠性

进行下一步工作之前还有一个问题：5个重要指标过去很出色并不意味着今后也会出色。几乎每家企业最终都会结束辉煌的时期。也许没有新的客户；也许某个竞争对手会游过护城河，开始攻击城堡；也许整个产业变得过时。过去的增长率并不足以预测未来。这就是为什么一号法则投资者并不仅仅依据以往的增长率来做出预测。

请记住第一个M："意义"。如果该企业在你看来毫无意义，就是说并不了解它，那么即使5个重要指标很出色，也不能说明任何问题。除了要了解该企业，我们还必须进行其他几项重要的检验，以确保即使我们犯重大的失误，也不会违反一号法则。

具有连续性的增长率和可靠的投入资本回报率是入选的条件。最起码，我们可根据历史预期企业前景稳定。美国高明公司具有稳定的历史，所以可以继续研究。而通用汽车公司过去一直很糟糕。要想通用汽车成为完全不同的企业，就必须十分信任该公司的承诺，即它的前景一片光明。

早在20世纪80年代，在识别企业护城河方面，我就有过教训。识别护城河可能会成为一个主观的过程。这意味着，像我这样缺乏经验的投资者可能会为动听的故事所打动。我听信了某企业拥有牢固的"秘密护城河"，说他们的技术包含商业机密和我完全不懂的科学。这家企业据说拥有经验丰富的管理层和非凡的科学家，最重要的是，它试图彻底改变世界。我完全听信了这家企业的宣传。

教训在于：不要听信编造的故事！善意和哗众取宠的细节并不足以提供一项出色的一号法则投资。必须绕到幕后，找到支持它的数据。只有5个重要指标长期保持出色，才能确定。每一份年度报告中，可能都会有一些神话，但不可以就此罢休。

我所买进的这家企业，技术有问题，然后甚至它的营销、管理工作都有问题。这些问题都在数据中显示出来。但最终，遵循法则所带来的威力挽救了我。这项投资结果还是不错的，因为尽管5个重要指标不好，但是我当时已经在安全边际很大的情况下捷足先登。我将在后面对此加以解释。这里我要说的是，教训在于必须辨别出护城河，确信这5个重要指标都很出色。

管理者

CEO是我们决定是否真的想拥有这家公司的最后因素。CEO决定着公司的业务重点、职工福利，还有投资回报率。对我们来说，称职的CEO专心致志，一门心思做好自己所擅长的工作。下面一章将讲述如何找到适当的管理者，即第三个M：管理。

Bet on the Jockey

第七章

把赌注押在骑手身上

不要用为了金钱效力的人，而要用热爱工作而工作的人。

——亨利·戴维·梭罗

请记住我们正在做什么：我们正在把股票当成企业来考察；我们正在寻找一家出色的企业，并坚持要在合算的价格上将其买下。拥有一条宽宽的护城河是一家出色企业的重要部分，因为护城河能使企业从种种灾难中，甚至从糟糕的管理决策所造成的灾难中恢复过来。同时，你最好明白这种企业的经营者的确有条不紊地行事，因而有资格对其进行经营管理。他们获得最高职位并非由于政治上的巧于心计。

由此我们谈到第三个“M”：管理。

虽然在管理政府方面，我们也许不得不容忍低级的政客，但是在管理自己的企业方面，我们却不必将就这类人。我们能够坚持聘用我们所尊敬、信任、钦佩或者但愿是自己家庭一员的人。不幸的是，人们往往会被政客等骗子愚弄。他们伪装成诚实和勤劳的实干家。但只要按照本章中的指点行事，你就很有可能会发现，一些自私自利的、不讲道德和撒谎的骗子占据着太多公司的总裁职位。

我们寻找的是一位企业领导——一个会把我们的公司带到月球上去的人、一个标志着公司生命力的人、一个想要推动企业实现宏伟目标的人。如果我们找对了人，一个诚实的人，就可以安心等待奇迹发生。如果找错了，就很容易得到安然公司或世界通信公司的下场。可喜的是，线索很容易找到。假如没有把握，就不要投资。

风险投资家如何精明地下注

风险投资家在企业发行股票之前就已经开始投资。我曾经在风险投资交易中投资了大概2000万美元左右。之所以不再做那么多风险投资，因为这是个艰苦的工作，而且风险很大。我不喜欢艰苦的工作，也不喜欢风险。与风险投资相比，一号法则投资容易得多，风险也小得多。风险投资的基本思想是找到一家有潜力的公司，在十分合算的价位上买进公司股票，然后长期持有（起码是一直到公司首次发行股票时）。听起来很耳熟吗？要知道，本·格雷厄姆70年前所教授的投资思想适用于所有投资，包括风险投资。

我之所以在这里提到风险投资，并不是为了让你了解风险投资家。我想让你学会风险投资最重要的一个方面：把赌注押在骑手身上。

风险投资仅仅在企业初期投资，因此无法确定一切都会很顺利，无法考察重要的5个指标，并从中看到连续性，因为没有这种数字。该企业甚至还没有销售任何东西。更糟糕的是，企业有时很新潮，很尖端，甚至弄不清它属于哪个产业。由于缺乏任何业绩记录，因此在商业计划书中，风险投资家尽量把赌注押在管理团队身上。我们有时谈到不仅要把赌注押在马匹上，而且还要押在骑手身上。作为企业的购买者，之所以要了解这一点，是因为在你所买的每个企业中，CEO——掌握企业航向的人决定你现在听到的以及今后听到的是不是谎言。从长远来看，知道你可以了解企业的真相，与买下企业本身几乎同样重要。

我之所以想拥有一家特定的企业，主要原因之一就是，我喜欢和信任该企业的管理者。如果在企业发展初期投资，这就十分重要，因此大多数风险投资家都把CEO列在第一位。如果没有卓越的CEO（许多处于早期阶段的科技创业公司都是由一位技术奇才来管理，但他在经营一家5000万美元的公司方面并没有任何经验），风险投资家就会暂停融资，直到企业找到一位卓越的CEO。除非风险投资家对CEO有信心，否则他们不会将赌注押在哪怕是世界上最卓越的技术上。

我们找的是谁

我喜欢把自己的钱押在卓越的骑手、卓越的CEO身上。要使自己晚上睡得安稳，最好的办法是知道某个诚实的、以股东为重的、干劲十足的人正在那里考虑如何为我赚钱。

著名作家兼商学研究者吉姆·柯林斯也这样认为。在《从优秀到卓越》一书中，柯林斯坚持认为，使企业达到卓越的CEO几乎都属于他所说的“第5级经理人”。柯林斯接着解释说，“第5级经理人”远离自我，融入到建设卓越企业的更大目标之中。成熟的“第5级经理人”通过谦卑品格和职业意志之间似乎矛盾的结合，形成持久的卓越”。我认为“第5级经理人”最重要的素质可以归结为两条：

1. 以股东为重。
2. 干劲十足。

以股东为重的CEO

以股东为重究竟意味着什么？我们怎样才能知道一位CEO是否符合标准？以股东为重的CEO，其个人利益与企业所有者的利益相一致。

微软公司的比尔·盖茨和史蒂夫·鲍尔默自认为是以股东为重的，并按照这一原则来管理公司。他们在2002年致股东的信中写道：

“对我俩来说，我们的个人净值绝大部分投资本企业的股票所有权之中。自从微软公司1986年上市以来，我们从未接受股票期权，而且永远都不会。我们希望，这提供了进一步的保障，即我们的个人利益与全体股东的长远利益直接地相一致。”

盖茨和鲍尔默阐明的观点很重要。如果老总们获得股票期权，他们实际上就沦为投机者。如果股价上涨，哪怕是短期地上涨，他们也会获益，因为他们可以在此期间行使自己的期权。因此，许多公司老总所做出的长期决策都很糟糕，尽管其在短期内对维持股价有利。盖茨和鲍尔默不接受股票期权，实际上就是在说，作为公司老总（当然也是持股的所有者），他们经营企业，是打算为像自己这样的长期所有者谋利益。这一观点具有十分浓厚的一号法则色彩（盖茨之所以与巴菲特关系甚笃，核心原因大概也在于此）。在讲述以股东为重的CEO应当如何经营企业时，巴菲特就阐明了这一论点。正如他在2004年致股东的信中所说：“我（对CEO们）传递的信息很简单：管好自己的企业，就好像它是你全家人在今后100年里唯一的资产一样。”

既然空谈是廉价的，我们判断CEO是否真的在履行职责的方法之一，就是看看他是否在告诉作为所有者的我们所需知道的一切。因为，我们会据此正确地了解我们的投资活动。

> 作为投资者，你要和CEO结婚的这个比喻也不错。不要和任何人结婚，除非你知道并同意他（她）如何花你的钱。

请告知我想知道的一切

一些CEO难以告诉股东需要知道的一切，因为他们担心将事情公之于众会产生坏的形象，会造成更大的问题。其结果是，股东在年终时就收到漂亮的信件，其中从不谈及有什么问题。但后来，我们却发现的确有很大的问题，而且问题已经酝酿了很长时间。

你的经营者是否诚实？好，先问问自己你的配偶是否欺骗过你？对这一问题，我们当中的一些人会回答“没有”，但结果却发现自己错了。因此，可以推断，如果CEO想做的话，是有可能对我们背信弃义、隐瞒重要信息的。我们只能挑选看起来符合标准的CEO。

以下是一位CEO对此的详细阐述。这段话选自全食公司CEO约翰·麦基（John Mackey）2002年致股东的信：

> 问：您认为在2003年里所面临的主要挑战是什么？
>
> 答：2003年里对全食公司的最大挑战是改善经营。我们预计今年的业绩不会再保持在10%的水平。年初，哈利店并入报表会产生消极影响，我们将面临十分苛刻的比较。但我们希望经济回升时将保持很高的交易额。为了不断扩大市场份额，我们必须比竞争对手更快地学习和改进。
>
> 第二个挑战是增加开店数量。我们的目标一直是每年新设和收购15家到20家店铺。但我们并非始终都能达到这个目标。主要原因是，投入开发的新店铺数量一直不足。我们不愿仅仅为了实现一个任意确定的增长目标，就牺牲不动产的标准。然而，对股东来说重要的是，不仅要通过现有店铺的强劲销售，还要通过扩充店铺来实现增长。因此，我们必须增加店铺，同时保持不动产方面的规定。为此，我们已经加强了不动产团队，并把更多的资源用于扩建店铺。
>
> 第三个挑战是成功地将哈利店整合进公司。重要的是要在2003年扭转哈利店销售额的颓势。该店已经翻新，我们浓厚的企业文化将使顾客的购物体验感得到提高。我们希望在收购的第二年结束之前扭亏为盈。全食超市最激动人心的情况之一是，尽管我们一直都很成功，但仍有很多机会，可以使我们更上一层楼。

请注意，麦基先生强调了我始终想要获得答案的一大难题：明年的道路上都有什么样的减速路障？他为我提供了答案：他并不期望保持10%的“计算结果”；他在整合哈利店方面遇到难题；他指望一场经济回升来解围；他还必须修建更多的店铺，而又不破坏标准，以便使像我这样的人感到愉悦。

以下是沃伦·巴菲特2004年致股东的信的节选，在他20年来的信中具有代表性：

> 去年，哈撒韦公司10.5%的账面价值增长率低于股票指数10.9%的收益率。我们欠佳的业绩并不是由于CEO们的任何失误：像往常一样，他们超负荷工作。我向他们传递的信息很简单：管理自己的企业，就像这是你们全家在今后100年里将拥有的唯一资产一样。他们几乎全都这样做了。他们在关照自己企业的需要之后，将剩余的现金供我调配。
>
> 我去年的工作做得并不出色。我原本希望完成几项数10亿美元的收购，从而在现有的利润流之外增添新的、重要的利润流。但我“三振出局”①了。此外，我找到的可以购买的新证券寥寥无几。因此，哈撒韦公司年终时获得430亿美元现金等价物，这并不是一种令人开心的处境。2005年，查理②和我将努力把其中一些钱转换成比较有趣的资产，尽管我们不能对成功打保票。

他阐明了去年出了什么差错，是谁的过错，以及他希望在当年做些什么。这是符合我心意的骑手。

干劲十足

卓越CEO的第二项品质就是干劲十足，想要以很酷的方式改变世界。我把一位CEO想要实现的东西称为他的“宏大目标”（BAG: Big Audacious Goal）。这

---

① 棒球或垒球运动的术语，是指击球员三击不中而出局。这里指巴菲特努力尝试去寻找新的利润流，但是失败了。——编者注

② 指哈撒韦公司副董事长查尔斯·芒格。——译者注

一缩略语最初是由柯林斯提出的（他称之为BHAG，即Big Hairy Audacious Goal的缩写）。拥有宏大目标的CEO以此来激励自己，以至于他们每天上班都是迫不及待的，尽管他们已经像巴菲特、盖茨和麦基一样很富有。宏大目标还告诉企业中每个人每天要关注的最重要的事情。它成了公司的憧憬，或者起码CEO希望如此。如果宏大目标制订得很不错，它就能长期推动企业前进。一项宏大目标并不一定要像约翰·麦基的愿望——“全食、全人类、全世界”一样给世界带来巨变。巴菲特先生的目标只是要使伯克希尔·哈撒韦公司的投资收益率保持在20%以上。

金佰利（Kimberly-Clark）公司的达尔文·史密斯的宏大目标则是另外一个了不起的实例，向我们展示一位斗志旺盛的骑手如何驾驭一匹烈马，取得竞赛的胜利。回报是巨大的。他1971年来到金佰利公司担任领导时，这家总部设在威斯康星州尼纳的公司已经有将近100年的历史。他想使自己的公司成为世界上最出色的纸制品企业（想一想卫生纸、纸巾、尿布、餐巾纸等。我们日常在盥洗室、工作场所、饭店和自己家里所见到和使用的实用材料……对了，该公司还生产舒洁纸巾）。他的唯一拦路虎就是巨头宝洁公司。宝洁公司还生产消费品。史密斯费了一番功夫，但在他担任CEO的20年期间，他激发了金佰利公司的灵感，使之克服了艰难险阻，让企业所有者们获利颇丰。

史蒂夫·乔布斯创办苹果电脑公司时，其宏大目标是用人们不必阅读使用手册就能使用的产品来与IBM（美国国际商用机器公司）这个罪恶帝国斗争。他对苹果公司的要求是，生产顾客觉得“很酷”的产品。他对“酷”的设想带来了Apple、Lisa、Macintosh、NeXT、iPod等品牌，还有皮克斯动画工作室的《玩具总动员》《海底总动员》和《超人特攻队》等。尽管这位仁兄身价超过10亿美元，但他仍然每天上班，因为他受到宏大目标的驱动。作为投资者，我们必须热爱精明而富有的实干家，他们拼命工作会使我们发财。

要发现宏大目标

因此，怎么知道CEO是否具有使他（她）干劲十足的宏大目标？可以这样说：如果他们没有直截了当地对你说“宏大目标”是什么，他们大概就没有这样一项目标，他们大概只有宣言。许多公司的宣言听起来好像它们拥有远大目标。但是，一项宏大目标不是使命宣言，而是驱动CEO的关键因素。如果CEO没有干劲，公司的宣言就可能只是空谈。【察觉空谈的一条有效途径就是用一家公司的增长率和投入资本盈利率（投入资本回报率）同CEO致股东的信进行比较。在本章末，我将举一些极其恶劣的实例。】

怎么知道一位CEO是否干劲十足？你可以上网查找这位CEO的名字。《快公司》（*Fast Company*）、《商业周刊》《福布斯》《财富》和《华尔街日报》（*Wall Street Journal*）等交给记者的一项任务就是挖掘CEO们的事迹。这些记者的任务就是了解这些公司老总是谁，以及他们如何管理。此事的妙处在于，只需点击一下鼠标，就能获得所有这些报道。你只需动一动手指，就有一个全明星侦察班子把你所需的有关这位CEO的所有信息搜集到一起，供你判断。

虽然许多文章往往都是吹捧，但还是可以从一篇经过充分调研写出的文章中找到大量线索。吉姆·柯林斯在撰写《从优秀到卓越》时进行调研期间，他的一个研究方法就是阅读有关CEO们的文章，从中搜寻“谦卑”和“谦逊”等词语。他发现，卓越的CEO通常都会否认自己的贡献，而赞扬和褒奖他人。即使是在一篇吹捧性文章中，往往也能察觉自私自利的和一心想着公司宏大目标的CEO之间的差别。

读完这些文章之后，再读一读公司网站上CEO每年致股东的信。他们通常把自己的宏大目标写在信中。读完文章和信，你必须判断这是空谈还是实情。如果对拥有本企业感到自豪，而且企业的5项重要指标也很出色，你就很容易做出决策。

但我还有两个小小的诀窍可能也很有用：（1）查看内幕交易；（2）查看CEO的薪酬。

使用搜索引擎网站来做繁重的工作，挖掘有关你的骑手的文章。你也可以尝试很多网站，获得一切你想了解的信息。

内幕交易

请记住，如果CEO属于上文提过的“第5级经理人”，他（她）对待本企业就应当好像它是自己今后100年将会拥有的唯一资产一样。那么，如果这是他（她）在100年内拥有的唯一资产，那么除非不得已，否则为何要将其变卖？如果一位CEO（或者公司内部有机会获得有关本公司非公开信息的人）买卖自己公司的股票，就称为“内幕交易”。你可以在理财网站所提供的数据中看到。

内幕交易是合法的，如果CEO通知美国证券交易委员会（SEC），他（她）正在48小时之内进行抛售。内幕交易是预示着好事或坏事即将发生的重要信息之一，因为CEO往往事先几个月就知道将会发生的事情，如果CEO不准备长期持股，他就很可能会卖掉自己的股票。如果有什么好事情即将发生，他就会事先购买股票，以便获取丰厚的收益。

在CEO的内幕交易问题上，沃伦·巴菲特是一个极端的个案。就我所知，在40年的投资活动中，巴菲特先生从未抛售过伯克希尔·哈撒韦公司的股票。

而另外一些CEO则不然。就在安然公司的股价从60美元暴跌到0美元的前夕，公司的董事长、CEO和CFO都大肆抛售自己手中的安然公司股票，同时却劝告员工购买更多的公司股票。

巴菲特先生的确抛售自己所持有的其他公司股票。而当他这样做的时候，最好跟着他逃亡。

公司高管抛售股票并不总是意味着危险信号。例如，比尔·盖茨出售微软公司股票是为了资助各种慈善机构。全食公司的约翰·麦基也是这样做的。但是如果考察一下他们所拥有的股票的总量，你就会看到，他们绝大部分的个人财富都投资到本企业中。

没有完美的方法可以衡量什么时候内部抛售过多。必须依靠常理做出判断。如果大多数高管都同时抛售所持有的30%以上的公司股票，大概就不是好的迹象。我曾经考虑过购买一家著名金融企业的股票，但后来我注意到公司的董事长和CEO正在抛售自己所持有的50%以上的公司股票，就没有买。后来该公司的股价直线下跌。抛售自己的股票有许多原因。但是如果人人都这样做，就要知趣。而高管们购进股票只有一个原因：股价将上涨。但情况也并非总是如此，有许多时候，公司高管购买股票仅仅是为了表示对公司的支持。他们甚至会支持下跌的股票，尤其是如果该企业规模较小，少量的战略性购进就会影响股价。但如果他们将自己的身家作抵押来购买公司股票，那就是重要的线索，表明某种好事即将发生。

一个出色的“内幕交易”网站列出正在抛售的股票和所持有的股票总量，但是并非所有网站都分享这一信息。例如，在一些理财网站上会显示公司的股票信息，可搜索关键词“内幕交易”（insider trading）。或者搜索任一高管的名字，有的网站就会显示其仍然持有多少股票（剩余股票：Remaining Shares）。还会看到最近某股票卖出价多少。在另外一些理财网站上，你还可以搜索“内线花名册”（Insider Roster），就会获得主要股东所持有的股票数量的相关信息，以查看谁正在抛售或者买进股票。维克斯网站（www.vickers-stock.com）这项工作做得较好，但这是一家需要注册并且付费的网站。你可以查看免费的网站，不过要注意的是，一些网站可能只会在试用期免费。

我在后面将进一步谈到内幕交易。我将向大家说明如何在获取网上其他工具的同时获取这一信息。目前只需记住，CEO突然发生的股票买卖可能表明CEO已经不准备持有100年。

考察CEO的薪酬

要评估管理层是否站在我们一边，另外一条途径是考察CEO的薪酬。几乎为巴菲特先生效力的每位CEO都是拥有几百万资产的富翁。可他们为什么要上班，而且努力工作呢？原因与巴菲特先生一样，与比尔·盖茨一样，因为他们喜欢自己的工作。这与钱无关，尽管他们肯定期望自己工作若做得好，会获得丰厚报酬。这是一项挑战，即要使自己的企业获得成功。1997年，史蒂夫·乔布斯回到苹果电脑公司，接受了每年1美元的薪水，既没有股票，也没有期权作为报酬。只是为了帮助他所缔造的这家企业（一位“政客式”的CEO正将其摧毁）重新走上正轨。一旦他使苹果公司重新走到聚光灯下，他便开始领取更多的报酬。巴菲特先生每年获得10万美元薪酬。除了这笔酬金之外，他所获得的报酬与股东们所获得的相同。我喜欢这样的CEO，因为他站在我这一边。

在哪里可以找到CEO的薪金记录？在年度报告里。因此，登录企业的网站，下载企业最新的年报，翻到目录，寻找“高管薪酬”（Executive Compensation）。我们还可以在雅虎理财网站和MSN网站找到这些年报。或者，如果你是“爱德加在线”（Edgar Online）的订户，就能直接获得。

不幸的是，还有另外一种CEO：他们如果得不到奢侈的特殊待遇和与董事会之间非常划算的交易，早晨就不会起床去上班。这些CEO在经营企业方面，心里没有明确的宏大目标，因为他们没有任何抱负。他们经营企业，并不是因为自己酷爱这项工作。他们并不是巴菲特、乔布斯和盖茨那样热爱公司的人。他们如同雇佣军，见钱眼开，对事业的忠心仅以其薪水支票上的数额为限。如果企业真的陷入麻烦，他们关心的是怎样带着自己的一堆黄金逃跑。泰科、安然和世界通信公司等的坍塌，其共同之处都是公司老总们获得超出薪金的丰厚报酬。

我把自己看作购买企业的唯一所有者，所以我将这些CEO领取的薪酬直接看成我自掏腰包——我不喜欢这样。对一号法则投资者来说，这些CEO，还有支持他们的董事会都是失控的雇佣军。他们所应得的只有蔑视和解雇。当然，要把这些草包扔出去并非易事。许多人已经安排了一剂"毒药"——董事会和公司高管之间的一项契约，即如果所有者（即股东）在违背高管意愿的情况下终止劳动合同，高管们就必须获得非常高的报酬。这些自私自利的交易使得企业所有者只好忍气吞声。以下的案例都是真实发生的（暂且匿名），包括见钱眼开的CEO们和不讲道德的董事会近年来对股东利益实施的"强奸"。

从2000年到2004年，一位CEO的薪酬为4000万美元，而所有者却一无所获。一家公司的所有者损失了80%的股权，却仍然被董事会逼迫为实现一个季度的经营目标支付2000多万美元。一家企业的价值下跌了40%，但董事会却为CEO所做的出色工作支付了7000多万美元。还有一家大企业5年来损失了70%以上的价值，并在与外国对手竞争中丢失了很大的市场份额，却仍然付给CEO 4000多万美元。如果企业由于合同所迫做出这种支付是一回事，即使是在解雇了这个家伙之后。但是这些人获得如此高额的报酬却是打着"奖金"的名义！这是多么丧失理智！

主要的罪责不应归咎于CEO。他就是扮演CEO这个角色。主要问题在董事会。董事会的主要职责是选择适当的人选来担任公司最高职位，提供薪酬，鼓励CEO为所有者谋取最大利益。近来董事会在这方面遇到了很大困难。许多董事会早已忘记了所有者是谁。也许这就是为什么他们把我们叫做"股东"而不是所有者，为的是避免提醒我们实际上拥有企业。

如果我们不喜欢这家企业的管理层，就不要买下它。就这么简单。厌恶管理层的主要原因之一就是他们获得过多的报酬。管理层获得过高报酬的重要途径就是通过股票期权。股票期权不会使管理者付出任何代价，而让其获得来自企业的奖赏，使管理者有权按照固定价格在未来的某个时候购买公司股票。授予股票期权是为了激励管理者。

举一个例子：如果我想要聘用斯里克先生担任CEO，股价当时是每股30美元。我授予他一项期权，可以按照30美元的价格购买100万股公司股票。如果他能够使股价上涨到40美元，他就会赚得1000万美元。由于他没有为获得期权付出任何代价，因此如果股价下跌，他不承担任何风险。（当然，除了这些期权之外，他还获得丰厚的薪水。因为他没有把握能够使股价上涨，鉴于世界上还有种种其他因素产生影响。）这本来就是个不错的交易。尤其因为他知道，即使他仅仅维持现状，7年内，4%的通货膨胀也会使股价上涨到40美元。真叫人高兴，除了所有者。100万股白白送给了这个家伙。我们所获得的"回报"却毫无意义，如果股价仅仅与通货膨胀保持同步的话。

最糟糕之处在于，到目前为止，所有者所做出的这种牺牲甚至不能称为一项开支。CEO们获得期权，企业的最终经营结果也不受影响。只有所有者遭受损失，表现为股权的损失。但如果这不算一项损失，那么什么算呢？在撰写本书时，美国国会正在考虑通过一项法律，迫使企业将期权的分配计入成本费用，为的是让这笔钱不再偷偷摸摸地从所有者的腰包里损失，而企业却不将其作为一项开销报账。对于股权的这种稀释，许多企业之所以不愿作为一笔开支报账，是因为这样一来会使企业的短期盈利与没有这笔开销的上年相比显得糟糕。巴菲特先生就此说了下面这段话：

"许多国会议员是这件事情的共谋者。他们违反了所有四大会计事务所、财务会计标准委员会和几乎所有投资专业人士所提出的论点。"

一号法则高级分析

企业年报必须向所有者披露期权交易。请在“合并财务报表的注释”标题下查看财务报表的索引。只需下拉到注释末尾附近，就会找到“股票期权”栏。在这里，大家可以读到一家企业如何设计其期权结构。不过，在评估一家企业方面，这一层次更多地是为一号法则的高手准备的。作为初学者，请不要以为必须了解期权及其在公司内部的结构设计。请查看企业是否设计出合乎逻辑的和适当的“履约价格”（在这一固定价位上，持有期权的公司高管能够在规定期间内出售股票）。这应当反映出所有者的成功。其次，看一看该公司是否明令禁止CEO将其通过期权购得的任何股票迅速处理掉。你的目标是要剔除由一帮急功近利的“雇佣军”管理的企业。

截至2006年，有关把期权作为开支入账的一项标准已经得到所有公司的采纳。这项新的标准可能会消除最严重的欺诈行为——管理者对所有者的欺诈。

因此，要寻找由卓越CEO领导的卓越企业，一号法则投资者应该如何做？

要阅读年报。问一问自己：CEO是作为所有者还是作为“雇佣军”获得薪酬的？如果他所获得的薪金和奖金等收益是合理的，而且他所持有的公司股票或期权使之与我们同时获得合理的收益，那很好。否则，为什么要持有在自己不留神的时候可能会咬自己的东西呢？

你可以看看全食公司如何安排从高管到出纳的薪酬，大家会从中看到，如果高层管理者不是为了钱工作，还可能是为了什么。

现象与本质

正如我已经提到的，要发现一个可疑的管理团队和CEO，一个极佳的途径是在5项重要指标和CEO所宣扬的公司状况及其前景之间发现严重的差异。与其信任一位薪酬过高的公司高管所言，不如相信数字。

危险区

如果你知道一家公司某一年的业绩很差，就请核查一下CEO在本年度写给股东的信中都就此说了些什么。如果他不承认错误，不仅强调未来的挑战，而且还就自己打算采取的措施予以解释，那么就是一名值得怀疑的骑手。

在撰写本书时，为了寻找管理不善的公司的具有启发性的例子，我偶然发现了迈克尔·布鲁什（Michael Brush）撰写的一篇题为《五名最令人愤慨的薪酬过高的CEO》【（*The Five Most Outrageously Overpaid CEOs*），此文于2005年8月24日发表在网站www.moneycental.msn.com上】的文章。文中谈到5位在企业所有者遭受苦难的时候大捞外快的CEO。出于好奇，我查看了这些CEO在致股东的信中都写了什么。当时有什么迹象吗？他们的信中反映了正在发生的事情吗？

如果你的CEO像这些家伙一样写文章，最好了解一下该企业。千万要小心，因为这些人十分善于在所有者面前隐藏真实情况。在这里我要大概说一下我所了解的情况，但是我鼓励大家亲自来核对这些信件。大家只需登录每家公司的网站并获取公司年报（各公司都张贴年报，通常是在“与投资者的关系”栏内）。

美国讯远通信公司（CIEN）：讯远通信公司是一家专门经营光导纤维通信网络的公司，管理者是加里·史密斯（Gary Smith）。从2001年到2004年，在股东损失了每股净值的2/3以上和股票价值的90%以上的同时，此人却领取了4100万美元以上的薪酬。请在线查阅该公司的年报并阅读史密斯先生的信。请记住，理想的CEO写信的风格类似于巴菲特——为企业的失败承担罪责，把所有者评估CEO绩效和企业未来所需了解的一切都告诉他们。2002年，该公司亏损了15亿美元。这年年底，史密斯在信中避而不谈这场灾难性的损失。假如你是这家公司的所有者，难道不会指望管理者注意到你有所损失，告诉你出了什么差错吗？史密斯却对所有者们说，他为企业在今后一年里取得成功做好了出色的准备。翌年，即2003年，销售额下跌，公司又亏损了3.86亿美元，所有者的股权又有20%化为乌有。这意味着要么是史密斯在2002年年底未能判断出企业的情况，要么是他不想把真相告诉所有者。由于他的信件是在进入2003财政年度很久才写成，所以你可以自己做出判断。

请阅读这些信。对这种"形势一派大好"的措辞必须加以提防。如果企业遇到麻烦，CEO最好说明发生了什么，承担责任，告诉大家打算采取什么对策。这里没有任何重大秘密，对吗？如果我们寻找明白自己是为我们工作的、讲求诚信的CEO，最好能够在多年来他们写给我们的信中看到一些迹象。如果我们看不到，就不投资，因为不讲真话的人很可能是在酿成下一场安然公司和世界通信公司那样的灾难——他们要么是骗子，要么没有头脑。无论如何，我们都不要介入。

新美亚（SANM）：该公司提供电子制造业方面的服务。其CEO于勒·索拉（Jure Sola）喜欢使用"迎接持续不断的挑战""坚定不移地履行承诺""继续优化""取得重大进展""我们以顾客为重的战略"，以及"我们满怀激情地迎接未来"等表述。这种信件让我起鸡皮疙瘩。该公司以每年2%左右的比率提高股东价值，与储蓄账户差不多。资本收益率（投入资本回报率）连续5年为-12%。他们从2001年以来没有赚到任何钱。

你以为他会提到情况一直不怎么好吗？所有者并非没有注意到，自2001年起，股票的市价从60美元下跌到了5美元。看来除了这是"历史上最严重的技术行业下滑”之外，所有者们也许还期望听到某种别的解释。最近两年对其他技术公司来说是好年景啊。你也许应当开始承担一些责任，而不是责怪市场。但你却将1900万美元的丰厚奖金带回了家。那么，信中还应写明你为什么接受了这项报酬。”

太阳微系统公司（SUNW）：该公司由其创建人斯科特·麦克尼利（Scott McNealy）管理。好在他写的信较多地反映出所有者的观点，而不是政治色彩浓厚的企业经营者的观点。自2001年起，公司股价从65美元下跌到4美元，股本损失了1/3左右，令所有者感到震惊。诚然，麦克尼利自己也是很大的股东。我所喜欢的一点是，麦克尼利在其中一封信里承认，他没有做自己希望做的事情，以致造成公司亏损。他接着向所有者讲了一个重大的负面问题，即市场上认为Sun系统太贵了。然后他解释了自己正在采取什么对策。他强调说，他不会容忍不讲道德的经营行为。虽然谁都能够这样写，但是我感到，斯科特是严肃认真的。请读一读斯科特2002年到2004年的信，以便了解一位善良、诚实和以所有者为重的CEO在情况变糟的时候如何写信。

艾伯特逊公司（ABS）：艾伯特逊连锁超市的管理者是拉里·约翰斯顿（Larry Johnston）。10年来每股盈利一直为零。股本5年来毫无增加。这家公司的感觉就好像是不带救生圈在离开岸边15英里①的地方踩水。它也许正在准备悄悄地倒闭。只需看一看经营数字，就能得出这种悲观的评估。然而，阅读约翰斯顿致所有者的信——这些信本应让所有者了解到自己的资金的运作情况，但你却得到一种明确的印象，即约翰斯顿远非在踩水，而是坐在一艘50英尺②赛艇的驾驶舱里，准备与全世界较量。他采用这样一些表述：“正处于一场激动人心的改造过程中”“志在必得”和“新的干劲”等。

如果说2002年是“商业史上最要命的年份之一”，“一些公司栽了跟头，大

① 1英里＝1609.344米。——编者注

② 1英尺＝0.3048米。——编者注

多数公司陷入困境，许多公司倒闭”，约翰斯顿则感到自豪，他领导“企业取得了扎实的业绩”，“进行了零售业历史上最大规模的改革”。CEO们写信的诀窍之一，就是列举一些事实，“证明”CEO去年的出色业绩。请注意，事实就摆在这里，投入资本回报率、销售额、每股盈利、股本和现金都用白纸黑字写着。我们已经聪明起来，因此今后请不要告诉我们“市场份额”如何“增大”，或者“顾客满意度”如何“稳步提高”，也不要说在凤凰城[①]“总的市场份额上升了10%到130%”。如果你一年干得不好，并且认为下一年还会如此，只需直说。我们拥有你所经营的企业，对吧？请对我们放尊重一点。啊，拉里，在这样做的同时，你是否介意在下一封信里说明，在企业损失40%价值的同时，你怎么会值7600万美元？

百时美施贵宝（BMY）：彼得·多兰（Peter Dolan）管理着这家大型制药公司。自从他2001年上任以来，公司的市价就下跌了50%，但他却把4100万美元拿回家。他赚得这笔钱部分是由于与英克隆制药公司（ImClone）做成一笔价值20亿美元的交易，以获取食品和药物管理局几个月前拒绝批准的一种药品。凭这20亿美元，大概值得给一笔奖金。尔后2004年秋季，他决定要修改公司已经提交的财务报表，以便较好地反映实际情况。

在多兰领导下，销售额在4年里毫无见长。每股盈利4年持平。债务4年来增加了600%以上。股本的增长率——表明长期价值增长的最佳指标——4年来平均每年为3%。在这里，我们又遇到CEO的大吹大擂：“除了实现扎实的财务绩效之外，我们还实现了其他重要目标。”然后，他开始吹嘘新产品。也不知道他究竟有何功绩，就拿走所有者的4100万美元，对此他毫无表示。

结论：除了斯科特·麦克尼利之外，这些CEO严重玩忽职守，没有履行对企业所有者的职责。而对一号法则投资者来说，这足以使我们退避三舍。企业老

① 艾伯特逊公司总部所在地。——译者注

总至关重要。没有卓越的CEO，就没有卓越的公司。不要被CEO的行话和自吹自擂所蒙蔽。数字是不会说谎的。如果一位CEO在致所有者的信中不坦率地解释实际情况，就不能信任他，也不能买下该企业。

首先确信自己是对的

既然我们已经熟悉如何从财务和管理的角度寻觅出色的公司，我们的处境就是，必须断定这是不是我们真正想要拥有的一家企业。在前几章里，我已经提到在决定买下一家企业时，大家必须考虑自己的核心价值观。这是运用一号法则投资的一个重要部分，并最终会有助于大家在精选购买的企业时逐渐缩小选择范围。决策必须自己作出，以确保这家公司的努力方向正是你所希望的。

若没有把握，就按兵不动。就这样手握现金，直到能够找到有把握的投资对象。而另一方面，如果我认为一家企业真的很出色，我就接着考虑最后一个M：安全边际。

第八章 确定安全边际

Demand a Margin of Safety

愤世嫉俗的人了解价格，但却不了解价值。

奥斯卡·王尔德

第四个M——安全边际（MOS）界定了我们所说的“十分划算的价格”。本章我们首先确定一家企业的正确价值。我们将在下一章里计算企业的价值。在这里，我希望大家专注于安全边际的概念，因为这一概念对于一号法则来说至关重要，而且经常被遗忘。

EMT的非理性与市场

我在前面提到了伯顿·马尔基尔教授。他在普林斯顿大学对“有效市场理论”（EMT）的研究是开创性的。该理论认为，股票价格是按照价值定价的。1972年，他向常春藤盟校的知识界证明，即使是沃伦·巴菲特也无法从他的投资中获得比猴子随机挑选股票更高的回报。也许对巴菲特先生来说这很意外。在马尔基尔的书出版之前，巴菲特认为自己16年来29%的年收益率都要归功于恩师本杰明·格雷厄姆所传授的高超投资策略，以及“股票市场偶尔做出错误的股票定价”的思想。马尔基尔教授争论说，事实上，巴菲特的成功仅仅是统计学上的一种反常现象，类似于一连串的硬币抛掷的结果都是正面朝上。虽然异乎寻常，但却是随机体系中统计大样本预料之中的。

正如我在第一章所指出的，马尔基尔论述有效市场的书《漫步华尔街》今天（作者撰写本书的时候）仍然有售。实际上该书已经是第8版，丝毫不反悔提出EMT。但是看看马尔基尔教授在接受金融新闻分析电视节目《财富华尔街一周》（*Wall $treet Week with Fortune*）主持人柯尔文采访时都说了些什么。这次采访于2003年6月20日播出：

伯顿·马尔基尔：是我说过，一只蒙面的大猩猩对着股票记录的页面投掷标枪也能像专家们一样出色地选择股票。

柯尔文：为什么会是这样？为什么没有任何人能够有把握地连续击败市场？

马尔基尔：我认为有几个原因。第一，我们的市场实际基本上是十分有效的。当出现有关一家公司或者整个经济的信息时，人们就立即对这一信息加以利用，等你我听到这个消息的时候，它就已经在价格中反映出来……

柯尔文：现在许多人都说，（20世纪）90年代出现巨大泡沫，股价由于无法辨别的原因而暴涨，而2000年初，又由于无法辨别的原因而暴跌，这表明了有效的市场理论是骗人的鬼话。

马尔基尔：在长期里，我认为市场一般是有效的。但我也承认，它们的确时常丧失理性。

而本·格雷厄姆50年前就说过："在短期内，股票市场是一部投票机器，但在长期里它却是一台秤。"沃伦·巴菲特是这样说的："投资的基本思想是把股票当作企业，利用市场的浮动渔利，寻求安全边际。这就是本·格雷厄姆对我们的教导。从现在起100年后，这些教导仍将成为投资活动的基石。"换言之，在大错特错30年却仍然不能勇敢承认错误的情况下，马尔基尔教授现在滔滔不绝论述的投资哲学正是巴菲特和格雷厄姆80年来一直成功地运用的理论。唯一的差别在于，马尔基尔继续坚持认为，没有人能够成功地用其来赚钱的事实是，"它们（市场）的确时常丧失理性”。巴菲特、格雷厄姆和成千上万成功的其他投资者，的确把这些市场对股票错误定价的“非理性的”时候用作大赚特赚的机会。我们也会如此。

类比：一天下午在一所著名大学，相信股票的定价总是正确的一位经济学教授正与一位研究生走在一条小径上，突然两人都看到地上有一张100美元的钞票。学生刚要弯腰捡起来，教授却说：“不，别麻烦了。如果真是一张100美元的钞票，就不会躺在那里了。”

标　价

一号法则投资的实际应用在于，花50美分购买1美元的价值。这之所以可能，是因为企业的价值有时并不等于其售价。“价格”是市场对该企业的定价。而“价值”则是它值多少钱。请回忆一下我在第二章里所说的：价格有时并不等于价值。例如，当你到市场上去购买新车时，你必须知道你可能会买的新车值多少钱，才能走进汽车行去问它的价格。

一号法则投资本质上是购买廉价出售的物品，所以对一号法则投资者来说至关重要的是必须了解一件物品或者一家企业值多少钱。进一步以购买轿车为例。在纽约市公园大道的一家汽车行的橱窗里，我见到了一辆全新的玛莎拉蒂总裁轿车。这是一辆很漂亮的轿车。我走了进去，问一位销售代表这车的标价是多少。她告诉我是10.1—10.5万美元，具体情况要看选购的车型。

这时我坐到了驾驶员的座位上，拨弄着仪表板上的按钮。我问她：“这辆多少钱？”她告诉我要等6个月，售价为12—14.5万美元。我起身告辞了。

后来，我登录到eBay网站，发现一辆这种轿车，售价为14.5万美元。那位销售代表没有骗我！标价为10.6万美元。eBay网要价14.5万美元。为什么？因为有很大的需求。有人愿意支付这14.5万美元，尽管这个价格要比标价高出40%。

由于我不按标价买任何东西，因此我不打算买这种车。尽管我甚至可能已经迷上了那辆玛莎拉蒂，但是我必须照顾好自己的钱，以便我的钱能照顾好我。这就是说不要因为不能等待而乱花钱。大家和我都知道，超过标价的价格不会长久维持下去。很快，那种玛莎拉蒂轿车就可以按照标价买到，再后来，就低于标价。

我们购买企业也要采取类似的做法。首先，我们要找到自己喜欢的、到目前为止符合我们标准的企业，然后要有很大的耐心，等到有机会按照低于标价的价格将其买下。把这一做法与你的共同基金管理人一般采取的经营方式加以对比。他按标价购买，大多数时候还高于标价的价格。他之所以这样做，是因为那不是他的钱，还因为他实际上相信商学院的教授们。他们向他传授有效市场理论，说每件东西都始终按照标价出售。他这样做还因为，他的任务是在你把钱交给他之后的一定合理期限内，用你的钱买点什么。

如果他为了耐心等待市场丧失理性，以十分划算的价格购买某些了不起的大公司，两三年内什么都不买，那么你是不会十分开心的。他管理你的钱已有两年，向你提供的收益率却是零。这不大可能发生，因为基金管理人知道对他的评估所依据的是他在最近一年的绩效，而不是10年的。因此，他会立刻用你的钱买点什么，而如果他曾在普林斯顿大学上过马尔基尔教授的课，这对他来说就易如反掌。在基金管理人看来，投资成功的秘密在于赶在所有人前面对一家公司有所了解，如果这样不可能，就要安安逸逸，确保不论支付什么价格，都不与所获得的价值发生矛盾，即使这一价格看来很荒诞。20世纪90年代末的价格看来的确时常很荒诞。许多基金管理人都在购买定价像玛莎拉蒂一样荒诞的股票。

下面是一个很好的例子：1999年年底，雅虎公司股票分割价格为118美元。只有在今后15年里公司增长率每年都超过70%，这个价格才可能是雅虎的标价。

假如这样快地成长，会很惊人，但如果雅虎真的达到这一增长速度，不出15年就会值1.5万亿美元——大大超过世界上最大的埃克森公司届时达到的规模。如果你同意会是这样，就是指望雅虎2014年的广告收入大大超过埃克森公司出售石油的所得。如果这不可能发生，那么你的基金管理人购买雅虎付出的价格就高得离谱——高到让你几乎在任何情况下都无法捞回本钱，哪怕用上20多年。

在丧失理性方面，除了雅虎，还大有人在。

如果你的基金管理人1998年以每股85美元的价格购买可口可乐，而可口可乐以其多年来的增长速度不断增长，则即使盈亏相抵，也要等到2025年以后。就是说，在25年以上时间里收益率为零。

机构性基金的管理者都是怎么考虑的？他们想的是，尽管这些公司的股价毫无理性，即艾伦·格林斯潘（Alan Greenspan）所说的“非理性繁荣”，但你逼得他们不得不买！到1998年，投资者们把自己的钱迅速地从保守的共同基金转移到收益率为20%—30%的基金之中。

基金管理人不仅很精明，而且还练就了生存的本能。他们很大部分收入都是通过吸引更多的投资者获得的。如果投资者把钱抽走，他们的收入就会减少。此外，如果他们基金的收益率远远低于其他基金，他们会被解雇。所以他们想，用你的钱随便买点什么，一两年内保住工作，每年获得100万美元的丰厚收入，总比因为你把钱抽走今天就被解雇好。

他们过去这样想，现在仍然这样想。现在，你的基金管理人正试图找到今后几周内会大涨的股票，使他的总收益率与同行和标准普尔500指数相比显得很出色。你是否真的以为他会高瞻远瞩呢？

我们必须承认，正如马尔基尔所说，市场对股票的定价有时“丧失理性”。这种毫无理性有时指的是很高的价格，有时则指很低的价格。猜一猜我们会对哪种丧失理性感兴趣？实际上，作为企业买主，我们对两种丧失理性都感兴趣。我们要把这些正常的市场浮动看作机遇，在买卖两方面双管齐下。当价格暴跌到大大低于标价时，我们大量建仓；当股价涨到超过标价时，我们就平仓。

对于未来的收益，最重要的决定因素就是今天支付的价格。价格是高于标价，还是低于标价？我们能够弄清标价是多少，但却无法控制企业的价格。这件事要由市场先生来决定。

邂逅“市场先生”

市场是我们的合作伙伴的思想来自本·格雷厄姆。像格雷厄姆许多有关投资的真知灼见一样，这一理念具有直接的明确性和深刻性。“市场先生”是随和得令人难以置信的合作伙伴。他随时愿意使交易发生。如果我们想要购买一家企业，他会将其卖给我们。如果我们想出售一家企业，他会从我们这里将其买走。了不得啊！关键在于“市场先生”可以决定价格。

假如不是因为“市场先生”交替地患上了狂躁症和抑郁症的话，我们在进行重大投资方面并没有特殊的机会可乘。我们的合作伙伴情绪大起大落，时而兴高采烈，时而极度抑郁。大多数时候，“市场先生”服药，神志都相当清醒，在以什么价格进行买卖方面，也很有理性。这意味着，大多数时候，一家企业的价格十分接近于其价值。但有时，他的乐观情绪可能会达到疯狂的地步，以致他对一切物品的定价都会达到丧失理性的高度。另外一些日子里，“市场先生”可能会陷入严重的抑郁，相信明天太阳再也不会升起。在这些日子里，他感到，对任何一家企业来说，都再也不会有好时光了。他把这些企业的价格定得很低，似乎认为它们分文不值。不论他丧失理智与否，价格都是根据他当日的情绪决定的。

很显然，尽管利用这种情绪不稳定的渔利并不十分公平，但是我们宁愿在“市场先生”陷入严重抑郁的时候从他那里买东西，并在他陷入“非理性繁荣”时把东西卖给他。在某人情绪失衡的情况下乘人之危有点可耻，但是话说回来，他似乎并不介意。他陷入这种分裂状态由来已久，自以为很正常。他确实不认为自己对任何东西的定价有误，即使价格某一天是每股100美元，而仅仅几个月以后就成了每股10美元。如果请教研究“市场先生”的教授们，他们会说他的行为具有完全的理性，并提出各种理由说明该公司的股价为100美元是合理的，10美元也是合理的！我猜想，如果疯人院的看守们也疯了，那么大家就都是“精神正常的”。

让我们回到玛莎拉蒂轿车的话题。如果玛莎拉蒂轿车交易商也患有躁郁症，他也许就会在某一个月把轿车的价格定为14.5万美元，而在一年后定为5万美元。如果我们以14.5万美元的价格买下，几周后把轿车卖掉，我们就会亏本。但是如果我们能够以5万美元价格买到这辆轿车，那么即使我们不是专业的汽车交易商，也肯定会赚钱。看到价格造成的天壤之别了吗？

购买企业致富的诀窍在很大程度上是要知道企业值多少钱，同样重要的还有它们不值多少钱。

我们知道，价格并不等于价值；“市场先生”时常会在为股票定价方面丧失理性。因而如果对自己想要购买的每家企业都能够适当地估值，我们就只需有耐心，等待“市场先生”使其价格达到对我们来说适当的水平——肯定能够赚钱的价格。

一些投资者认为，卓越的公司是不会廉价出售的，他们通常是对的。但是通常正确并不等于始终正确。在“市场先生”为卓越的企业定价所犯的错误方面，以下这几个例子很有代表性：

2000年的阿波罗公司（APOL）：5项重要指标都具有连续性，显得很不错。销售额以35%的比率增长；每股盈利的增长率为35%；股本增长率为36%；现金增长率为30%；投入资本收益率为18%。历史增长率为35%。分析师们的预测为25%。假设分析师是正确的，对标价的保守估计为40美元。我猜“市场先生”可能不相信这些分析师。“市场先生”的定价为10美元。到2005年5月，“市场先生”的定价达到79美元。5年期复合收益率为每年52%。

2003年的沃尔格林医药连锁店（WAG）：销售额的增长率为15%；每股盈利的增长率为17%；股本增长率15%；现金增长率50%……都很具有连续性。投入资本收益率为15%。假如分析师们是正确的，则“标价”为44美元。“市场先生”定的价格是27美元。为什么？因为经济衰退把散户投资者吓跑了。2005年5月价格为45美元，即两年的复合收益率为29%。

2000年的寝浴用品专卖店（BBBY）：销售额、每股盈利、股本和现金流的增长率都为25%。投入资本收益率为19%。标价为40美元。而“市场先生”的价格为12美元。为什么？因为市场开始崩溃，连累了该公司。2005年5月的价格为40美元。5年期复合投入资本收益率为27%。

2000年的星巴克公司（SBUX）：销售额、每股盈利、股本和现金流的增长率为24%。投入资本收益率为10%。假如分析师们是正确的，标价就是60美元。“市场先生”的售价为14美元。2005年5月的价格为56美元，即5年期的复合投资收益率为32%。

2001年的戴尔公司（DELL）：销售额、每股盈利、股本和现金流的增长率为35%。投入资本收益率为40%。假如分析师们是正确的，标价就是70美元。“市场先生”大逃亡，纷纷抛售技术股。由于大家纷纷平仓，戴尔公司股票的售价为20美元。2005年5月的股价为40美元，即4年期的复合收益率为19%。

2000年的托尔兄弟公司（TOL，一家住宅建筑公司）：销售额、每股盈利、股本和现金流的增长率为18%。投入资本收益率为12%。假如分析师们是正确的，标价就是25美元。“市场先生”对房地产的售价实在便宜：9美元。2005年5月的股价为90美元。5年期复合投资收益率：每年58%。

这些股票加在一起，2005年的平均收益率为每年30%。如果你在2000年把1万美元投入到这个股票篮子中，那么2005年篮子的价值就是3.7万美元。与此同时，标准普尔指数平均为-2%，因而这1万美元若投资到一个整体市场基金中，价值就是9000美元。而在15年内，如果按照上述增长率，这3.7万美元就会值

200万美元，而这1万美元投资共同基金，价值还会是1万美元。

安全边际

要使企业收购活动取得十分出色的回报率，诀窍在于要确保我们仅仅付出50美分就获得1美元的价值。我们首先确定价值——标价，然后确定符合安全边际，即标价的一半。如果我们在确定标价方面做得很好，就会赚很多钱。如果干得很差，根据安全边际，我们就退出交易，而不会违反一号法则。

我们不是天才，也不完美，所以弄清自己所购买的每家企业的安全边际十分重要。如果得不到符合安全边际的价格，我们就不买。照我说的做！如果像巴菲特这样的天才也坚持一定要有安全边际，你难道不认为我们也应当吗？安全边际会使你在方法得当时大捞一笔。而当情况不妙时，它又会使你免受损失。

> 获取任何一家企业的安全边际，仅仅是做出成功的一号法则投资决策的第一步。请记住：必须对4个M所涵盖的方面进行全面分析，然后才能向前跃进，购买任何企业。假如只是寻求企业的安全边际（MOS），而该企业对你来说毫无意义（Meaning）、不具有5项重要指标所证明的护城河（Moat），又没有能干的管理团队（Management），你就违反了一号法则。

让我们看一下2000年的几只股票。如果2000年时哈雷公司的标价为50美元，则安全边际价格就是25美元。如果以这一价格买到，就应当大量建仓！如果通用汽车公司的标价为33美元，则其安全边际价格就是17美元。这与该公司2000年77美元的售价相距甚远，但与其2005年的26美元的价位却要接近得多。2000年时，戴尔公司的标价为40美元，安全边际价格为20美元，而实际售价为

40美元，所以我们没有买。并不是因为这一价格不公平，而是因为其价格对我们来说还不够低廉。我们想要稳操胜券。一年后，戴尔公司股票的售价就是20美元了。坚持不懈就会获得回报。阿波罗公司的标价为40美元，安全边际价格为20美元。由于“市场先生”索价为10美元，因此我们做成了一笔十分可观的交易。

一些有经验的投资者很想知道这是不是价值投资。我对他们的问题的回答是：不，这是一号法则投资。一号法则投资与价值投资的差别在于：价值投资仅仅涉及购买没人想要的企业。巴菲特先生把这种企业称为“雪茄烟蒂”企业，就是说也许还能吸上一口。我们所寻找的不是一家“雪茄烟蒂”企业，而是像“玛莎拉蒂”轿车一样廉价出售的名牌企业。正如我所说过的，我们找到一家卓越的企业，了解它值多少钱，然后等待“市场先生”以十分低廉的价格将其拱手送给我们。这就叫做一号法则投资。要习惯这样做！

安全边际不仅会为你赚钱，还会让你免于在一场经济泡沫中输钱。2000年，捷迪讯光电公司（JDS Uniphase）、甲骨文公司、微软公司、苹果公司、英特尔公司和几乎所有其他暴跌的纳斯达克股票，其定价都远远高于标价。可口可乐、迪士尼和吉列的定价也大大超过标价。电信股的定价也远远高于标价。标价和安全边际价格使你避免购买过于昂贵的企业。

至此，你大概很想知道如何弄清一家企业的价值——标价。我们将要谈到这些，这样你就能找到自己的安全边际价格了。

举一反三

大家还可以把安全边际原理应用到各种投资活动之中。如果你是一位运用一号法则的房地产投资者，你购买房地产就不是遵循房地产投机活动中的“博傻理论”（希望在一两年内会有一个更傻的人支付比你所付的更高的价格），而是把不动产当作企业来购买，而且是在安全边际很大的情况下这样做。虽然我在第一章里痛骂房地产投资（与购买企业相对而言），但这并不意味着不可以投资房地产。大多数人都会购买房地产。你可以把一号法则的要素应用到这项活动中，以实现最大限度的回报。

例如，我曾经从爱荷华州的一位农场主手中买下55英亩[①]生地。这块地位于一座不断成长的小镇的边缘，但并没有划入小镇的辖区内，因而没有与该镇的下水管道连接。我获得这块地每英亩花了5000美元——大约是当时耕地价格的两倍，但与街对面被分成小块并与市内下水及自来水管道接通的类似土地相比，却只有其价值的1/5。我从一英里以外的地方买来了自来水和下水管道（因为人家不愿让我与街对面连通）。修通道路后，我把这55英亩划分成1到3英亩的小块，然后，在房地产行业朋友们的大力帮助下，将其一小块一小块地以每英亩2.5万美元的平均价格卖光。

我的成本（包括开发成本费用）与开发后每英亩零售价格之间的差额就是我的安全边际。这样，安全边际就是每英亩1.2万美元左右。如有必要，我可能会把地块价格降低一半，仍能盈亏相抵。因此，在考虑购买企业时，为何不采取同样做法呢？

一位房地产企业家驱车进入一条很好的街道，发现一栋破旧的住宅，需要干许多脏活才能修好（但并不需要很多开销），但却可以创造很大的安全边际。因为修复后的房子有了新的价值，而他为购买这座破屋付出的价格和新的价值之间的差额就是他的安全边际。如果他所在地区的房价开始下跌，可以降低价格把房子卖掉，仍会获利。如果买进时希望有更傻的人问津，则会亏本。

---

① 1英亩≈0.4公顷。——编者注

解 套

如果我们出色地完成了工作，就能以十分低廉的价格买到卓越的企业。买下企业后，“市场先生”一般很快就会认识到自己的失误，朝着标价上调企业的价格。一旦升到标价的水平，就是需要解套（卖掉企业）的时候了。

迄今为止，我们掌握了卓越的企业，正在弄清什么是低廉的价格。下一章中，我们进行一些计算，以确定价值、标价和安全边际。

Calculate the Sticker Price

估算标价 第九章

不能用数学认识事物，而要习惯于事物。

——约翰·冯·诺伊曼

标价有许多其他名称，包括内在价值、公平价值和零售价格。什么名称并不重要。我称之为标价。要记住标价指的是什么：一家企业的公平价格——估价既不过高，也不过低。就是市场应当（但往往并不）卖的价格。

一号法则投资的精髓就是要把股票当作企业来购买，而企业并不是一张张纸片，也不像有形商品。还记得轿车的例子吗？企业拥有雇员、建筑物和机器。其共同作用是使企业出售产品和赚钱。一家企业的标价要超过其价值。企业价值是指它今后会为其所有者赚到的钱。没有人确切知道这一数额会是多少。因此，没有人确切知道标价应当是多少。然而，本·格雷厄姆的专长就在于估算标价。他把这一方法传授给沃伦·巴菲特。后者对其加以修改，传授给了其他投资者。我的老师是沃尔夫，我已经将其稍加修改，以适应今天的普通个人投资者。我称之为一号法则投资。

要成为一号法则投资专家，需要掌握标价的估算方法。反复阅读本章各节。要牢记，我向大家传授的是不用计算器情形下对标价进行估算的基本方法。而使用计算器是为了追求速度、便捷和更大的精确度。你

> 很快就能够计算任何公司的这些数字，以致仅仅对一堆数字瞥上一眼，就能立即知道其含义，而不必进行任何脑算。

一号法则估算标价的关键是购买企业而不是股票，并且要考虑四个关键问题——4M。这些就是我们目前所学到的东西。在本章中，我们将讲完第四个M——安全边际。要做到这一点，我们必须计算出正确的标价。

要得出正确的标价，必须了解4个数字——这些数字将被用于进行几项十分重要的计算。

估算标价

要估算标价，就需要便捷地获得4个数字：

1. 当期每股盈利。
2. 预期每股盈利增长率。
3. 预期市盈率。
4. 可接受的最低限度收益率。

为什么是这些数字？计算标价是了解一家企业未来将赚到多少钱。一家企业所得称为盈利（或者利润）。向所有者报告盈利的最准确的方法叫做每股盈利。因此首先要知道未来的每股盈利是多少。特别是，我们想要知道10年内的每股盈利将是多少。而要想算出预期每股盈利，我们就需要掌握两个数字：当前的每股盈利和预期每股盈利增长率。

一旦我们知道预期每股盈利，通过市盈率（价格/盈利）就能够算出10年内的市场价格。方法是找到最佳预期市盈率，用这一数字与预期每股盈利做乘法。

如果知道企业10年内的市场价格，就很容易决定今天为该企业支付的价格，只需知道每年可以接受的最低限度收益率。对于一号法则投资者来说，可以接受的最低限度收益率是15%。既然如此，我们就能算出十分重要的标价。

1. 当期每股盈利

不必进行任何复杂计算，就能获得当期每股盈利。这一数字在大多数理财网站上都有报告，很容易获得。大家会发现，它还叫做“12个月跟踪每股盈利”（TTM EPS: Trailing Twelve Months EPS）。以撰写本书时（2005年）MSN网站上提供的数据为例，当期每股盈利数据如下图所示：

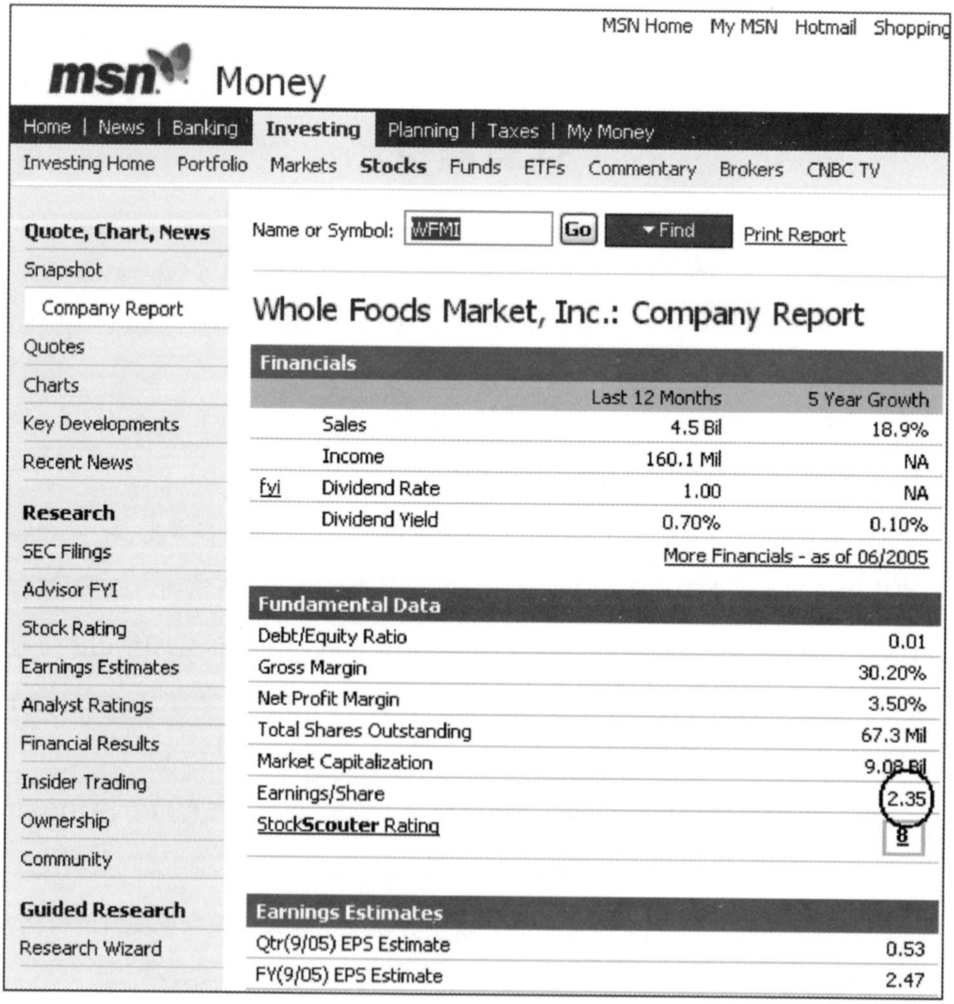

2. 预期每股盈利增长率

要预测一家企业未来的每股盈利增长率，就必须考察历史增长率。4个重要历史增长率中，最出色地显示预期每股盈利增长率的实际上并不是每股盈利的历史增长率，而是股本的历史增长率。我知道这一点听起来令人困惑，但事实就是这样。

> 标价计算过程简述：
>
> 1. 按照预计的每股盈利增长率逐年递增，推算出10年内的当期每股盈利，以获得未来每股盈利。
>
> 2. 用未来每股盈利乘以未来的市盈率，以获得未来的市场价格。
>
> 3. 根据每年可以接受的最低限度收益率，逐年递减地倒推未来的市场价格，以获得标价。
>
> 一号法则投资之所以用未来10年的数字，有两个简单的原因：
>
> 1. 10—10法则：如果我们不愿意在10年里持有一家企业，我们就决不会花费10分钟去购买。
>
> 2. 实用性：20年的前景过于遥远，无法做出任何合理的预测，而5年对于长期持有又太短。
>
> 因此，10年的效果最佳。

股本不断增长的历史表明，这家企业能够逐年创造出越来越多的盈余现金。剩余现金的增长使企业对所有者来说具有价值，因为企业的真实价值就是它多年来所积累的全部资金。试想如果你用10万美元买来的自助洗衣店不能产生剩余现金，那么除了自己洗衬衫能够使用免费的洗衣粉之外，拥有洗衣店都能捞到什么好处呢？没有好处，因为每股所获得的全部盈利都重新投资企业，以保持营业。如果这种情况永久地持续下去，就永远也不会获利，不是吗？反之，如果自助洗衣店今年产生了2万美元的剩余现金，这就意味着股本增长了2万。企业的价值显然随着股本价值的增长而增长；现金盈余每年递增20%的企业，其所有者所获得的现金会逐年增多。这就是为什么沃伦·巴菲特在其2004年作为董事长的信中说，“内在价值（标价）增长与股本的增长最接近”。

我在第六章中曾经暗示我们最想看到的是股本的增长。为什么？标价——企业价值的增长率紧紧跟随股本的增长率，因为股本的不断增长来自于剩余现金的不断增长……而正是剩余现金使企业具有价值。这就是为什么我们在预测未来增长率时十分重视股本的增长。

虽然我们会很重视股本，但仍需要审查所有的增长率。我们所寻找的是连续性和企业所能维持的合理增长率。但要记住，如果数字并不十分明显，你感到自己是凭借大量混乱的数字做出不着边际的猜测，那么就放弃这家企业。尤其是作为初学者，必须有耐心，等待情况明了的企业出现。

由于预期增长率十分重要，因此我们有必要知道专业分析师认为增长率将会是多高。起码每个季度，专业分析师都会就今后5年一家企业的增长率做出自己的最佳猜测。对投资者来说，这是重要的信息，因而大多数理财调研网站都对其进行追踪。大多数人都从一个来源获取这方面的信息：扎克斯（Zacks），该服务公司把专业人士的估算统统罗列出来。大家可以使用扎克斯网站（www.zacks.com），付费就可以看到有关一家公司的全部估算。你也可以从自己喜欢的网站获得分析师估计的平均值（而不是每个分析师的估值）。MSN理财网站把这个数字称为“盈利预测”。大家会注意到，它所依据的是盈利，而非股本。如下图所示：

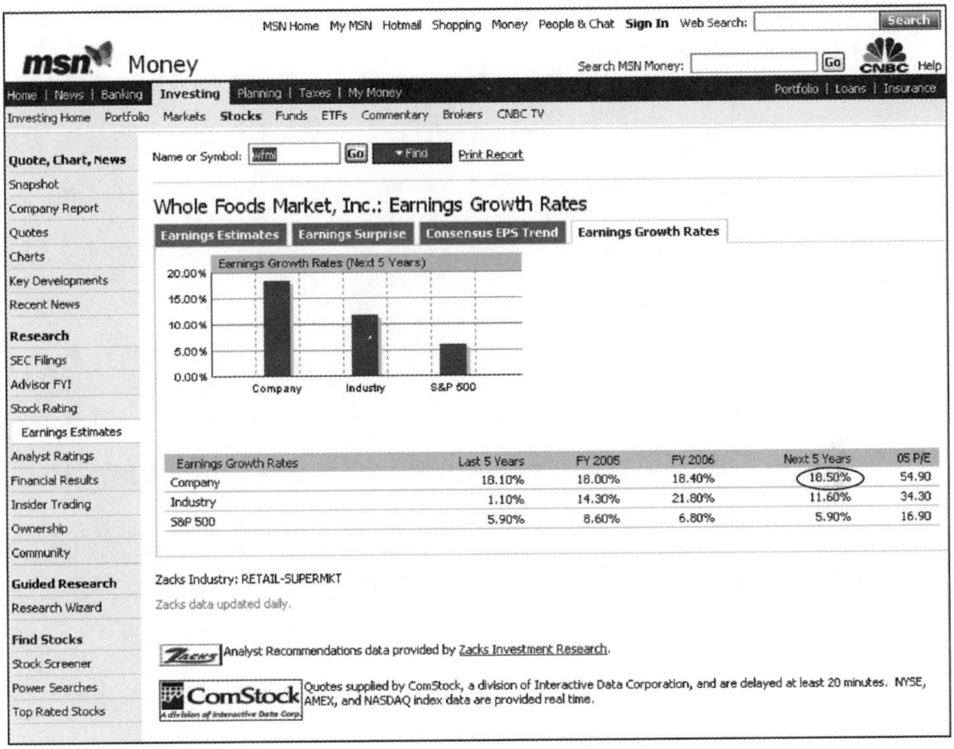

我们的任务是将我们所断定的企业历史增长率与有关未来增长的专业预测进行比较。如果这两个数字不相近（例如，分析师预测一项业务在未来的增长速度要比过去快得多），我们就必须做出判断，我们应该信任这两个数字中的哪一个来计算企业的未来价格。起初，我们使用较低的、比较保守的数字。因此，如果历史增长率低于分析师们对未来增长的预测，我们就采用历史比率。如果分析师们所推测的增长率低于我们的历史增长率，我们就会采用他们的数字。稍后，当大家有了更多经验时，可以采用较高的数字，只要你认为那是合理的。

你们当中的一些人也许会认为，分析师们可能会十分离谱，或者历史增长率也许没有准确地预测今后的增长率。你在这两个问题上都是正确的。事实上，一些企业，尤其是相当新的企业，其历史增长率可能很糟（或者根本没有），但是分析师们预测的未来增长率却十分出色。这些企业在一号法则分析中自然就是不合格的。不过，它们可以成为我所说的“风险企业”投资组合，之所以可以接受更大的风险，是因为你相信这些企业的业绩会与以往截然不同。

例如，我为自己的“风险企业”投资组合购买了一些谷歌的股票（占10%），因为其价格非常低廉，不管分析师们的预测或者历史增长率哪个正确。但我没有任何办法预测10年或者20年以后，谷歌还会继续经营；因此，作为一项可靠的一号法则投资，它就是不合格的。稍后我将讨论风险企业投资，并为大家提供一些规则。如果你真的愿意承担风险，就可以按照这些规则行事。永远也不要使风险企业的股票在自己的投资组合中超过10%。现在，请信守一号法则的基本规则，仅仅关注符合真正的一号法则的企业——即5项重要指标都可靠和连续的企业。

3. 预期市盈率

一旦根据历史增长率或者分析师的预测得出预期每股盈利增长率，下一步需要了解的是如何确定市盈率，以便确定价格。例如，如果某企业从现在起10年后每股盈利1美元，其每股的适当价格就可能是5美元到50美元，具体情况取决于预期市盈率。

企业的售价几乎从来都不是其当前每股盈利的一倍，即市盈率为1。如果你所拥有的一家企业当前的每股盈利是1美元，那么你的售价会是每股1美元吗？除非你认为该企业马上就会倒闭。

“市场先生”如果认为一家企业的实际增长率将会很高，就会为其确定很高的市盈率，比如50；如果认为该企业不会快速增长，他就会为其确定很低的市盈率，比如5。市盈率就是“市场先生”对未来的预测。“市场先生”往往不是在思考，而是感情用事地做出反应。他这样做的时候，就可能把市盈率确定得过高或者过低。我们希望买进的时候他会把市盈率定得过低，然后定得很高，以便于我们以远远出乎自己预料的价格抛售。但是在决定在什么价位上购买一家企业的问题上，我们将采用合理的市盈率——不太高，也不太低。

计算市盈率的一个快速粗略算法是将每股盈利增长率翻一番，这样，如果我们认为一家公司今后10年每股盈利的增长率为8%，那么市盈率约为16（假如该公司保持这一增长率的话）。我们把这叫做默认的市盈率。如果没有任何其他依据，就可以使用默认市盈率。但是当然，我们的确有别的依据——历史市盈率。每家优秀的企业都具有每股盈利，而且每家优秀的企业也都具有每股价格，因此都有历史市盈率。我们可以查看历史市盈率，看看其与默认市盈率的比较结果如何。

请记住：我们是在计算股票从现在起10年以后的价格，以便能够根据这一数字倒推，获得今天的标价。每种股票都有价格，也都有收益，对吧？那好，市盈率就是价格除以盈利（收益）。公式如下：

PE（市盈率）× EPS（每股盈利或收益）＝每股价格

或者

PE=每股价格/EPS

例如：假设星巴克目前的市盈率为42，每股盈利为1美元。星巴克今天的价格是多少？

42 × 1美元＝42美元

正确。市盈率表明，我们愿意为购买一家公司1美元的盈利付多少钱。不要在市盈率问题上过多地纠缠。我们只是把它当作工具，以计算标价。除此之外，我们并不在乎市盈率是什么。

	预期 每股盈利增长率	当期 市盈率
星巴克	22	42
阿波罗集团（Apollo Group）	24	76
戴尔公司	15	31
美国开市客公司（Costco）	12	22
美国自动数据处理公司（Automated Data Processing）	12	26
沛齐人力资源公司（Paychex）	16	34
全食超市	19	44
奇科斯时装店（Chicos）	24	43
安海斯-布希公司（Anheuser -Busch）	9	17
微软公司	11	25
默克公司（Merck）	7	13
辉瑞制药公司（Pfizer）	9	23

注意到上表中这些公司的市盈率大约是其预期每股盈利增长率的2倍了吗？对于一号法则企业来说，这是很常见的。因此，我们将用它作为估算市盈率的粗略方法，以确定标价。

如果历史的市盈率和默认的市盈率不同，我们将采用较低那个。在任何理财网站上，都可以找到任意公司的历史平均市盈率。以MSN理财网站为例，如下图所示。

例如，如果我们预测美国高明公司（GRMN）未来每股盈利的年增长率为24%，2×24＝48，因此其默认市盈率是48。但该公司的历史平均市盈率是23，因此我们会采用23而不是48作为未来市盈率。

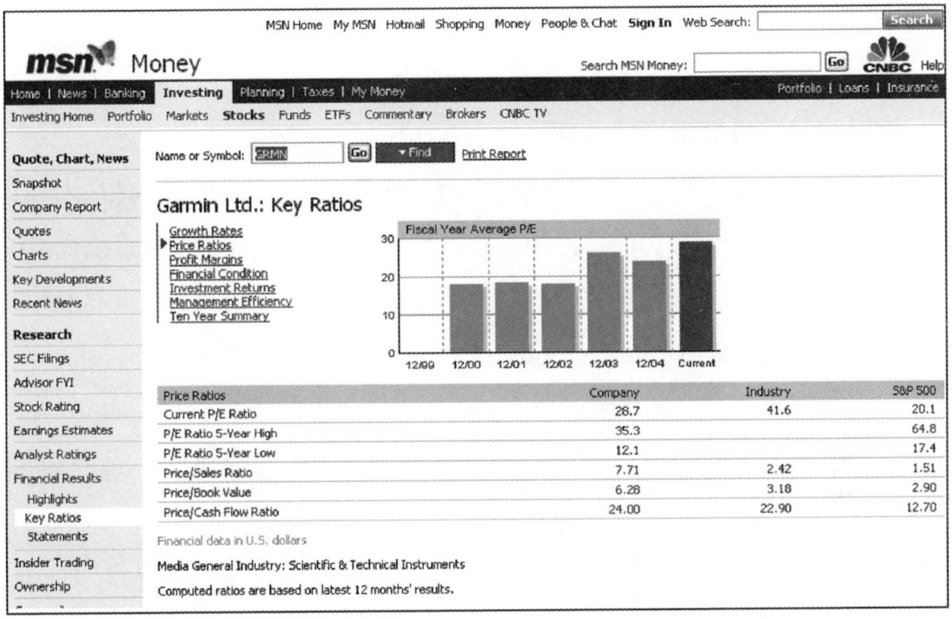

下表是4家公司的例子及其历史的和预测的增长率和市盈率。以下例子来自2000年。

公司	分析师预测的增长率	历史（股本）增长率	一号法则增长率	默认的市盈率	历史市盈率	一号法则市盈率
哈雷戴维森公司（HDI）	24%	24%	24%	24×2=48	46	46
通用汽车公司（GM）	10%	6%	6%	6×2=12	15	12
戴尔电脑公司（DELL）	20%	17%	17%	17×2=34	40	34
阿波罗集团（APOL）	20%	35%	20%	20×2=40	45	40

一号法则增长率是分析师预测增长率与历史增长率中较低者。一旦我们掌握

了一号法则预期增长率和市盈率，就可以继续后面步骤。

4. 可以接受的最低限度收益率

一号法则的最低限度收益率为每年15%。标价就是我们所能支付的最大限度价格，并在今后10年里仍能获得15%的收益。换言之，企业价值就是使我们在今后10年里每年获得15%的复合收益率的股价。当然，事情几乎从来都不是十分顺利的，因此，我们坚持要求获得低于标价的很大的安全边际。

15%并非一个毫无根据的数字。我之所以用它作为目标收益率，是因为它足以补偿合理的通货膨胀、抛售股票时缴纳的税赋，以及交易风险。对我们一号法则投资者来说，15%是很不错的收益率。如果许多年里都获得它，就肯定会发财。任何东西，只要收益低于15%，我们就不买。

最低收益率是每年15%。少了就不要接受！

72法则

知道了计算标价所需的4个数字，就可以用如下方法进行脑算。我们需要弄清的第一件事就是从现在起10年后的每股盈利。当期每股盈利和预期每股盈利增长率被用来计算10年后的每股盈利。请慢慢阅读以下文字，以把握要领：每股盈利的增长率会使当前的每股盈利在一些年内翻一番。我们需要知道，如果按照这一每股盈利增长率，当前的每股盈利翻一番需要多少年。72法则就告诉我们当前的每股盈利翻一番要花多少年。我们就要用预期每股盈利增长率去除72，所得数字就是当前的每股盈利翻一番所需的年数。

比如说，当前每股盈利1美元，预期每股盈利增长率为24%，按照72法则，就要将72除以24，得到3。因此，当前的每股盈利如果每年递增24%，这1美元就每隔3年翻一番。

按照24%的增长率，翻一番需要花费的准确年数为3.2年，就是说72法则在10%左右时比较准确，越是远离10%就越不准确。然而对于我们来说，72法则已经够用。

由于我们试图弄清的是每股盈利10年后将是多少，因此我们期望的翻倍次数是多少呢？我们刚刚用72法则算出了每股盈利每隔3年将翻一番，因此在10年里大约就要翻倍3次。我之所以说是“大约”，是因为72法则是一种“近似”，所以在使用时不必要求完美。它对我们来说已经蛮不错，能够让我们进行脑算。

因此，按照24%的每股盈利增长率，10年内可望翻倍3次。算法如下：1美元在头3年里翻一倍达到2美元，第2个3年翻一倍为4美元，第3个3年4美元翻一倍为8美元。因此我们预期10年后每股盈利为8美元。现在，大家只需利用不同的数字重复类似的运算。如果不想做，可以依靠我网站上的计算器来完成这项工作。

从预期每股盈利到预期市场价格

一旦知道10年后的每股盈利，就能用市盈率算出10年后企业预期的每股价格。只需用预期每股盈利乘以预期市盈率。比如预期市盈率40，那么从现在起10年后的市场价格将为320美元左右（市盈率40乘以每股盈利8美元）。

从预期市场价格到“标价”

利用预期市场价格和72法则，我们能够算出标价。

我们可以接受的最低限度收益率是15%。运用72法则，15%差不多每隔5年使我们的钱翻一番（72除以15约为5年）。因此我们的钱在10年内翻倍两次（10年除以5等于2）。如果1美元到2美元，然后2美元翻一番达到4美元，就是两次翻倍。大家也许会注意到另外一个情况：1美元是4美元的1/4。因此如果知道了预期市场价格，只需除以4就算出了标价。我们每次都可以这样做，因为15%总是可以接受的最低限度收益率（它是一个常数），所以预期市场价格的1/4就总是正确的标价。

让我们回到例子。如果我们期望这家企业在10年内每股盈利320美元，我们就可以将其除以4，得到标价：320除以4是80美元。如果我至少想在今后10年内获得15%的复合收益率，就需要今天以每股80美元以下的价格购买这家企业。

> 假定收益率为15%，则今天的标价就始终都会是10年以后市场价格的1/4左右，这是因为任何价格按照每年15%递增，根据72法则，都会大约每隔5年，即在10年内翻倍两次。倒过来推算就是用10年后的市场价格除以4。

从标价到安全边际

不要忘记：我们从不支付标价。我们总是想要付50美分购买1美元的价值。我们总是想要获得很大的安全边际。要获得很大的安全边际，我们就想以低于标价50%的价格购买这家企业。在例子中，我们想要获得的标价为80美元，因而很容易算出80美元的一半是多少。我们希望以该企业的“甩卖”价格购买，即安全边际价格，为40美元。如能以每股40美元买下这家卓越的企业，就会有一个很宽裕的缓冲幅度，可以从这家企业中赚到最低15%的收益，而我们期望在

10年后以每股320美元的价格将企业卖掉。

举一个现实的例子。

哈雷公司的标价、安全边际和投资回报率

我曾经同时拥有10辆哈雷，尽管目前减少到1辆。我酷爱以巡航速度穿越广袤的沙漠，让风吹拂我日渐稀疏的头发。

我骑哈雷摩托很多年，驾驶过很多里程，这家企业对我来说意义非凡。它的品牌护城河很宽，各项指标也提供了充分的支持。这家企业仍然由家族成员管理，管理层对企业的态度就好像他们期望着在今后100年里一直拥有它。这3个M告诉我，对我来说，这是一家可以拥有的卓越企业。（请记住，对我来说也许是卓越的企业，并不意味着对你来说也如此。你也许厌恶摩托车，认为应当禁止它们在高速公路上行驶。对于哈雷摩托为什么如此流行，哪些特质使其构成了一辆出色的摩托车，你也许摸不着头脑。不要仅仅因为别人也在买一家企业，你就购买。要买对你来说出色的企业。）

2000年年初，我所感兴趣的每家企业的股价几乎都扶摇直上，我因而寻思自己应当把钱投到哪里。我想请大家看一看我分析哈雷戴维森公司的情况。

2000年年初，我需要了解应当在什么价位上购买哈雷公司，才能在今后10年里获得起码15%的收益率。一个驾驶哈雷摩托的河流导游究竟是怎么算出来的?

准备好了吗？就像烘制蛋糕一样，我们需要把所有的材料都摆在橱柜上。这块蛋糕的原料不是鸡蛋、面粉、糖和牛奶，而是当前的每股盈利、预期每股盈利增长率、预期市盈率和最低限度收益率。现在我们把它们混合起来，对10年以后的市场价格做出合理的预测。有了这一数字，就能找到我们今天要想赚取15%

的收益必须支付的价格——标价。

好了，2000年年初哈雷公司的当期每股盈利为89美分。很好。第一种材料放在了橱柜上——当前每股盈利89美分。

接下来计算一下预期每股盈利增长率。选择历史增长率或者分析师预测的增长率中较低的数字。我已经算出了5项重要指标并且核查了公司的债务状况。因此我只需回顾一下这些数字，就能获得历史增长率。按照重要性的次序排列：股本24%，每股盈利25%，销售额24%，现金流35%。大家知道，我将直接找到股本，因为我想用它作为增长率预测的指标。但是我还想从每股盈利和销售额中得到证实——这些数字的重要性仅次于股本。而现金的增长率使我感到吃惊：每年35%的现金增长率是一个庞大的数字，因为它在两年多一点的时间里就能使这家企业的现金翻一番（我仅仅用72除以35就迅速地算出了这一数字）。我怀疑哈雷公司是否能长期保持这一增长率。在现实世界中，这一数字太高了。股本增长率为24%，就是说每3年翻一番。我不知道24%的增长率对哈雷公司来说是否可以维持，但是这与历史数字肯定是相符的，因此我打算采用历史数字。这样我的历史增长率就是24%。现在看一看专家们都说了些什么。

我在一家理财调研网站查看了哈雷公司（标识为HDI），发现分析师们对今后5年的预测是24%的增长率。我猜想他们英雄所见略同。这样就没有什么可犹豫的：就是24%。

现在我可以运用72法则算出每股盈利翻一番需要用多少年。答案：3年（72除以24）。因此，哈雷公司的每股盈利每3年将翻一番。在10年里就是翻倍3次多一点（因为3×3＝9，接近于10）。好了，现在我可以算出10年后的每股盈利。当前每股盈利0.89美元，四舍五入为0.90美元。90翻一番是180，180翻一番是360，360翻一番是720。结果，我预期10年后每股盈利为7.2美元稍多一点。我就用7.5美元（确切的数字是7.65美元）。

现在我需要算的是预期市盈率。默认的预期市盈率是把增长率简单地翻倍，则默认的市盈率就是48。这个数字很高，因此我打算看一看历史市盈率。我查看了一下，是46，也很高，但却起码证实了默认的数字。因此就是46。这就是我所需要的全部，以计算这家企业从现在起10年后每股的价格。我用预期每股盈利7.5美元乘以预期市盈率46（7.5×46）。我得拿出计算器来计算了。答案是345美元。现在我知道了345美元就是我对这家企业在从2000年起10年后每股售价的最准确的猜测。现在算出当前需要支付的价格，即标价。（请注意，我没有看实际的市场价格，因为当前的市场价格并不重要。目前我还不在乎"市场先生"对这家企业要价多少，就像我不在乎某个汽车销售商对我想买的一辆新车的索价一样。我首先要弄清我应当支付多少。）

这很容易。由于我将在10年后以每股345美元卖掉这家企业，所以我将用345除以4，得到86（准确的答案是86.25美元）。

这样，我就算出2000年年初，哈雷公司的标价是每股86美元。如果我以86美元的价格买下，就很可能会在今后10年里每年赚取15%的收益。当然，这是假设一切都按计划进行，而这是一种幼稚的期望。我需要一个很大的安全边际。要记住，我想要花50美分购买1美元的价值。如果我有86美元的价值，我就想以43美元的价格买到。我的安全边际价格就是43美元。最后，要看看当前实际的市场价格，决定是否立即买下这家企业。

如果你不喜欢进行脑算或纸算，可以在我的网站上，用我的标价和MOS计算器计算标价和安全边际。只需输入数字。步骤如下：

1. 点击"标价"和"安全边际"计算器。
2. 在每股盈利（EPS）的方框内输入0.89。
3. 在"增长率"（Growth Rate）的方框内输入24。
4. "市盈率"（PE）的方框内有数字48。这高于哈雷公司的历史市盈率46，因此请将其改为46。

5. 投资收益率（投资回报率）的方框内有15%；保持原样，因为这是一号法则的最低收益率。

6. “年数”（Years）的方框中有“10”。由于我们是在进行长期评估，因而就保留原来的10。

7. 点击“计算”（Calculate），结果如下：

a.预期股价为351.86。

b.确切的标价为86.25美元。

c.确切的安全边际价格为43.49美元。

骑哈雷摩托跨越2000年到2005年

现在，我们要看看“市场先生”如何处理今天的哈雷公司股价。他是过于激动呢，还是行为怪异？如果他把这家企业的价格定得远远低于标价，他就是行为怪异。哈雷目前的售价为29美元（2000年）。我猜他是行为怪异，对吧？他将其定价于远远低于标价的水平。见鬼！他将其定价在远远低于安全边际的水平！这对我们来说很有利。如果我们在86美元的价位上能赚取15%的收益，以29美元购买能够赚到什么程度？

这是一个令人兴奋的问题，不是吗？于是我立即开始在自己脑子里画着“空中的馅饼”。如果我明天按每股29美元买下哈雷公司，而且一切都按计划进行，10年后我将其按345美元抛售，那么我的回报率是多少？我采取了如下的提问方式：倘若我花29美元买下，10年后按345美元出售，我的这29美元要翻倍多少次？我把29美元近似为30美元，开始在脑子里翻倍：30到60，60到120，120到

240，240到480。480太高了，240美元又太低，345美元大约在中间，所以我在10年里大约翻倍3.5次。这就是说，10除以3.5，稍低于3年。而我通过72法则已经知道，每3年翻一番就是每年24%（72除以3等于24）。所以3年少一点就意味着24%多一点。也许是26%？差不多（见下面的“秘诀”）。

无论如何，这都是一个很大的数字。我的收益率不是15%，而可能是26%。真令人高兴。

72法则的“秘诀”									
大致的翻一番的年数	2	3	4	5	6	7	8	9	10
增长率	36%	24%	18%	15%	12%	10%	99	8%	7%

以大大低于安全边际的价格购买是一件大好事，因为如果每年赚28%，与每年赚15%相比，致富的速度要快得多。快多少呢？如果现在有5万美元，收益率为15%，在21年里你会成为百万富翁。但如果每年赚取28%，就会在12年内成为百万富翁，就是大约一半时间，就能多过9年的富裕生活。

如果按29美元的价格把5万美元投资哈雷公司，10年后能够获得多少？请利用我网站上的投资回报率计算器进行计算：

1. 打开投资回报率计算器。

2. 在“年数”（Years）的方框内输入你打算退出企业前持有企业的年数，在这个案例中就是10年。

3. 在“投资金额”（$ Invested）的方框中输入5万美元，假如我们要投资5万美元。

4. 在“买入价”（Buying Price）的方框内输入29美元，即哈雷公司2000年的股价。

5. 在“卖出价”（Selling Price）的方框内输入根据以上数字预测的未来股价，在本案例中就是345美元。

6. 点击“计算”（Calculate），结果如下：

a.投资收益率百分比为28%。

b.投资收益率的金额为10年内60万美元。

c.达到100万美元的时间是12年。

2000年以29美元的价格购买哈雷公司是一笔十分合算的交易。这正是我们所寻找的十分划算的交易，因为其股价大幅上涨，安全边际很大。

哈雷公司的情况与预测的相符吗？并非完全相同。在2000年到2003年的经济衰退期间，哈雷公司不景气，2005年的业绩更加糟糕。股价从29美元上涨，但却在60美元涨停回落，到2005年6月撰写本书时为每股50美元。这时，假如我们购买并一直持有，则我们投资哈雷公司的收益率就会是……看看我的脑算结果。

从2000年到2005年大约5年。初始投资就算10万美元。我每股支付的价格是多少？29美元。我的抛售价格是多少？就算58美元。

29美元翻倍多少次达到58美元？翻倍1次。翻倍1次用多长时间？5年。按照72法则，如果我在5年里翻倍一次，我的回报率就是每年15%。

完全不是我所希望的28%。但另一方面，在有史以来股市最糟糕的时期，每年都获得15%，这是相当体面的，如果与一般共同基金50%的亏损率相比的话。

安全边际很大的魅力在于，你可以经受住一家企业、经济体和股市上的大起大落，而仍然免遭损失。

计算从2000年到2005年我们能够从哈雷公司获得多少收益的方法如下：

1. 再次打开投资收益率计算器。
2. 在"年数"的方框内输入年数：5。
3. 在"投资金额"的方框内输入10万美元，即我们的原始投资。
4. 在"买入价"的方框内输入29美元，即我们的原始购买价格。
5. 在"卖出价"的方框内输入当前的股价，在本案例中为58美元。
6. 点击"计算"，结果如下：

a.投资收益率的百分比为15%。

b.投资收益的金额为5年20万美元。

c.按照这一比率把10万美元变成100万美元所需的时间是16年。还要等11年。

通用汽车公司的标价、安全边际和投资回报率

如果对通用汽车公司进行同样的计算，再次假设我们在2000年购买，就会发现以下的情况：1999年每股盈利为8.53美元；预期每股盈利增长率为6%（我得出6%是根据历史比率和分析师们的预测之间的比较结果。4个增长率数字如下：股本为6%，销售额0，每股盈利3%，现金3%。分析师们所希望的情况比这要好，因此我决定使用通用汽车公司股本的增长率作为预期增长率——6%）；预期市盈率为12；可以接受的最低限度收益率是15%。根据这些数字，我们得到以下结果：

a. 未来股价（2010年）：183美元。

b. “标价”（2000年）：45美元。

c. “安全边际”：22美元。

问题在于，通用汽车公司2000年每股售价73美元，将近标价的两倍。如果花20万美元购买一辆价值10万美元的玛莎拉蒂轿车，卖掉轿车的时候就不会赚钱，无论这辆车多么非凡。通用汽车公司的情况也是如此。

假如在2000年以73美元的价格购买，在2010年以184美元的价格抛售，你就会发现：

a. 投资回报率为10%。

b. 投资回报金额为10年内25万美元。

c. 赚到100万美元所需的时间是24年（即2000年考虑购买哈雷公司时所需的12年的两倍。但哈雷公司的赌注仅为5万美元，而不是10万美元）。

这是假定一切按计划进行！就像哈雷公司的情况一样，通用汽车公司的情况也与计划不同——相差甚远。假如我2000年年初时违反一号法则，以每股73美元购买通用汽车公司，我就会大吃一惊：通用汽车跌到了25美元。就是说我的投资会赔掉2/3。作为一位一号法则投资者，我同时投资的企业只有少数几家，所以这样的赔本会严重影响我的投资回报率。因此，大家一定要信守一号法则，否则损失惨重。

何时下注

一旦掌握了标价和安全边际，我们就知道应当在什么价格上购买企业。不过还有几个问题必须考虑，然后才能着手用辛辛苦苦赚来的钱投资。

我经常碰到一个问题："通用汽车公司支付股息，因此我为什么不能为此给通用汽车加分，尤其我能够把这笔股息添加在我的投资收益之中，让其全部增值，一起计算复合比率？"我对这个问题的回答如下（请注意我并没有把股息计入对通用汽车公司的投资回报率的计算中）：

我的一位朋友就要举行生日派对。我应邀前去迎接她的朋友——一位83岁的老妪，把她带到晚会上。我到达养老院的时候，她挽着我的胳膊，颤颤巍巍地跟随我上车，路上我们谈到投资。她对必须找到坚持支付股息的企业笃信不疑。通用汽车公司就是她拥有的一家。

许多投资者都购买股票，而不是企业，期望着股票能够产生持续不断的股息，其他一切都可以去见鬼。因此，通用汽车公司借钱来支付股息：以保持形势一派大好的假象。因此这位83岁的老妪就继续相信幻觉，即通用汽车公司肯定万事大吉，不然就不会支付股息。我笑了笑，点点头，开车送她出席晚会，她在那里度过了一段快乐的时光。

只需记住我在本书前面说过的话：一号法则无论如何都与股息无关。一号法则投资者不容欺骗。我们关注的是以划算的价格购买卓越的企业。无论其支付股息还是用剩余的现金进行再投资，对我们都是有利的。但它必须是卓越的……股价也必须十分合算。

第十章

掌握抛售的时机

Know the Right Time to Sell

卖掉一家公司的适当时机是永远也不卖。

——沃伦·巴菲特

正如巴菲特先生所说，从理论上讲，卖掉一家企业的适当时机是永远也不卖。这是我们的最终目标：以十分划算的价格买永远也不卖的卓越企业。它一直使我们致富。这就是一号法则的极乐世界。虽然的确只有到抛售时才能实现收益，财富可能也全都“落在纸上”，但完全可以不卖。认为自己永远也不会抛售，这种观念上的训练对一号法则投资者来说很重要。

当然，大家并非总能够长期持有一家卓越的企业。并非所有企业都保持其卓越地位。就连巴菲特先生也时常卖掉一些企业。多年来，他对几百家企业进行了买卖。虽然买的时候他可能希望永远也不卖，但由于他是一位一号法则投资者，因此他大概也是在留有安全边际的情况下购买，故而准备了脱身之计，以免在情况不妙的时候赔本。而他购买并长久持有的企业很少。尽管他说，可口可乐是他永远也不会卖掉的企业，但1999年，当“市场先生”对可口可乐的定价达到疯狂的高度时，他非常后悔没有卖掉它。

尽管如此，一号法则投资的目标都是永远也不卖。不要忽略这一理念，因为它是你必须采取的思维方式，以发现和购买卓越的公司。

我们的巨额投资使我们难以灵活买卖。尽管如此，我也应该受到批评。因为，对于让人流鼻血的股价泡沫，我仅仅表示关注，而没有采取行动。虽然我当时说过我们所持有的某些股票被高估了，但是我低估了这种高估的严重程度。在我应当迈步前行时，我却纸上谈兵。

——《董事长的信》，沃伦·巴菲特，2005年2月28日

永不抛售：令人难以置信的好处

世界上最富有的人们成为企业所有者是有一定原因的：若论使我们的钱最快速积累的途径，则非企业莫属；因为我们不必找新的地方用每年的收益进行再投资。如果我们每年从一家卓越的企业中赚取15%的收益，那么到别的地方岂能获得如此高的收益率？除了一家为我们提供15%以上年回报率的企业以外，我们还有什么更好的投资领域呢？没有更好的替代选择。因此，把投资收益留在投资的企业之中（而不是退出）对于变得资产丰厚来说至关重要。无论退休与否，情况都是如此。

对一号法则投资者来说十分重要的是，能够把每年的收益再投资一家卓越的企业，并以15%以上的年复合比率使之继续增长。这意味着，起码从理论上讲，我们必须挑选少数卓越的企业，以十分划算的价格将其买下。我们肯定会发财。从那时起，所投入的钱会为我们发挥效益。

要牢记，我们对卓越企业的定义包括护城河的概念，而后者包括可预测性。如果企业变得不可预测，也许就是护城河已经被攻克。在这种情况下，按照一号法则的定义，这家企业就不再是卓越的，我们就应将其卖掉。

的确，世界上最富有的人们发财致富几乎毫无例外地是靠使其财富增长的企业。在《福布斯》杂志2004年的世界富豪名单上，第一位房地产巨头仅仅排在第34位，其次是排在第78位的唐纳德·特朗普。其他人全都是靠企业发财。排名前10的富豪是在科技（微软和甲骨文公司，分别排在第1位和第5位）、大众零售（沃尔玛，第6位到第10位）、食品杂货（第3位）、石油和天然气（第4位）、投资（位居第2的沃伦·巴菲特）等领域积累财富的。用爱因斯坦的话说，企业按照复合比率致富的威力（他特指的是复合回报率）是“世界上最强大的力量”。

例如，如果我们在2000年以十分划算的价格买进阿波罗集团。本例中，按每股10美元。到2004年年底，阿波罗集团的盈利增长已经大大超过300%，而我们并没有减仓（即把我们的收益）用于其他地方。我们将其全部留在企业，继续以大大超过15%的年复合率让我们的财富增长。到2020年，如果阿波罗集团能够保持这一增长率，我们再投资的盈利就会增长7000%。

假如我们此时决定退休。假定阿波罗集团的连续性和可预测性一如既往，2000年每股支付10美元买下的企业，2020年就能以每股1000美元卖掉——年收益率为25%。如果2000年时向阿波罗集团投入了1万美元，我们现在就拥有100万美元。是拿这100万美元去过退休生活呢，还是用这笔钱来做别的事情?

一只股票的价格真的能从10美元上涨到1000美元吗？企业很少会任凭自己的股价涨到每股1000美元。伯克希尔·哈撒韦公司、《华盛顿邮报》和少数其他企业是这样做的，但数量并不多，因为股价越高，找到买主的难度就越大（大多数人对为购买单独一股就要支付这么多钱望而生畏）。哈撒韦公司的A级股票目前定价为每股8万美元以上。巴菲特先生故意将其保持在这一高价，以阻止该股票的大量交易。

为了使自己的股价保持在80美元以下，大多数企业都在股价涨到或者超过3倍的时候将每股分成新的两股，新的每股价值是原先的一半。例如，如果股价是每股100美元，就分成两股，每股50美元，股票价值仍是100美元，但我现在拥有两股，每股50美元。这叫做股份分割（股份拆细）。因此，从现在起10年后，我们也许不会拥有价值1000美元的一股。而更加可能的是，每股价值20美元的50股，总价值为1000美元，而我们原先的投资为10美元。

如果在这20年的投资中，阿波罗集团的卓越地位有所减弱，或者定价严重过高，我们就会将其卖掉，不再介入，直到这一情况得到改善。虽然我积极倡导持有一家企业20年，但是实际上，很少有哪家企业20年中不会变得平庸。尽管如此，对一号法则投资者来说，不论在20年里维持一家企业还是一组企业，复合比率的计算都是相同的。

20年里获得25%的平均年回报率听起来很高，那就习惯吧。这是巴菲特先生50年来的平均数。这种情况也可能会发生在你的身上。

看看下面两组真实的卓越企业（分割调整后）股价如何暴涨：

- 沃尔格林公司：从50美分涨到48美元（1978年至2002年）。
- 沃尔玛公司：从20美分涨到64美元（1975年至2000年）。
- 戴尔公司：从4美分涨到42美元（1989年至1999年）。
- 安进公司：从10美分涨到72美元（1985年到2001年）。

这些公司（还有更多公司）都在20年或者更长时间里每年平均增长25%。最近10年来（2005年撰写本书时往前推），阿波罗集团（1美元到80美元）、全食公司（6美元到120美元）、托尔兄弟公司（4美元到48美元）、Urban Outfitters服装连锁店（1美元到50美元）、奇科斯时装店（20美分到35美元）和Bed Bath & Beyond寝浴用品专卖店（3美元到46美元）等年均增长率都在25%以上。如果在这第一组的任何一家公司（从沃尔格林到安进）投资1万美元，现在价值都已大大超过100万美元。而如果在第二组当中的任何企业（从阿波罗公司到寝浴用品专卖店）投资1万美元，现在的价值都超过10万美元，而且都是经过了历史上最严重的股价下跌之后的。

两种退休方式

我们可以有两种不同的退休方式：卖掉在阿波罗集团中的所有股份（价值100万美元左右），用这笔钱来还清抵押贷款，到世界各地旅游，并探望孩子们；也可以把钱留在公司里，省吃俭用地过退休生活。哪一种更好？

第1种：把全部阿波罗集团股票卖掉。缴纳长期收益税后，最终拥有大约85万美元。然后，投资回报率为4%的政府债券，这样，扣除税赋后，每年就有3万美元可以作为生活费。

这不是一号法则信奉者所采取的退休方式。

一号法则投资者知道自己能够用退休费投资，而不用担心会遭受损失。因此，只要阿波罗集团保持卓越地位，“市场先生”对其定价也在标价以下，我们为什么要全部平仓呢？为什么不让这100万美元以15%的比率不断增长，依靠其年收益生活呢？随着股本的增长，阿波罗的股价将会上涨。而其股本的年增长率为15%，因此到年底，起码从理论上讲，我们所持股票将会增值15%。我们在别的地方能够获得15%以上收益率吗？肯定不会是政府债券！

很显然，前提是“市场先生”是理性的。而他并非总是如此。阿波罗公司股票的价格可能会远远高于或者低于我们所期望的15%的增长率。对一位退休人士来说，这些起伏可能会造成情绪上的大起大落。

第2种：只需抛售部分，以方便生活开销所需，并让阿波罗股票以复合比率使我们的钱增加。年初时，我们曾拥有100万美元的阿波罗集团股票，它按照15%的比率继续增长，因而到年底，我们就有115万美元的阿波罗股票。如果我们仅仅卖掉来自这一年的收益，即价值15万美元的股票，并缴纳15%的长期收益税，就有12.8万美元的税后生活费。

相同的金额，结果却完全不同。开始时退休金的数额完全相同（100万美元的股票），一号法则投资者靠每月1万美元生活，而另一位百万富翁（他将阿波罗股票全部平仓，然后买了国库券）却依靠每月2500美元勉强度日。

这个例子突出了一号法则投资的优势：几年后，卓越的一号法则买卖就以很高的复合比率使我们的全部资金包括收益实现增长。因此，即使从很少的资金起步，我们也能在很短时间内过上富足的生活。

与拥有一套房地产公寓相比，想想它的好处。清偿公寓所需支付的全部管理费用、维修费、保险和抵押贷款之后，剩下的钱就是自己可以支配的——相当于一家企业的盈利。但我无法轻而易举地把这笔钱再投资这套公寓。我必须找到另外一项划算的房地产投资。我必须用自己所获得的全部收益来做这件事。而一家卓越的企业会用我的盈利进行再投资，使我的投资收益不断增长。

不过，在这个世界上，企业在用我们的钱以很高的投资回报率进行再投资时，往往会遇到问题，因为竞争对手学会跨越护城河，产业由于新的发明而被消灭，战争和经济危机能够使市场在很长时期里一蹶不振。因此，极乐世界是人们所希望的，但却几乎不能实现。怎么办?

答案是：平仓。

是的，有时候就应该平仓。但在何时?

何时平仓

平仓的两个时机：

1. 当企业沦为平庸时。

2. 当市场价格超过“标价”时。

1. 企业沦为平庸

按照一号法则的标准，一家企业之所以“卓越”，是因为我们想要拥有它，了解它，它拥有连续、可预测和耐久的护城河与“第5级管理团队”。按照其定义，卓越的企业往往会保持卓越地位。换言之，除非有重大变故，否则它们会永远保持卓越地位。一家企业从卓越变为平庸只可能有两个原因：外部的袭击；内部的叛徒。

外部袭击来自于已经越过护城河并正在摧毁城堡的竞争对手。这之所以可能发生，要么因为我们的管理团队没有守卫护城河，要么因为竞争对手使我们的产品变得过时。例如，文字处理器淘汰了打字机、飞机打败了铁路，DVD消灭了录像，CD消灭唱片和录音带，以及网络下载消灭了实体音乐店。成功的外部袭击总是在发生。这就是为什么必须了解自己所拥有的企业，以及为什么坚持要求建立耐久的护城河的重要原因之一。护城河在外来的袭击面前是容易防守的。

而内部的叛徒则不那么明显。内部的叛徒从你这一边变为站在自己一边的CEO。这很常见，因为成功企业的CEO们常常喜欢盲目扩充企业，而不喜欢做对企业所有者来说适当的事情。

在现实世界里，对每一家企业来说，增长的成本都逐步增加。因此，CEO在用我们的盈利进行再投资时，就无法获得我们所一直获得的那样高的投入资本回报率。虽然支付的广告费用增加，但是光临商店的新顾客却减少了。此时，作为投资者，我们就希望他把钱给我们，这样我们能够将其投资于另外一家增长较快的企业。

但CEO也许不会这样看，可能会想用这笔钱收购别的企业更好。对许多CEO来说，收购企业和拓展企业帝国的乐趣要远远超过打高尔夫球。这笔剩余的现款应当给我们，用于再投资能够以15%的年率增长的一家企业。而这些“内部叛徒”CEO却敲我们的竹杠，为的是在好友们面前显得体面。

“外部袭击”和“内部叛徒”的问题都在5项重要指标中显现。如果5项重要指标已经不足以使人有理由保留该企业，就把它卖掉。

2. 市场价格超过“标价”

我们在2000年收购像阿波罗集团这样一家企业，因为“市场先生”爱上了科技企业，对教育企业定价过低。我们获得了低于标价75%的价格。企业保持持续增长，“市场先生”终于认识到他在这家企业的定价方面犯了错误。于是，股价开始不断上涨。没过4年，该公司的股价就超过了其标价。

现在怎么办？该公司的成长仍是十分出色。销售额、每股盈利、股本和现金流都在稳步增长。投入资本回报率仍然很高、很稳定。我们难道不应留着它吗？难道不是永远持有吗？

阿波罗集团是一个很好的例子。2004年阿波罗集团的定价为每股95美元。我们是4年前以每股10美元的价格买下的，但是估算的标价为40美元，安全边际为20美元。它2004年的标价是多少？

由于企业一直在增长，因此我们必须重新估算标价。就像烘烤一块蛋糕一样，我们还是需要把所有材料凑齐。以下就是我们需要从理财网站搜集的数据：

- 每股盈利（2004年往前推12个月）：0.90美元。
- 分析师预计的EPS平均增长率：23%。
- 历史市盈率：62。
- 市场价格：95美元。

有了所需的数据，我们就可以考察5项重要指标，最终计算每股盈利增长率。在此过程中，我看到分析师们23%的增长率预测显得很出色。这意味着10年内3次翻倍（72除以23）。由于每股盈利为0.90美元，3次翻倍就是说在10年内将为7美元左右（0.90到1.80，1.80到3.60，3.60到7.20）。历史市盈率严重过高，因此默认市盈率为增长率的两倍：2×23=46。这样算来，未来股价就是320美元左右。由于标价总是未来价格的1/4，因此标价是80美元。

大家是否注意到，阿波罗集团的这些数字与我们曾经见到的哈雷戴维森公司的数字相同？仅仅是巧合吗？并不是。迅速增长的企业可能会徘徊在24%左右的范围内。通过反复分割股票，把每股盈利压低在1美元左右。许多企业都是这样做的。由于它们这样做，因此这些数字让大投资者感到舒适自在。

在我的网站上，大家可以计算阿波罗集团的未来股价和今天的标价与安全边际，步骤如下：

1. 打开“标价与安全边际计算器”（Sticker & MOS Calculator）。

2. 在“EPS”的方框内输入$.90。

3. 在“增长率”（Growth Rate）的方框内输入23%。

4. 在“市盈率”（PE）的方框内输入46（因为双倍的增长率要低于历史市盈率）。

5. 在“年数”（Years）的方框内键入10。

6. 在“可接受的最低限度收益率”（Minimum Acceptable Rate of Return）方框内键入15%。

7. 点击“计算”（Calculate）按钮，得到以下结果：

a. 10年后的每股未来股价为360美元。

b. 今天的标价为89美元。

c. 今天的安全边际价格为45美元。

今天的标价为89美元，但今天的市场价格是95美元（“今天”当然是2004年）。阿波罗集团的定价超过了标价，也远远超过45美元的安全边际价格。

往往，尤其是在股市上，一家企业的定价接近其标价的时候差不多就是巨头们（机构投资者）开始见利抛售的时候。大家知道，他们也能进行这些计算。要想让他们退出，只需出现某种问题：负面的分析师报告，报纸的消极报道，政府的管制，经济部门中的坏消息，被验证有误的预测，或者人们情绪低落，就开始见利抛售。请不要试图了解他们的思维，或者他们为什么决定抛售。可能是由于任何原因，也可能什么原因也没有。

一方面，对我们来说，这意味着从这一时刻起，我们要去为自己的投资另辟蹊径——去寻找安全边际更大的机会。另一方面，我们打算在抛售之后继续关注阿波罗集团。如果它再次变得十分划算并仍然满足4M的要求，我们可能会将其购回。事实上，我之所以把阿波罗集团用作一个实例，恰恰是因为它的股价轨迹使这成为可能。股价从2004年年中的95美元跌到2004年11月的65美元。但我们是否本应在此价位上将其购回呢？（请记住，我们为阿波罗集团计算的安全边际价格是45美元。）这是一个关键问题：应在何时购回价格低于标价的股票，我们是否必须等到安全边际达到50%的时候方才将其购回，我们能够在更小的安全边际上购回吗？这一问题的答案是肯定的。

安全边际的例外

假如两家企业的条件相同，如果我能够买下安全边际为50%的企业，我不会选择购买30%的企业。很显然，我会买下复合回报率最大的企业。但当阿波罗集团的安全边际达到30%时，还有什么别的企业可买，而且满足了4M的要求呢？在现实世界里，并没有很多卓越的企业以50%的安全边际在出售，而且对我来说有意义，其管理团队是我所爱，企业还具有宽大的护城河。

如果你一段时间以来一直在买卖一家企业，就会发现，与投资某种并不十分了解的东西相比，投资该企业会惬意得多。每当“市场先生”对企业的定价低于其价值的时候，我都会重新购买一些企业的股票：阿波罗集团、奇科斯时装店、全食公司、哈雷戴维森和其他令人惊叹的企业——从任何意义上讲都是相同级别上的佼佼者。每当这些企业在成长的道路上遇到挫折，“市场先生”都能够按照某种安全边际对其定价。

作为一号法则投资者，我们必须喜欢这样。因此请回答一个问题：把钱投在所了解的卓越企业中不是更好吗，即使安全边际并不像我们希望的那样大？回答是肯定的。但条件是我们初次投资以50%的充分的安全边际买进。这样做实际上使我们能够利用企业股价上涨所带来的收益进行回购。这使我们获得了额外的缓冲。请不要把安全边际的这一例外作为购买没有充分安全边际企业的借口。否则，可能会遇到麻烦。

好，现在我要告诉你我回购企业的原则。在按照很大幅度的折扣买进（安全边际要比标价低50%），且股价涨到标价水平的时候，当我们准备用之前收购带来的收益回购企业，则当股价从标价下跌20%时，我就会将其购回。卓越的企业总是有20%的股价变化。到2002年1月，哈雷戴维森公司股价已经涨到50美元标价的水平，因此我平仓了。2003年1月，它从标价下跌了20%多。因此是重新玩起哈雷的时候了。到2004年，它上涨到62美元，恰好达到标价的水平，我再次平仓；之后它再次下跌到45美元，即从标价下跌20%以上。这是再次购进哈雷的时机。到撰写本书的时候（2005年），哈雷公司的股价为52美元。只要哈雷公司始终保持15%以上的年回报率，我就会不断地买进。这一原则使我取得的实际收益达到每年将近40%。如果能够找到一家卓越的一号法则企业，并且知道何时买进和卖出，这就可能会发生。如果你认为必须考虑买进和卖出在纳税方面的后果，请打住。稍后我将深入探讨这一问题，并向你证明纳税不应阻止一号法则投资者灵活地买卖企业。

实际上，买进—卖出在很大程度上是自我矫正的过程。随着我们购买的卓越企业的股价越来越缺乏吸引力，其他卓越的企业将会出现。我们自然将会把资金转向潜在回报率最高而风险最低的企业。

如果你发现自己正在回购曾经拥有的一家企业，而且接受了它较低的安全边际，这意味着你需要开始寻找自己喜欢的更加划算的企业。一旦卖掉一家不再那么卓越的企业，只要把它放入观察列表，就不要总想着希望尽可能快地将其购回。要积极努力地寻找能够通过4M检验的其他卓越企业。做好准备工作。不要偷懒。最重要的是，要时刻牢记真正的一号法则投资者应该做什么。

消除疑问

在价格达到标价时卖掉，然后按照较低的安全边际以低价购回，这种方法要求我们必须从始至终牢牢盯住标价。否则，我们就容易猜测、幻想、期望。换言之，我们就会像“市场先生”那样非理性。而一号法则投资者必须对自己的决策有把握。下一章，我们来学习如何在投资中保持理性。

Grab the Stick

第十一章

股票下跌时的应对策略

机会永远属于谨慎的人。

——欧里庇得斯

虽然我们学会了4M，但仍然会犯错误或者违反一号法则。试想，即使我们把所有事情都做得很正确，甚至不犯任何错误，难道股票的价格在短期内就不会下跌，让我们损失财富吗?

如果你至今还没有想过这个问题，相信我，当你开始将一号法则付诸行动时，你心里肯定会打鼓，“我做错了吗，如果股价下跌我该怎么办?”我们需要解决这个问题。

方案1：掩耳盗铃

当你投资了股票，但股价第二天就开始下跌，而且下降幅度完全没有缓和的迹象。如果你未曾有过这种经历，经验人士会告诉你这并不有趣。对此，有一种解决方法就是安慰自己说“只要不抛售，就没有任何损失”。换句话说，假装什么事都没发生，自然没有违反一号法则，对吗？错，逃避现实，大错特错!

当市场行情表明我们的股票价格已经下跌，你我都不能假装自己没有亏损。因为只要亏损了，即使是短期的，也是明显违背了一号法则。所以我们必须借助其他的方法去解决问题，而不是掩耳盗铃。

方案2：补缺补差

沃伦·巴菲特给我们提供了解决问题的第二种方法。他毫不掩饰自己的损失，相反，他投资其他短期项目去获取更多的钱，从而弥补损失。如果你有能力做，不久便会发现其中的奥秘。巴菲特先生就足够精明去做这项买卖。事实上，他不仅是一位世界顶级的长期投资者，在短期投资上也同样优秀，并且他在短期投资上已经获利数十亿了，比如说债券、银、货币，还有套利交易。

你我可以做到吗？我们确实有能力做，但那是我另一本书谈论的话题。我不认为一号法则的学习者都想作为交易者在市场中进进出出。另一方面，我知道每个阅读本书的人都不想有任何金钱上的损失。既然用短期交易来弥补差额是一种绝妙的捷径，必然需要更先进的技术和更多的时间。因此我们需要另一种可能的途径。

方案3：不要亏本

我先讲一个故事：一名学生为了成为一名修道士在修道院苦修多年。一天他的老师走进他的房间，手里拿着一根细长粗糙的管杖对他说："你做得很好，我的孩子，只是还需通过最后一项测试。我将在一天后赶回来。如果你通过了这项测试，你将成为一名真正的修道士，加入我们的行列。如果你失败了，我将用这根管杖狠狠惩罚你。"那学生还没来得及问是什么测试，老师早已把门锁上离开了。学生只好反复思量着他将要面临的测试。

第二天老师回来了，手里拿着管杖说，"怎么样？"但还没等老师开口说下一句，学生便跳起来夺过管杖。老师微笑着说："欢迎你，师弟。"

言归正传，我们第三个选择便是巧夺杀威棒。

夺过杀威棒

你要像故事中的学生一样。不论你懂多少，市场仍然可以鬼使神差地使股价下跌从而把你打倒。这里，我就要提醒你怎样夺过市场的杀威棒，把市场的诡计戳穿。事实上，就在几年前这还是不可能的，除非你做大量的努力。而现在，弱势的小投资者却拥有一个可以超过任何一个大投资者的优势，下面我将向你们展示如何去开发这个优势，从而不让市场有机会打败我们。但首先你得理解到底是什么东西在暗箱操作，让股价浮动不定。

当我问别人，“什么控制着股价的升降？”有人说股价上升因为利率下跌，有人说因为上市公司有了很好的收益，还有人说因为公司起用了更好的CEO，抑或是美元升值等成千上万的其他原因，这其实都不对。

股价上升真实的原因只有一个，而且仅此一个：供不应求。我在第一章里陈述得很清楚，当今，美国拥有17万亿美元的股票市场，其中有至少14万亿美元来自于抚恤基金、银行基金、保险基金、共有基金。这些都被认为是机构基金。通常情况下它们运作巨额资金，一次能投资10亿美元。所以，它们其实就相当于市场。它们控制所有它们投资的股票的价格。如果买入多，价格便上升；一旦抛售，价格便毋庸置疑地立刻下跌。

这意味着从标价下跌50%的股票，如果机构基金继续抛售，那么在短期内价格还会继续下跌。尽管理性地讲，这种事不会发生。但请不要忘了，市场不总是那么理性。就像本・格雷厄姆告诉我们的那样，在长期中，市场是台秤，它可以提供每家公司的正确重量（价格）。但在短期中，市场就像投票器，完全凭感情计算出选票数量，给我们错误的计算结果（价格）。更甚者，券商决不会像企业所有者那样思考问题。他们从来不关心长期利益，只关心短期交易是否成功。

如果股价下跌使巴菲特不能从自己巨额投资的股票中轻易摆脱出来，他就必须在长期交易中考虑短期损失。正如他在2004年致股东的信中所说：巨额投资使我们难以灵活舞动。

如果巴菲特先生不能灵活进出，那其他“大户投资者”又能支撑多久呢？令人吃惊的是，在2005年的纽约股票交易所里，平均每个交易竟有345股（默罕默德·海地，《追踪数字》，《华尔街日报》，2005年6月10日）约5000美元，数目不太大，是不是？当你用5000美元做生意时，是否能想象出买卖20亿美元耗时多长？答案是40万次交易。比方说，我在X公司有1000万股。每次销售掉345股，就必须用3万次独立交易才能摆脱出来。这些交易要花费好几周时间，却不会对股市造成任何不良影响。但若大额出售，其他基金管理人就会看到，然后开始恐慌、抛售，价格以迅雷不及掩耳之势下跌，最终把我占尽的先机一扫而空。

股票价格不随世界政事、高收益或解雇CEO而变动。事件本身并不改变股票价格，只是资金对此做出反应，流入或流出市场，才真正改变股票价格。这些事件在短期中无关紧要，因为唯一改变股票价格的是机构投资者的所作所为。如果他们抛售，价格便下跌。但很显然，这些事件能够并的确影响着券商的决定。然而，股价最终的升降取决于机构投资的增加或减少。

供你参考：股票市场在过去的25年里一路走红，其中有部分原因，是基金管理人（基金的行为者和控制者）在20世纪80年代和90年代从固定资产报废的会计核算中收入很多，这超过了历史上股票市场所见证的数额。基金管理人必须在一些方面投资，他们倾注40多万资金，这时股价上涨了（这是一个大惊喜）。股价上涨因为相比以前有更多可以购买股票的资金。

这种情况类似于你坐在人头攒动的剧院，闻到一股烟味，那么你会冲向安全出口，还是安静地走出大门呢？很显然，如果你跑，其他闻到烟味的人也会起身跑向安全出口，这会引起慌乱，你就有可能永远出不去。所以你不必那样慌张地跑，应该尝试着安静地走出去，从容地走向大门。当其他人闻到烟味，你只管走自己的。相信他们最终会起立然后走出大门。当越来越多的人试图离开，出口就会变得拥挤，最终大家都会被大火烧伤。

这确实是发生在美国安然公司身上的事。当价格在60美元时，有大约5000亿基金购入。一些基金管理人“开始闻到烟味”并且动身前往门口，静悄悄地，井然有序地进行。因此，股价在未来4个月中缓慢下滑，从60美元到30美元。没有慌张，只是很稳定从容地抛售。500家基金仍持有股票。然而，现在有很多资金已流向出口，一些基金管理人开始担心他们没有能力把所有资金转移出去。而且错误的味道越来越浓重。这时，抛售变得不再安静而且股票价格在一个月之内从30美元下跌到了9美元。找大的买家越来越困难，所以500家基金不得不继续持有。之后，500家基金的退出引起慌乱惊跑，价格一夜之间从9美元跌到0。

工　具

那么，我们应该做什么呢？首先，应该明白我们不是天才。其次，应该明白我们不够强大。与巴菲特先生不同，我们可以自由出入。因此，我们应该利用这一优势。

对于基金管理人来说，完全买进或抛出股票，通常要花费6—12周。但我们呢？只要8秒左右。而且价格没有任何变动。更重要的是，我们可以在这8秒内，在不影响价格的情况下抛出。

股票价格由于基金投资巨额资金而上升，也因为他们抛售而下跌。如果我们能看到资金流动的状况，那会多么惬意啊。如此一来，我们在交易开始运转时就可以抢得先机。

细想一下，基金管理人花6周买好股票，使价格一直升高。我们要是可以看到他们的所作所为，那该多好！不过，这对我们真的有利吗？答案是肯定的。

事实上，那些天才已经为我们建立了一套完整的工具去追踪每只股票、共有基金、指数基金资金流入或流出市场的情况。这些工具只允许相信和赞成它的人使用。但是，互联网瞬间使我们得到进入专业领域的通行证，那里我们可以获得专业工具。更使人震惊的是：你我这些小人物使用这些工具远远比那些大户投资者灵活得多。下面我们开始吧！

我打算选三种电脑程序观察我所心仪的每一只股票。我称这些电脑程序为“3种工具”，事实上，它们并不那么神秘。几乎每个专家在某种情景下都会使用这些工具检验自己在交易中的竞争状况。几乎每个在线股票经纪人的网页上都会有这些工具，可以免费下载。这些工具的用处就是当大户投资者买进或卖出任何股票时，会给你一手消息。因为那些“大人物”占据了市场份额的80%。如果只有15%的份额，就不会那么有效了。但自从他们控制了市场，就比我们要笨重得多，行动也很缓慢。所以，即使有一点细微的变化，这些工具都会给予我们最快速的警告。

这些工具的有效之处在于：

1. 降低了亏损的风险。

2. 消除了ERI（投资情感法则）。

ERI（Emotional Rule of Investing）是投资情感法则，它的意思是：从买进那一刻起，价格就会下跌，下跌，再下跌。但如果你不买，价格会一直攀升，攀升，再攀升，直至你购买它……从那一刻起价格又会下跌，下跌，再下跌。

这些投资工具改变了我们感知市场的方式，也为我们提供了前所未有的好处。我们可以利用其做出正确的投资决策，并通过多种途径在竞争中遥遥领先，

即便对手是整个产业。就像列维特和都伯纳在《魔鬼经济学》里写的那样，信息的原始力量巨大："信息是灯塔，是棍棒，是橄榄枝，抑或是威慑？归根到底取决于谁在驾驭操纵，以什么方式操纵。"股票经纪人和基金管理人大多从信息中获取优势，并使我们相信自己根本无法理解它。而一旦信息通过网络传入我们手中，我们便立刻获得了筹码。就像列维特和都伯纳所说，网络"已经很大程度上缩小了专家和公众之间的差距"。这对我们很有利，而且幸运的是，不是只有天才才能学会怎样使用那些工具。

在一次演讲中，当我向观众解释机构投资者为什么会在市场中占有80%的份额从而有能力控制所有股票的价格之后，我反问道："到底是谁让市场价格下跌的呢？"当然是那些机构投资者。但前排的一个小伙子说："应该是我。只要是我购买的，任何股票价格的下跌，都取决于我自己。"这就是投资情感法则。

我们必须从投资情感法则中摆脱出来，必须学会当别人担心的时候我们迅速买进。而当别人告诉我们股价不会下跌时，我们以最快速度卖出。换句话说，一号法则投资者决不从众。不论当时市场行情多好，对于新手来说最好的选择就是量力而行，有自知之明，克服从众心理。

彻底消除投资情感法则，仍然需要很多的努力。4M已经帮助我们从理性的角度确定了购买一家企业的理由。现在我们只需要消除非理性的借口，即投资情感法则。用我的3种工具就可以做到。

下一章，我将向你们展示如何使用这些工具去决策，如何选择最佳时间买卖股票。换句话说，该何时夺过杀威棒。

谨记：

1. 机构投资者驾驭市场，但只能很缓慢地运转，就像巨大的巡洋舰一样，动作很容易暴露。
2. 小投资者可以灵活自如地操作，就像冲浪运动员。我们的动作细微但迅速，所以相对隐蔽。
3. 3种工具告诉了我们巡洋舰的运作要领，使我们可以领先于它们。而且当巡洋舰扭转过度以致不能回头时，我们会获得第一手消息。这3种工具让我们不会受到任何经济损失。

The Three Tools

股票交易的3种工具

第十二章

任何技术，只要足够先进，就无异于魔术。

——阿瑟·C. 克拉克

一旦一家卓越企业通过了4M检验，我们想要收购时，这3种工具就会派上用场。

这3种工具可能不是最好的，但却是最适合我的。此外，在很多理财网站上都可以免费获得。我先要告诫大家，你们大概不会找到与本章一模一样的图表。

这些工具会稍有不同，要看是在哪里获得的。但从我提供的例子中，可以大致了解一下应当如何运用这些工具。一旦了解了这些工具（一些人称之为“技术指标”），则不同网站上的工具的差别就会无关紧要。请小心不要被表象吓住。现在请不要自找麻烦，试图了解其技术架构。只需学会如何破解信号，知道工具是说“买”还是“卖”。

开车时若遇到红灯或绿灯，你是坐在那里思考这些灯如何变红或者变绿吗？不，你知道一个是走，一个是停，会听从指令，不问任何问题。这就是我希望你接触这些技术工具的方式。学习如何读懂信号，采取行动，而不要试图弄清楚信号是如何产生的。

如果你习惯于一家网站上的工具，尽可以不断加以利用。关键在于，要使用可以信赖的一套工具，以免“市场先生”找到机会来动用其“杀威棒”。

工具的威力

在前面的章节中，当我开始讨论这些工具的威力时，你可能会觉得它们只是最近才出现。事实上，它们已存在很长时间，它们使我避免在2000年及以后和其他人一起沉没。但直到大量金融研究数据迁移到互联网上，这些工具的威力才成为普通小投资者所需要的。对小人物来说，关键是我们不用再做数学运算了。电脑帮我们完成这些，然后在一瞬间绘制出数学推导出的图表，这在过去需要几个小时。我们不必计算当日交易所带来的变化，并将它们应用到给定股票的图表中，然后为我们感兴趣的每一家企业重复这些计算和绘图任务，今天所有这些都是电脑为我们自动完成的。我们所要做的就是知道如何读懂工具带给我们的信息。

大约8年前（从2005年倒推），我开始在网上做所有工作。在此之前，我从未使用这些工具。一位朋友说，我应当试一试，因此我上了一个课程，并喜欢上我所学到的东西。1998年时，我并没有看到很大区别，不过我所收购的一切都在上涨。1999年8月，这些工具显示我得退出市场。市场行情下跌了，而我并没有赔钱。我想这好极了。1999年10月，工具显示庄家即将回购我的那些企业，于是我重新参与进来，吃惊地看着行情直线上涨，尽管当时有可怕的警告说2000年1月1日电脑会崩溃，世界末日的决战会爆发。2000年3月，工具显示庄家又要退出了。于是我卖掉一切，惊愕地看着整个市场一落千丈。如果经历过像2000—2003年的那种暴跌却并没有赔钱，而大家却都赔得精光，你就会成为一名“信徒”。对于从事一号法则投资的小投资者来说，这些工具提供了宝贵的帮助。

我的一位学生问我：“我的基金管理人难道不是也拥有这些工具吗？如果他有的话，而且工具很出色，那么从2000年到2003年，他为什么赔掉我的一半资金？”问得好。可以肯定，你的基金管理人拥有这些工具。这些工具就是为他们制作，还记得吗？（永远不要以为这些威力巨大的工具是为你我制作的。但具有讽刺意味的，且出乎基金管理人预料的是，渺小的投资新手能够比专业人员更加出色地使用这些工具。）

对于这个问题，我们已经探讨过：基金管理人操纵着几百万。在此过程中，他改变了工具所发出的信号。如果信号是你自己创造的，就很难从这些工具中观察到进入或者退出的信号！如果基金管理人开始进入（请记住，他需要花费几周时间才能买进），信号就会改变。但是，如果他等待工具告诉他进入，就为时已晚，因为他要转移这么多资金需要花费的时间太长。

如果你对此有任何疑问，可以进行第一手的检验，把5万美元投入交易量小的股票——日交易额5万股，每股10美分。购买50万股，看一看这些工具的信号都发生什么变化。你会看到每项工具都高呼“买进”，在你开始行动之前，股价扶摇直上，从10美分达到15美分、20美分！到你完成购买的时候，价格也许会达到80美分。看来不错，一直到开始抛售。你会再次看到自己正在改变工具，只不过现在它们高喊的却是“抛售”。突然间股价会一直下跌到3美分，就是在你退出之前——如果你能够退出的话。只需进行一次尝试，你就会认识到对于基金管理人来说，用几十亿美元投资是多么困难，以及为什么除了运用一号法则投资者之外，几乎没有人能够在20年以上的时间里打败市场。

好了，让我们看一看这些工具都是什么，以及如何使用它们。

3种工具

1. 工具一：指数平滑异同移动平均线

第一种工具就是MACD——指数平滑异同移动平均线（Moving Average Convergence and Divergence）。MACD是经济学家杰拉尔德·阿佩尔博士（Dr.

MACD是两个移动平均线的组合，一个是快的，一个是慢的，以及它们的相互作用（它们的收敛和发散）。

Gerald Appel）研究得出的，最能稳定显示股票重大变化趋势，并且是世界上最常用的技术指标。它的作用主要是考察短期里股票平均价格的变化。它显示上涨或者下跌所形成的压力何时增大，就像消防水龙上的仪表一样。由于市场上的绝大部分资金都是机构投资，因此实际上，MACD显示的就是庄家何时偷偷进入或者退出。

学会解读MACD，唯一的目的就是了解是否买进或者卖出，要比弄清其背后的技术原理简单得多。MACD利用移动平均线（MA）。移动平均线是某个时期里价格的平均数。每天收盘后，移动平均线都自动重新计算。【大多数MACD都采用指数移动平均线，以去除不必要的上下跳跃，使曲线比较平滑。这些称为指数移动平均线（EMA）。EMA比MA更倚重近期数据。】

MACD利用3条EMA：缓慢的EMA、快速的EMA和“触发线”EMA。阿佩尔博士的研究发现，最佳的缓慢（即长期）EMA是26天的EMA，而最佳的快速（即短期）EMA是12天的EMA。他的MACD电脑程序对两条移动平均线进行了指数计算，然后计算了两者之间的差异。这一数字就是当天的MACD的标绘点。然而仅仅这一点是不够的。此外他还发现，当他用当天的12—26天MACD对照着9天的EMA进行绘图时，两条曲线偶尔交汇。他的研究显示出，当MACD在9天EMA上方交汇时，股票很可能会继续涨价，而当它在股价下方交汇时，股价就很可能会继续下跌。他把这一交汇点称为“触发点”（trigger point）。之所以取这个名称，是因为当MACD线与9天的EMA线交叉时，引发了一个“买进”或者“卖出”的信号。托马斯·雅斯培（Thomas Aspray）为一条MACD添加了一个柱状图（表示频率的分布）。这条MACD用山谷的形式显示出交叉。这些山谷在零线上变成高山，这样，我们就能比较容易地看到“触发点”。我已经喜欢上阿佩尔博士对12—26—9天MACD的一项修正，就是稍微快速和反应比较积极的模型——8—17—9天MACD。MSN网站的默认模式是12—26—9天的，大多数网站也都是如此。但是由于我所搜寻的是即将快速涨价的股票，因此这条反应积极的MACD所包含的上涨变动较多，因而使我赚到更多的钱。

正如我曾经提到的，我认为MACD类似于一条水龙上的显示出水龙压力的仪表。如果压力上升，就是有人正在给水龙加入更多的水。如果压力下降，就是有人正在关掉水龙头。同样，如果MACD上的“仪表”显示出上升，就是有庄家正在把更多的钱投入到这种股票之中；如果MACD上的“仪表”显示出下降，就是庄家（或者许多庄家纷纷）把大量资金从这种股票之中抽走。典型的MACD如下页图所示。

首先让我结合前面所述来解释一下你所看到的是什么，对MACD如何发挥作用加以简介。

此图包括从2004年9月13日到2005年1月17日的4个月左右的时间。数字零处的线称为“触发线”。这幅图呈现为触发线下方的一个柱状图山谷和触发线上方的一座柱状图高山。山谷和高山是标绘出以9天触发线为基础的8—17天MACD的柱状图。三角形表示MACD与9天EMA，或触发线交叉的时点。这幅图是表明买进或者卖出的触发点的柱状图。

在大多数MACD图中，你还会看到MACD呈现为一条线，触发点也呈现为一条线。当两条线交叉时，也是触发点。在这类图上，各条线在山谷变成高山的时

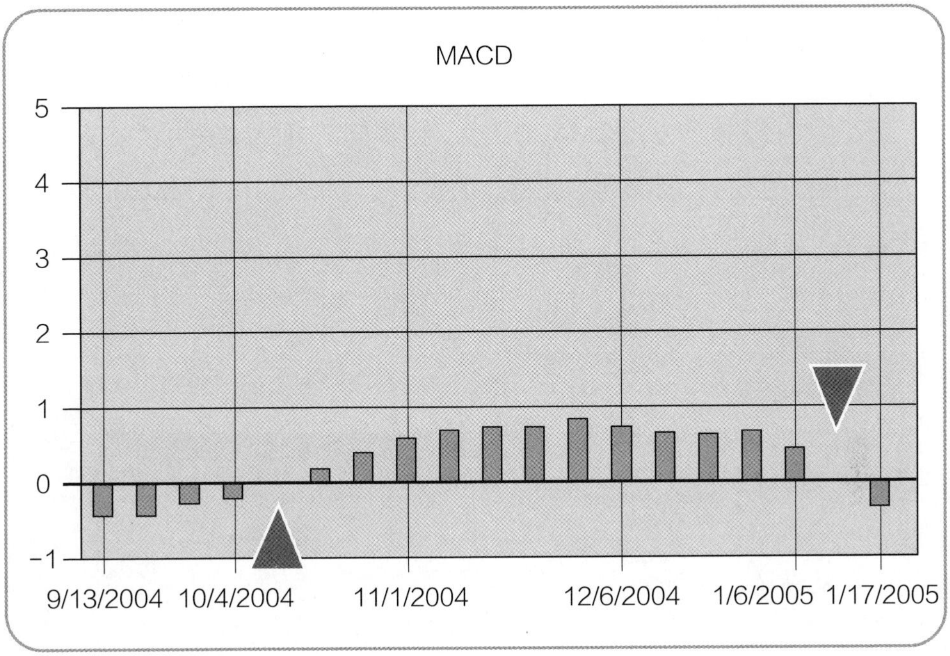

点上交汇。它们所显示的是同一种东西，但一些投资者喜欢交叉线图，另外一些人喜欢高山和山谷图。在触发线下方与之平行的是时间线。触发线上方和下方的数字用于更加复杂的分析。你需要知道的是如何解读这幅图，目的只有一个——察觉资金的流动方向。而做到这一点只需察觉山谷和高山之间的变化。

如果山谷开始变成一座高山，具有什么含义?（我在这一点上插入了一个向上的三角形。）在这一点上，庄家一直在把大量资金投入到股票之中，因此重大的涨价变化即将发生。这就是我们想要买进的时点。在这个时点上，我们的风险是这只股票将要跌到谷底。在高山开始变成山谷的时点上（我在这里插入了一个倒立的三角形），庄家已经把足够多的资金从股票中抽走，因而价格很可能会严重下跌。这种情况发生时，亏本的风险就会增大，因此我们就退出。很简单。

当在网站上查阅MACD图表时，你会发现有许多种方式。比方说，你可以改变图表上的设置以便它能够更快或更慢地制作出图像。就像改变水龙带的压力计，你可以调节其敏感程度。

即将出现高山，买进。即将跌入山谷，抛出。

为了用自己喜欢的方式看MACD图表，你需要用一种特殊的方法来设置。即输入3个特殊的数字。你就可以用默认的数字设置来使用任何MACD。但如果改变数字，那些信号也会变。如果要像我这样使用工具，就要改变默认值。以MSN理财为例，选中MACD并点击“设置”选项，如下图所示。

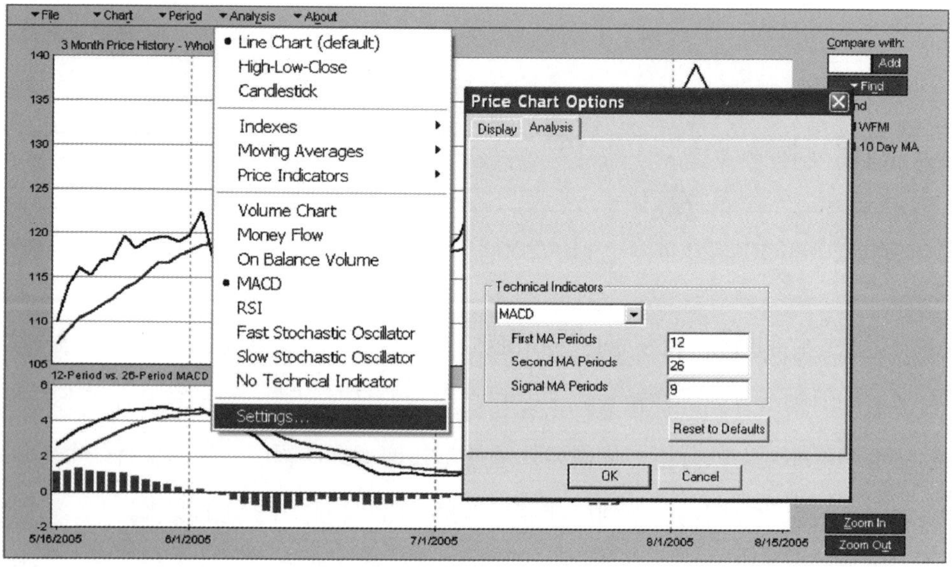

你可以把12-26-9变成8-17-9。这样就使“压力计”更加敏感。如何使用这些工具都取决于你自己。相信我，工具可以提供专家意见，如果你想做技术性的交易，可以上很多课程，然后买一些先进的专利软件。但我们只是为了打下一号法则投资的牢固基础，我介绍的方法就已经足够了。

当然，我们需要多方面证明那些大户投资者到底是要买进还是卖出，因此还会有更多的候补工具。

2. 工具二：随机指标

第二种工具是随机指标，是乔治·雷恩博士（Dr. George C.Lane）开发的。

该工具可以追踪超买或超卖的行情。当机构投资者开始抛售，其他人跟风加入时，就产生了超卖。那样就产生了价格下降的巨大压力，引起短期机构投资者的担心，进而产生恐慌。此时其他机构投资者等待着，直到他们认为股价已经足够低，然后开始买进。所有这一切，随机指标工具都监控着并且告诉我们应该买进。下面是一个图例。

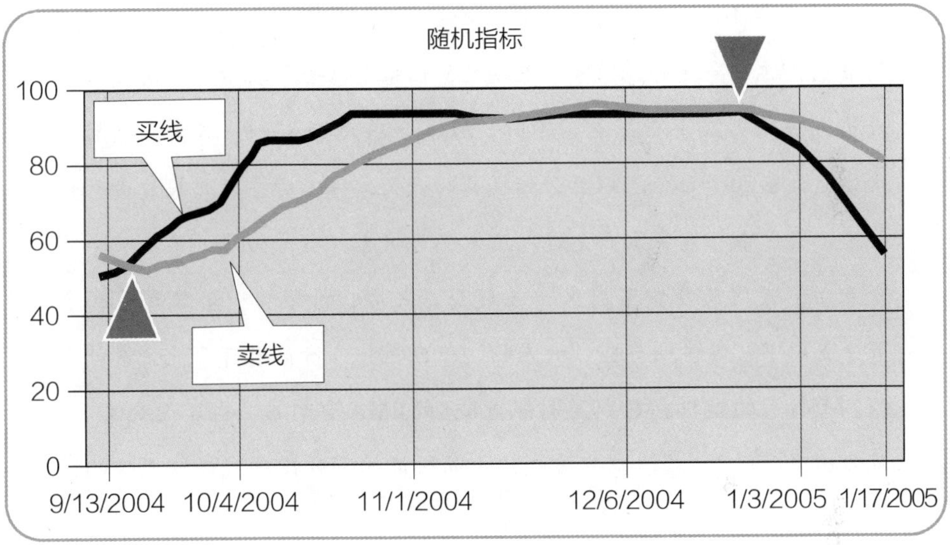

图中一条线被称为“买线”（buy line），而另一条被称为“卖线”（sell line）。当买线与卖线相交，并在卖线上面时（我插入一个向上的三角形），随机指标表明股票开始由供大于求（有很多卖家）转向供不应求。这正是买进的好时候，然后那条买线开始回落（我插入一个倒立的三角形），这表明股票供不应求（有很多买家）。之后，这条线向供大于求发展。这正是抛出的大好时机。没有什么深奥的。

买线交叉上升，买进；买线交叉下降，抛出。

随机指标观察一定时期内股票的高价或低价。雷恩博士的调查研究表明，14个交易日最合适。他开发的计算机程序可以找出14个交易日中的最高价和最低价，并计算出当天收盘价落在哪个范围，以百分比的形式表示出来。如随机指标为57时，意味着在过去14个交易日中最低价为0、最高价为100的区间内，当前股价处于第57个百分点，或差不多一半的位置。这本身没有什么令人激动的，但雷恩博士和其他研究者发现当价格下跌到第20个百分点以下时，股票会供大于求——超卖。然后当价格达到第20个百分点以后开始提升时，又意味着那些大户投资者开始买进，股价很可能会上升，进入正常交易状态。当价格超过了第80个百分点后，股票又会供不应求——超买。之后，价格会一路跌到第80个百分点以下，这说明那些“大人物”正在抛售，价格很有可能会继续下跌。MSN上的随机指数线是对照着5天的EMA绘制的，当二者交叉时，就会出现“触发点”。这种方式比上面所说的百分比形式能够提供的预警要早一些。

用MACD，你可以编程设置你所喜欢的随机指标图观看方式——信号灵敏的程度。随机指标既可以被调快也可以被调慢。我更愿意以中等速度观看，这样在买卖时不会总是受到双重损失（也就是慢速推动器不会像快速推动器出错多）。我最喜欢用两个数字的慢速推动器。第一个数字涵盖了周期时间，我用的是14个交易日。第二个数字创立移动平均数来提供触发点。我喜欢5天的移动平均数。MSN的默认值是5-5，我发现其有很多触发点。所以我们用14-5，图表的左方是百分数。当随机指标曲线上升通过第20个百分点，便是一个积极的信号，同样当它下降通过第80个百分点，就是一个消极的信号。在14-5线之间总有预示发生变化的信号。这是我们可以买进的征兆。20%到80%只是用来进一步确认。

3. 工具三：移动平均数

> 移动平均数是一定时期内收盘价格除以该时期天数。

我喜欢用的第三种工具是移动平均数。这项工具在特定时期里追踪价格的平均数。有很多技术交易者用移动平均数做买卖交易。移动平均数消除日常价格中的起伏，并给交易者一种直观的了解（技术交易者甚至不用考虑企业的价值）。他要弄清楚的是这些技术线图显示的价格是升还是降。这是对EMT时代的回归。

特定的移动平均数是一种对股票价格上升下跌的心理障碍。你可以把它们想象为价格的地板或天花板。当价格上涨过移动平均数，就打破了心理上的天花板，创设了一种新的短期高价，那预示市场对于这种股票的态度很积极。否则，就意味着市场的态度转为了消极。并且，你不得不去重新设置所使用工具的数值。

MSN上有两种选择：10天或50天。我喜欢用10天的移动平均数，因为不像MACD和随机指标，我希望这种工具能提供一个早点的信号，这是因为移动平均数通常是最后一个决定买还是卖的信号。所以把它的速度调快，可以更好地与其他两个工具相吻合。

下页图中的黑色曲线代表股价，灰色曲线代表移动平均价格。随着价格曲线与移动平均数相交（我已经插入一个正三角形），股价冲破天花板时，市场开始转为积极，这是买进的信号。反之（我已经插入一个倒立的三角形），价格冲垮了地板，市场转为消极。什么时候买卖，很容易掌握。

当价格曲线上升到与移动平均线相交时，买进。
当价格曲线下降到与移动平均线相交时，抛出。

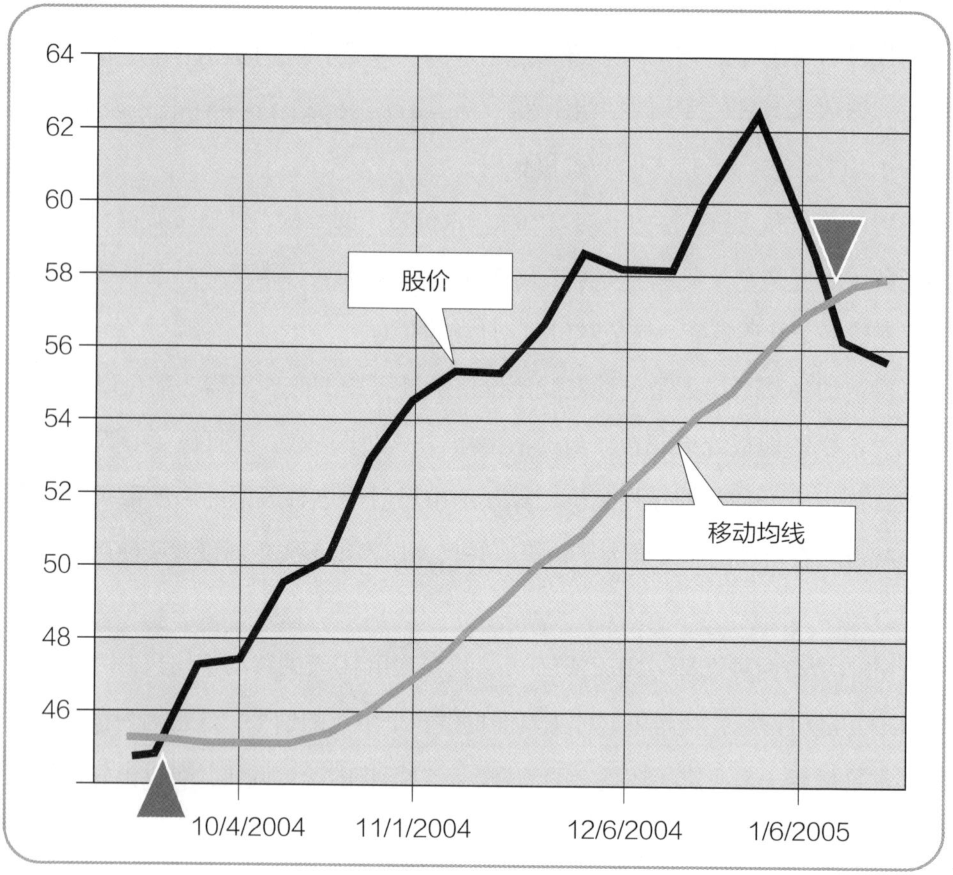

这3种工具覆盖了整个市场走势和市场心理。也许对于你，要想读懂这些工具，还会有些难度。你需要花费一定的时间把它们凑在一起整体把握。我建议先做很多模拟交易。模拟交易给你充分使用这些工具的机会，使你远离亏损而且自信满满。

当3种工具都说“买进”，照它们说的做。当所有都说“抛出”，你就知道该做什么了。没错，就是要等所有工具都发出同样的指示。下页星巴克的图表显示出了当所有工具显示应该买入时应该怎么做。

注意第一个说“买进”的工具是随机指标，时间是9月20日。我们经常把随

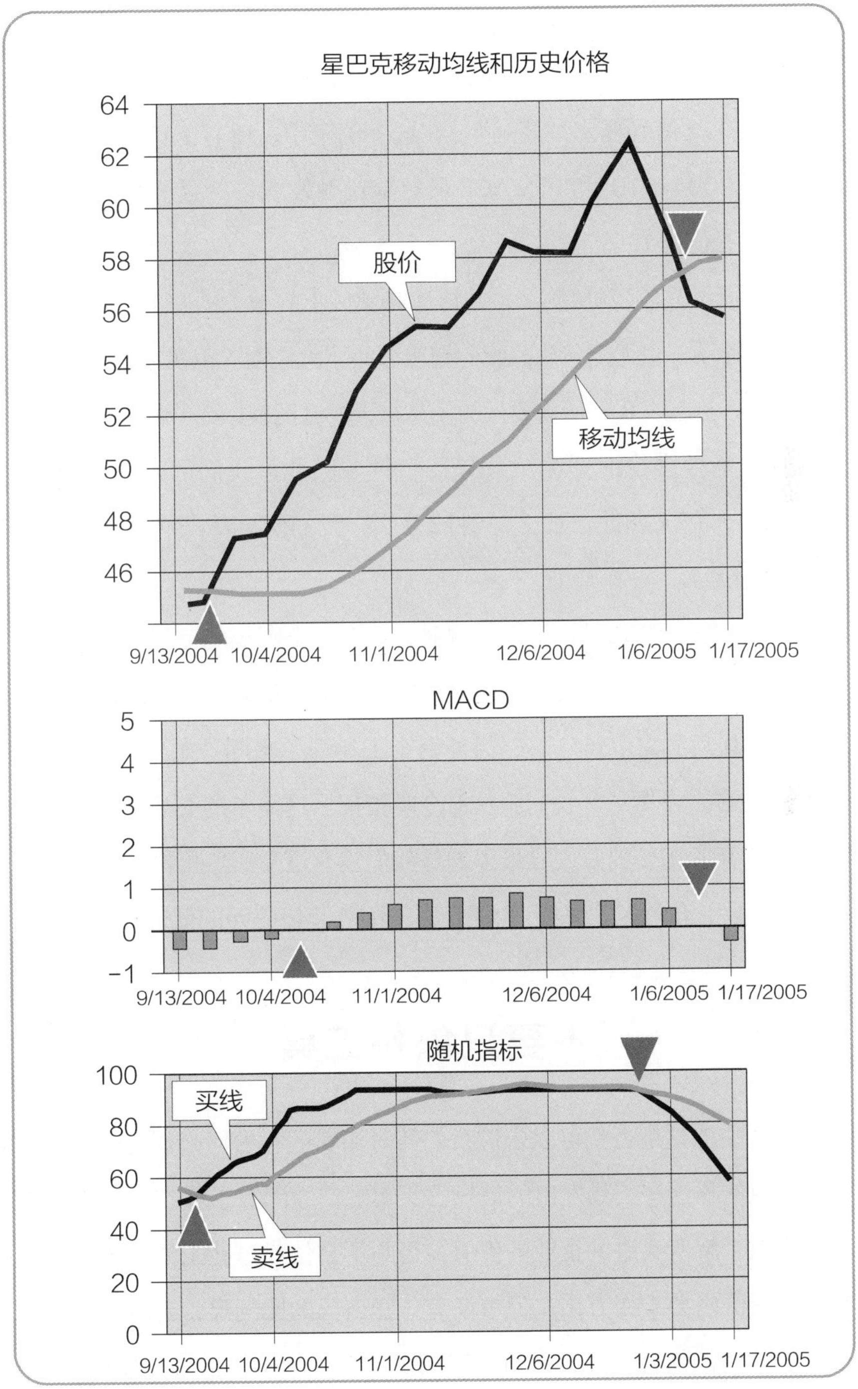
星巴克移动均线和历史价格
64
62
60
58
56
54
52
50
48
46
股价
移动均线
9/13/2004 10/4/2004 11/1/2004 12/6/2004 1/6/2005 1/17/2005
MACD
5
4
3
2
1
0
−1
9/13/2004 10/4/2004 11/1/2004 12/6/2004 1/6/2005 1/17/2005
随机指标
100
80
60
40
20
0
买线
卖线
9/13/2004 10/4/2004 11/1/2004 12/6/2004 1/3/2005 1/17/2005

机指标设置成发出早期警告信号的工具。第二天，移动平均数说“买进”，因为价格在短期内高过了平均数。但我们得等待MACD，我们要每天定时耐心检查图表，直到所有工具信号显示“买进”。在这个例子中，所有工具发出信号用了两周时间。截至2004年10月7日MACD最后穿过触发线，并且所有工具都通知我们进入。那时股价为49美元。

假定我们已经完成了4M测试，并且在49美元上有很大的安全边际，那么就可以买它。没有冲动，也无需猜测。我们知道那些“大人物”正在买进，所以我们紧随其后。从那一刻起，我们所需要做的便是每天察看图表以等待抛出脱手的信号。

查看图表需要多少时间呢？只有15秒钟。因此，我们每天检查，10月，11月，然后12月，每天如此。那么，到12月底，我们便会第一次从随机指标图那里获得抛售的信号。

现在，我们真正开始关注了。但同时，只有一个消极的信号的话，股市会继续运作，所以我们会仔细观察可能发生的一举一动。价格开始下跌，却并没有很明显的征兆。最后到2005年1月，另外两个工具开始喊叫“抛出！”这时价格大约在57美元左右。当然了，我们服从命令听指挥。这简单的交易让我们在3个多月的时间内获得了16%的收入。最棒的是我们没有遭受股票价格下跌的风险。当我们抛出离开后，价格从57美元迅速下跌，降到了46美元的低价。

不要只依赖工具

那么，这些工具是否就可以告诉我们何时买卖呢？为何必须完成所有4M测试？何不单纯依靠这些工具发出的信号去买卖呢？原因在于：在长期里，我很确信，除非你很了解所买进的企业的价值，否则不会依靠这些工具来赚钱。请牢记在短期中股票价格会千变万化。但市场有一套自己的比例尺，会适当地权衡每一次交易。这会使任何公司都会在每一时刻发出正确的价格信号。如果你忽视4M

并意外购买了高价股票，这些股价会最终自我更正，回归到标价。

那些只依靠工具做买卖的人会发现，随着股价调整接近真实价格，自己总是反复在不同的地方出现小的损失。尝试用工具做股票交易，就像千刀万剐一样，在真正宣布惨败之前，也许只是多次损失0.5%或1%或2%。如果你以低于标价（真实价值）的价格买进，这些工具就会发挥威力，让你不受损失。

依我之见（重量级人物巴菲特、格雷厄姆也都支持），在任何投资中稳赢的唯一方法，就是以低于价值的价格买进。这样做会让你不冒任何可能破产的风险而变得十分富有。对我来说，这比那些赌博的转轮更有吸引力。我喜欢十拿九稳的事情。

但如果你犯错了而且没有在低于价值的情况下买进，会发生什么呢？如果你弄错了每股盈利的增长比例或市盈率，会发生什么呢？如果你正用大笔的钱购买处于最高价的股票，又会发生什么呢？即使如此，这些工具也会保护你，而不是把你留在无尽的空想和期盼中。

在2000年，苹果公司让人很难捉摸。而且5项重要指标十分不统一，以至于我不能确定标价。但这决定着我是否抛出股票。如果你在2000年 9 月购买苹果公司的股票，那时的股票是30美元每股，9 月 8 号股价就升高到32美元每股，这时候所有工具不约而同喊“抛出”！那你如何抉择呢？你抛出离开了。价格马上直线下降，两周后股价下跌到了每股28美元。

然后苹果宣布它将无法实现本季度的所有预期，因为一年中这一季度比计划中的要糟糕许多。苹果在收盘后宣布了这一消息，所以下个交易日之前，没有人敢再买进或卖出。当第二天市场开盘，很多机构试图抛售苹果。但在28美元的价格下，根本没有买家。就算股价下跌至27美元、26美元，甚至是18美元，也没有任何买家。直至股价跌至13美元每股。但还没有结束，最终在12月中旬时暴跌到 7 美元。

这个教训很深刻：如果你已经有这些工具了，并且使用过它们，你应该在

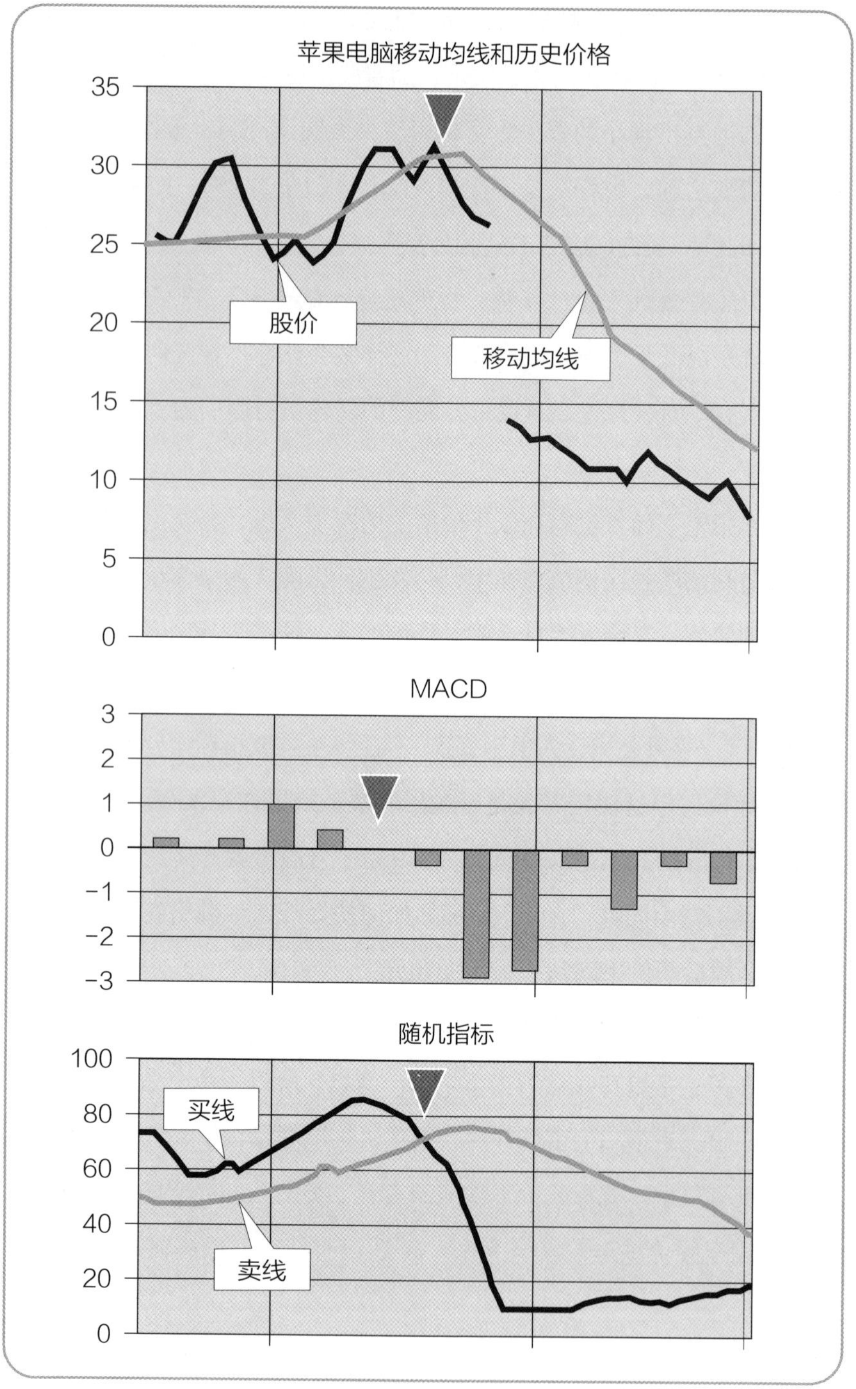
苹果电脑移动均线和历史价格
35
30
25
20
15
10
5
0
股价
移动均线
MACD
3
2
1
0
−1
−2
−3
随机指标
100
80
60
40
20
0
买线
卖线

30美元的时候离开。如果你仍然认为苹果股票符合一号法则，你可以用8美元买进。接下来我们该学习如何利用这些工具进行自我保护了。

值得我们注意的是，所有工具都说“抛出离开”，而且这发生在史蒂夫·乔布斯宣布坏消息之前，这难道不是很有趣吗？如果你对这些工具一无所知，你也许认为它们很主观。但现在你知道是谁使其信号发生变化：基金管理人和所有其他股票投资者。

这些工具会让我们在股票一文不值之前抛售从而摆脱困境。因为那些大户投资者总是能得到一些暗示，并且尽快抛出它。他们的抛售行为引起了这些工具的警惕，所以我们就跟着他们一起离开。等事态平息之后，再以便宜的价钱把股票买回来。一号法则学生中了解苹果股的人便是凭借这些工具，以30美元的价格卖出，却在8美元时买进。最终，他们看到自己的股票在4年之内从8美元涨到了40美元。那是500%的回报加上50%的复合收益率。

塞翁失马，焉知非福

如果你决定成为一号法则投资者，并且学习去用那些工具，也许会有很多小遗憾。我有一个朋友特别喜欢指出我因为使用一号法则而错过的机会，但在2000年大崩溃之前，我从没有过大的失误。一号法则和那些工具使我的交易正常运作，让我赚到钱。我的那位朋友再也不投资股票了，可想而知他并不知道企业高估与低估之间的差异，而且他没有任何工具来指导他何时离开。

股市在2000年到2003年之间的崩溃也许就是未来的一个缩影。谁又能肯定市场下一步会做什么。但无论它做什么，如果你遵从一号法则并使用这些工具，你就可以在他打垮你之前夺过“杀威棒”。然后你就可以用你的钱以大甩卖的价格买回这些卓越的企业。

下一章，我打算把一号法则和这些工具结合起来，让你有个整体认识。

Take Baby Steps

勇于尝试 第十三章

好主意就像兔子。只要有一对，并且掌握其繁衍的方法，不久就能得到许多兔子。

——约翰·斯坦贝克

你已经懂得为什么自己必须学会投资。你已经知道投资的关键窍门并不难。你也知道了4M可以帮助你识别和确认出出色的企业。

我想关于何时抛售股票，应该把握这样两种关键时刻：5个重要指标显示出护城河出现缺口；股价高过标价。你应该知道那些“大人物”控制着市场的大部分资金，但是要耗费好几周才能把资金注入或取出。而且我相信你们已经掌握了那3项工具（MACD、随机指标和移动平均数）。现在，有一个问题摆在我们面前，你是否真的有能力做这些交易？

答案是肯定的：当然可以。只要有耐心。这一章里我将谈到这个问题，我们是初学初练，需要从头开始。

康奈利夫妇的投资始末

还记得第一章里的康奈利夫妇吗？这对夫妇认为如果他们真的想在20年后舒舒服服地退休，需要更努力赚钱，而不是用自己仅有的积蓄投资那些公债和国库券。他们具有代表性，咨询我怎样灵活应用法则，以便一开始就可以获取15%

的利润。他们年近中年，每年的综合收入为6万美元。他们的孩子仍在上学，是幸福的一家。他们喜欢旅游，外出就餐是一项娱乐。但有一样东西始终困扰着这个家庭，那便是家中始终没有足以灵活周转的资金。如果这种情况持续到20年后，他们就没什么可指望的了。他们在个人退休账户里存有2万美元，每月可存入此户头500美元。他们知道除了持续不断地交足社会保障金外，他们每月要花4000美元生活。

这些重大问题迫使他们着手学习一号法则。若股市价格不上升的话，最有可能发生的就是20年之后他们一无所获。那就意味着康奈利一家人只能依靠社会保障过日子。那时他们的积蓄差不多有15万美元（来自最初的2万底金和将近20年的积攒）。这15万在他们退休后可以用于投资风险小的金融产品，比如国库券。按这种情况，他们每月可净赚500美元。如果他们急需4000美元，那就困难了。他们只能变卖房产，生活水平将急剧下降。

如果他们只投资公债或国库券，退休时将有23.5万美元，月收入为800美元。依然离他们所需要的4000美元,有很大差距。

在他们学习一号法则投资之前，其他可选择的方法便是做生意，例如黄金一类的投机买卖。投机买卖就是按市场波动的低价买进，没有价值问题的干扰。但康奈利夫妇都知道投机买卖是一种风险很大的交易，甚至有可能使他们倾家荡产，市场上没有几个人愿意去冒这个险。因此，一号法则投资似乎在其他惨淡或令人恐慌的金融前景下，能够给人们带来一丝希望之光。

让我们看看康奈利夫妇用一号法则投资的全过程。一号法则投资者的第一步是要决定你希望拥有怎样的企业，并且能很好地理解领会该企业。记住第一个M：意义。

他们同意餐饮业集激情、能力及金钱于一身。他们喜欢去餐馆享用各种美食，他们认为自己很擅长于选择餐馆而且一定会成功，因此他们在餐饮业上投了钱。简单，真实，他们不否认自己过去从未经营过餐馆，甚至不知道一个餐馆是

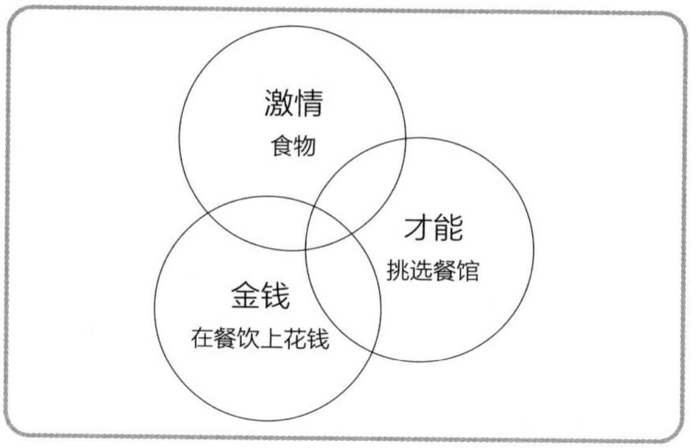

怎么正常运作的。但他们明白自己并不需要挖空心思去了解这些，他们只需坚持对自己来说有意义的事，并且那些产品和服务都是自己所能理解接受的。康奈利夫妇外出吃饭如此频繁，就像爱酒者能鉴别好酒一样，他们相信自己能够经营好。

于是他们登录雅虎理财网站，里面有“分析研究”，下面是“部门/行业分析”。

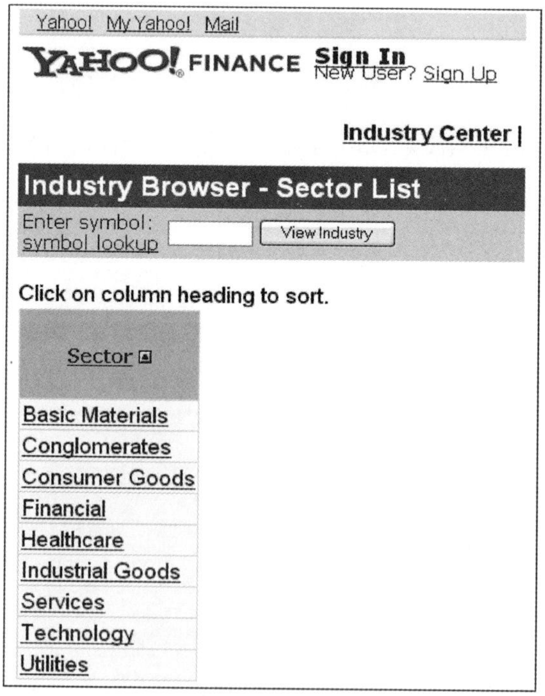

他们点击“服务业”（Services），得到“R”等字母开头的一系列产业，其中包括“餐饮业”。

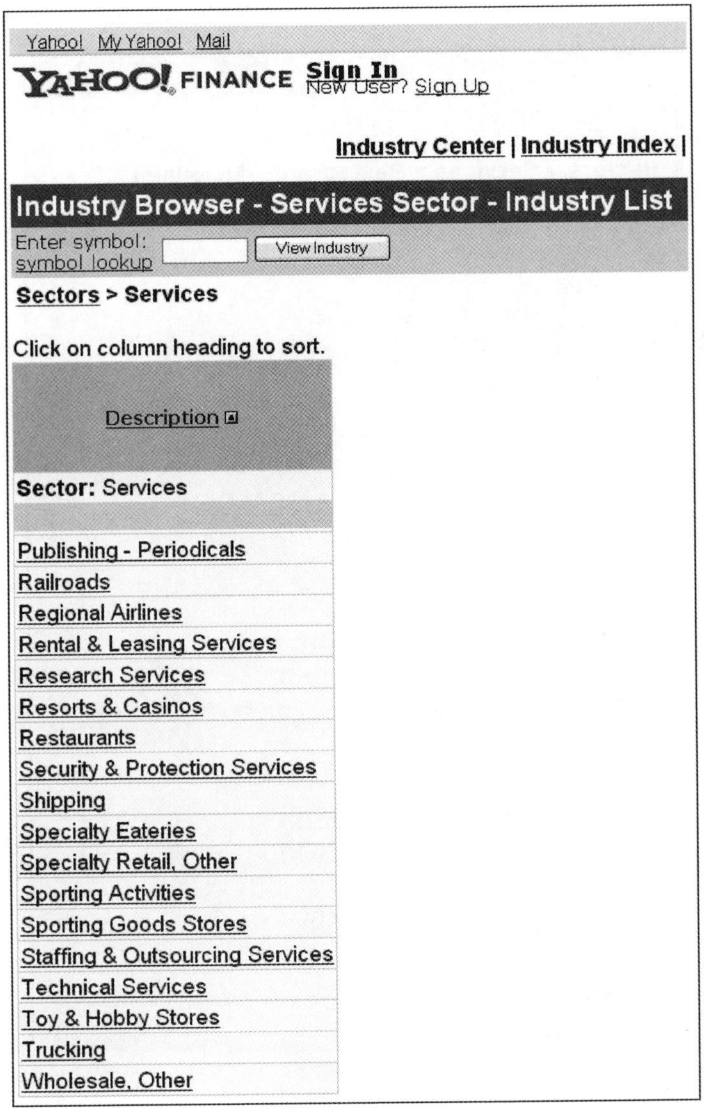

而后点击“餐馆”（Restaurants），然后得到了一张我们所熟知的企业列表，这是其中的一小部分。

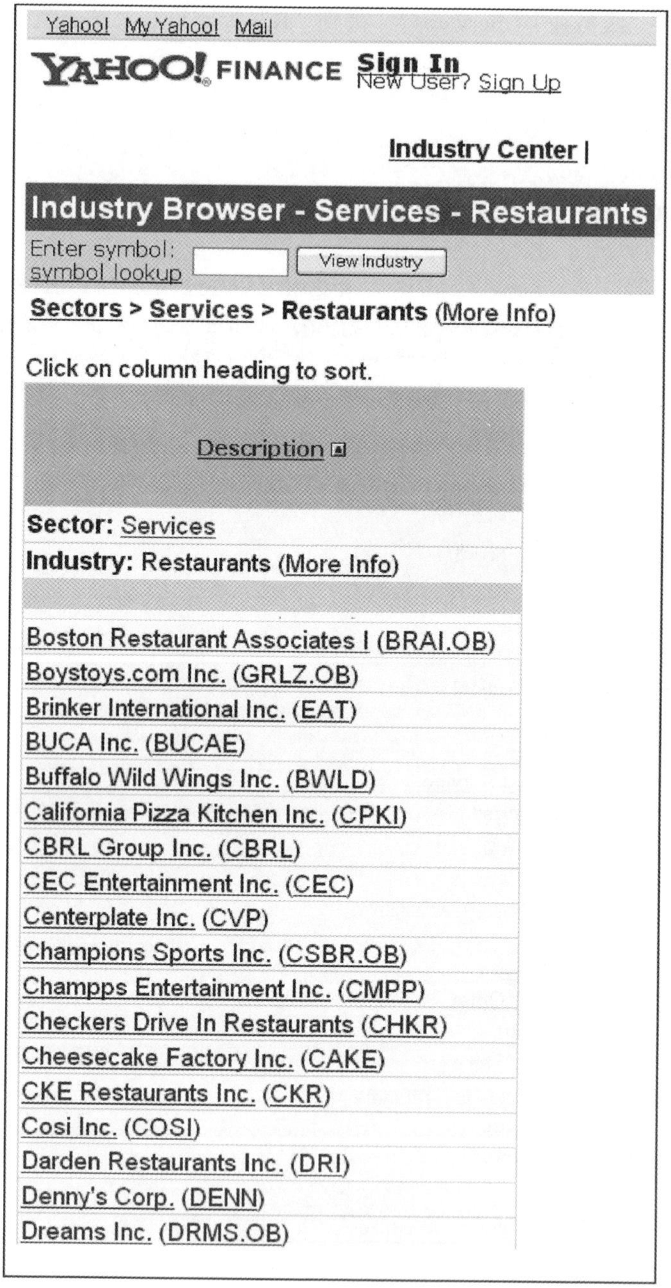

他们看上了芝乐坊（Cheesecake Factory）。于是点击，得到下页的图。

在动手前，他们注意到雅虎可以提供更多信息。例如，哪家芝乐坊最具竞争实力的对手。点击“竞争者”（Competitors），就会出现下图。

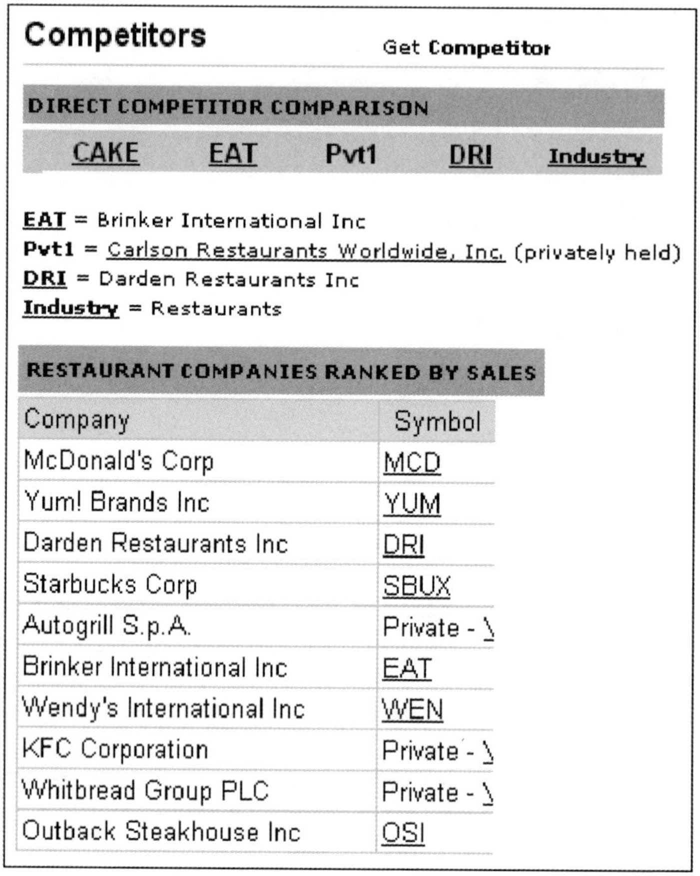

Competitors Get Competitor

DIRECT COMPETITOR COMPARISON

CAKE EAT Pvt1 DRI Industry

EAT = Brinker International Inc
Pvt1 = Carlson Restaurants Worldwide, Inc. (privately held)
DRI = Darden Restaurants Inc
Industry = Restaurants

RESTAURANT COMPANIES RANKED BY SALES

Company	Symbol
McDonald's Corp	MCD
Yum! Brands Inc	YUM
Darden Restaurants Inc	DRI
Starbucks Corp	SBUX
Autogrill S.p.A.	Private - \
Brinker International Inc	EAT
Wendy's International Inc	WEN
KFC Corporation	Private - \
Whitbread Group PLC	Private - \
Outback Steakhouse Inc	OSI

就像这样，他们现在有很多类似公司的详细资料可做分析，看其是否满足第一个M的要求。只要点击餐厅的图标，然后找到它的直接竞争对手，夫妇二人就可以创建一个餐厅列表，这些餐厅对他们来说有意义，他们非常喜欢，并会为拥有它们而感到自豪。他们只要考虑哪些餐厅他们非常了解，知道为什么这些特定的业务可以继续增长，就可以缩小名单。他们的名单包括：

1. CAKE：芝乐坊，Grand Lux 咖啡馆（Grand Lux Café）；

2. LNY：美国餐饮公司巨头Landry's旗下的雨林餐厅（Rainforest Cafe）、

Chart House餐厅和Joe's Crab Shack海鲜餐厅；

3. DRI：达登餐饮（Darden）旗下的红龙虾餐厅（Red Lobster）和橄榄园餐厅（Olive Garden）；

4. EAT：布林克国际餐饮集团（Brinker International）旗下的奇利斯餐厅（Chili's）、美式意大利餐厅Macaroni Grill和墨西哥风味连锁餐厅Maggiano's。

> 如果你正在做这个练习，你的名单可能会包括一组不同的潜在业务。第一个M中最关键的是对自己而言有意义。你喜欢或不喜欢什么全凭自己选择，换句话说，千万不要随波逐流。

目前为止，这些对康奈利夫妇是一些看上去近乎完美的企业，这对于他们来说当然很有意义。下一步该怎么做呢？他们只得潜入护城河里。

作为一号法则投资者，他们明白护城河是预测未来的关键。所以第一个要讨论的问题便是餐饮业的护城河是什么。护城河指的是前文所述的5种护城河（品牌、商业机密、收费、转移和价格）。餐饮业并不建立在机密基础之上，你不用付过路费就能买到汉堡，换餐馆也没什么大不了的。有不少餐馆以廉价取得竞争优势，但不属于那5种护城河。那就只能是品牌了，果然，所有餐馆都有一个可识别的品牌标识。它们一遍又一遍向顾客发送期望的产品。很显然，这些餐馆都利用品牌来建立护城河。

夫妇二人想要去查找那5个重要指标，从而证实护城河是否稳固。他们可在雅虎网上获取几个指标。但MSN理财已经有10年前的数字了，所以他们点击，在进入MSN理财后，苏珊输入：CAKE，得到以下界面。

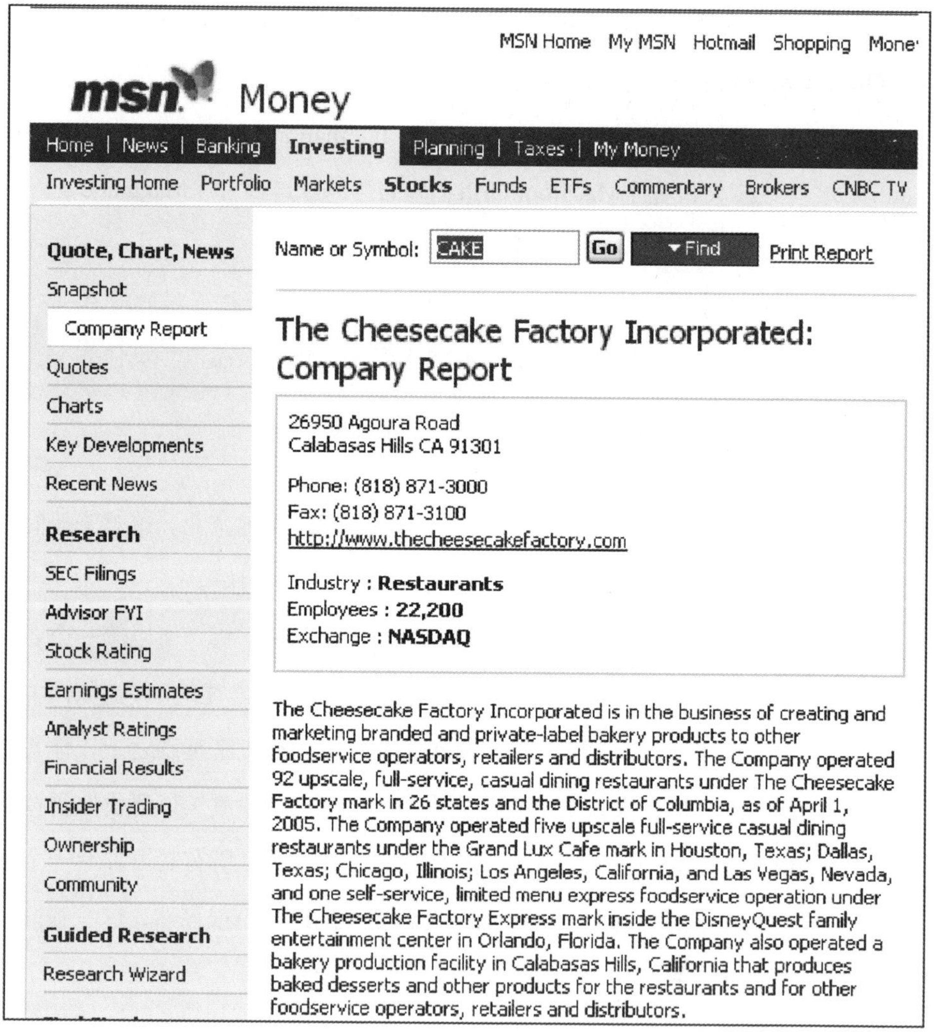

然后她点击“财务成果”（Financial Results），然后点击“关键比率”（Key Ratios），最后她点击“投资回报”（Investment Returns），得到以下界面。

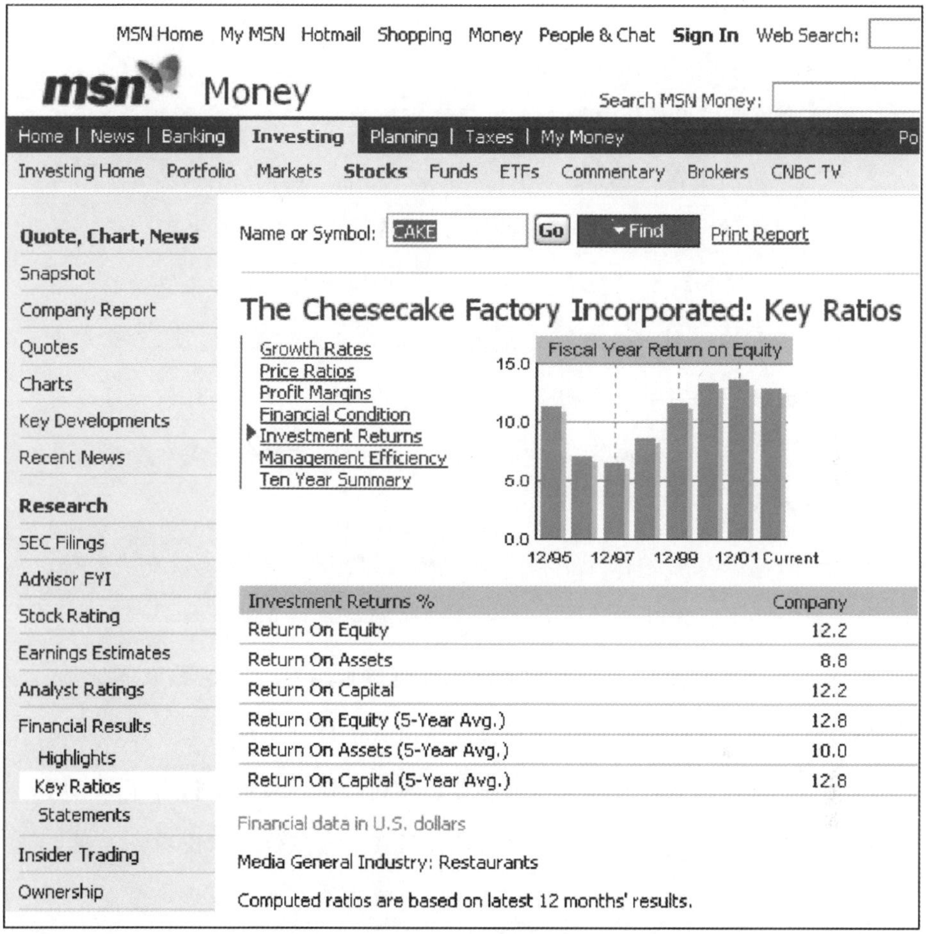

她看到了“资本回报”。那就是我们的投入资本回报率。5年和1年的投入资本回报率分别为12.8%和12.2%。都很不错（都高于10%）。投入资本回报率显示出品牌护城河很宽。现在去看看股本增长率。请记住，在巴菲特先生看来，这是企业价值增长率的最好代替（他称之为“固有价值”）。

小提示：千万不要对股本和股本增长率的区别产生误解。要确定护城河和安全边际，我们不会真正关心资产净值是多少，而是关心股本增长率是低还是高。二者截然不同。

举个例子，2005年中期，麦当劳的市值为420亿美元，股本为140亿美元；谷歌的市值为860亿美元，股本为30亿美元。谷歌的股本不到麦当劳的1/4，价钱却比麦当劳高一倍。很显然，股本并不决定市价。另外，市价似乎和股本增长率有很大关联。麦当劳在过去10年里的股本增长率每年平均达到7%，同时谷歌的增长率每年超过100%。这意味着麦当劳的盈余资金的增长率相当低，而谷歌的增速相当快。任何一家公司的股本增长率都是根据其盈余资金定义的。而剩余资金才是一个公司真正显现价值的关键。

如果我在我的柠檬汁小摊上每股赚到20美元，但我必须更换桌子、榨汁机和仓库，我作为老板却不能保留那20美元，它没有剩余，那么企业能给我什么好处呢？如果它不能给我创造任何可以保持的经济价值，那它一文不值。如果我仅仅可以把收益用在维持企业经营上，那我就不是一个幸福的老板。如果我不必花自己赚到的钱，而企业仍旧可以在明年产生盈余，那我就打算把今年的盈余用在广告宣传上以便增收，明年或许就不只有20美元了，或许30美元或更多。盈余为企业提供现金以增收。这就是为什么营业额和盈余资金（股本）同步增长。如果麦当劳每年只增收7%，同时谷歌每年以极其疯狂的速度增长，那么如今谷歌的身价起码是麦当劳的两倍。

虽然苏珊可以点击“增长率”查阅1年或5年销售额和每股收益的平均增长率，但她真正想了解的是股本增长率。这需要她运用一点72号法则的知识。所以她点击“10年摘要”（Ten Year Summary），然后看到一个为每股账面价值和市盈率设计的栏目，如下页图所示。

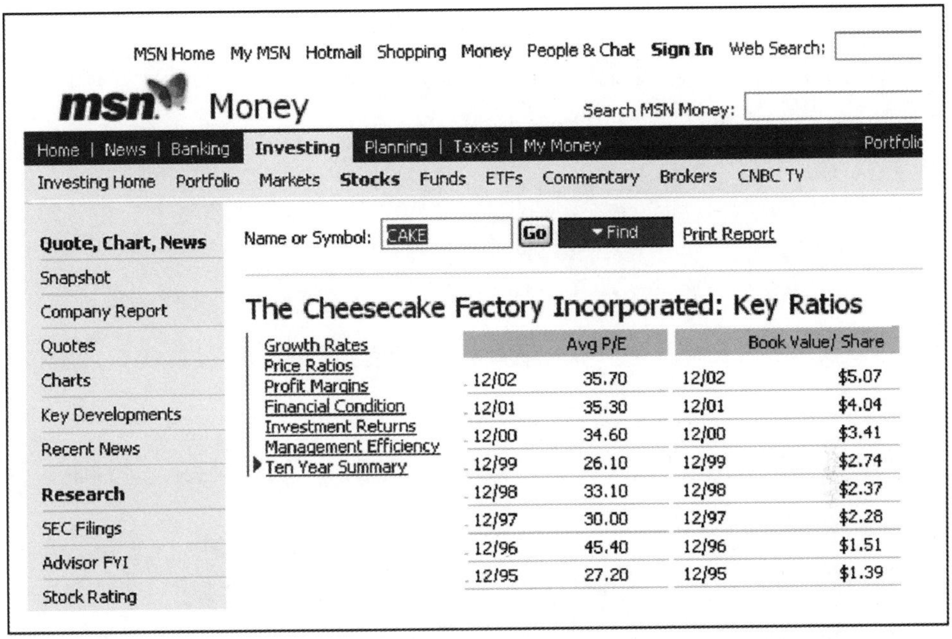

每股账面价值等价于股本。这些数据只能追溯到1995年，所以得查看一下过去7年的增长率状况如何。为了得到增长率，苏珊使用四舍五入法，把BVPS（每股账面价值）从1.39进到1.40，然后加倍，直到数字接近2002年的5.07美元。

- 第一个翻倍：1.40到2.80。
- 第二个翻倍：2.80到5.60。

72法则的“秘诀”									
大致的翻一番年数	2	3	4	5	6	7	8	9	10
增长率	36%	24%	18%	15%	12%	10%	99	8%	7%

由于5.6美元只比5.07美元高一点，在7年后这可以翻2番。那么大约每3.5年就翻倍一次。72除以3.5，就可得到增长率，大约20%。也许要低一些。就算19%吧。

现在苏珊检查近5年的账面价值增长率，看19%的增长率是否下降。1997年每股账面净值为2.28美元，近似为2.30美元，翻倍，直到5.07美元。

第一个翻倍：2.30到4.60

不是5.07，而是下一组翻倍，从4.60美元到9.30美元，增幅巨大。所以5年内股本翻1倍多。也就是，不到5年翻倍一次。用4除72，大约为18%；用5除72，大约15%。因此，就算17%吧。比19%降低了。

第二个翻倍：2.75到5.50

比5.07美元高一些，用3除72，大约24%。近来芝乐坊的股本飞速增长。

可以查阅年增长率。芝乐坊的股本从4美元涨到5美元，升值1美元。从4美元上升到5美元需要25%的增长率，股本稳中有升。

每股账面价值早已开始升高：19%，17%，24%，24%。很连续，并且股本不断增长。

当她登陆MSN网站，她记录下历史平均市盈率，并估计为35。现在她点击“声明”（Statements）选项，然后下拉滚动条读取“十年摘要”，如下图所示。

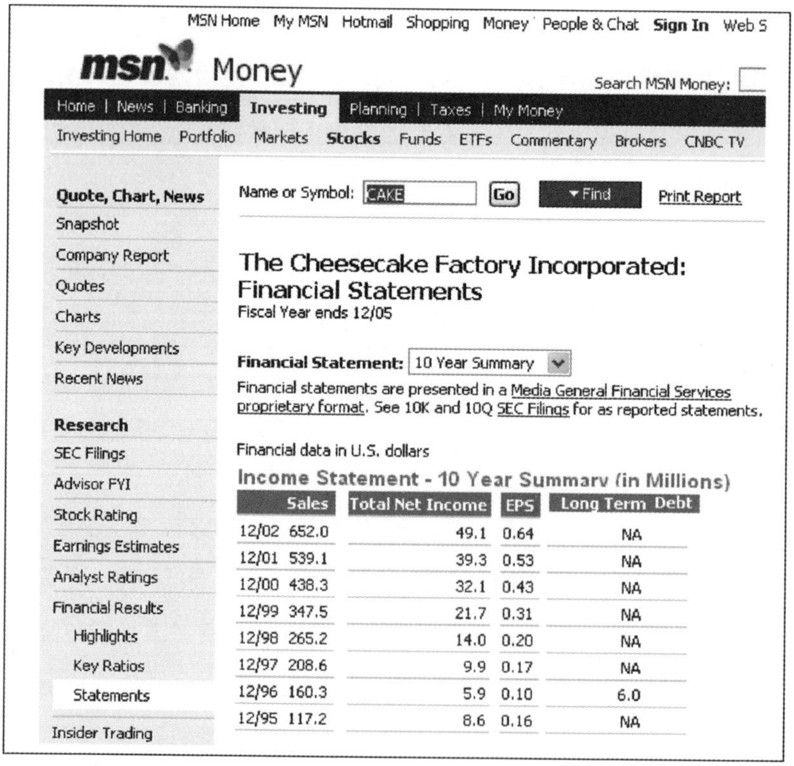

	Sales	Total Net Income	EPS	Long Term Debt
12/02	652.0	49.1	0.64	NA
12/01	539.1	39.3	0.53	NA
12/00	438.3	32.1	0.43	NA
12/99	347.5	21.7	0.31	NA
12/98	265.2	14.0	0.20	NA
12/97	208.6	9.9	0.17	NA
12/96	160.3	5.9	0.10	6.0
12/95	117.2	8.6	0.16	NA

在这里她找到了一些数字，可用于计算营业额和每股盈利增长率，还有流动资金和长期债务。

苏珊完成了所有操作并最后校正之后，获得了以下结果。最后用表格处理软件把这些数据制成表格，进行精确检查。

技术应用	销售额增长率				每股收益增长率			
	7年	5年	3年	1年	7年	5年	3年	1年
72法则	24%	24%	24%	20%	20%	30%	24%	20%
excel精确值	28%	26%	23%	21%	22%	30%	27%	21%

注：所有数字均为年平均数。

请注意精确数值差异很大，尤其是销售增长率。除了去年之外，72法则计算的销售额增长率看起来相对稳定。但那些精确的计算结果却显示出销售额增长率正在下滑，而每股盈利却看起来几乎是一样的。

债务？苏珊留意到债务已在这页上被列出，而且看到长期债务显示为NA，它的意思是没有长期债务。又一个好消息。

目前为止，一切都显得井然有序，只需要看看现金。她点击滚动条向下拉，页面上出现了“现金流”，她挑出近5年的“自由现金流”，如下图。

	1998年	1999年	2000年	2001年	2002年
自由现金流	15	617	15,990	101	6,833

她仔细观察自由现金，发现那些数字浮动很大。这些对于她来说并没有什么意义，因为它们确实不可预测。

苏珊列出重要的5个指标以便对比分析。

投入资本回报率		股本				销售额				每股盈利				自由现金		
5	1	7	5	3	1	7	5	3	1	7	5	3	1	4	3	1
12.8%	12.2%	19%	17%	24%	24%	28%	26%	23%	21%	22%	30%	27%	21%	不可预测		

如今，苏珊可以使用我的在线计算器了。她只需登录www.ruleoneinvesting.com，找到股票增长率计算器（Equity Growth Rate Calculator）。然后苏珊可以输入7年，最久远的数字是1.39，最近的数字是5.07，然后点击计算：20%。她将在5年、3年和1年的BVPS数据中重复这个练习，她将分别得到17%、23%和25%。这和她用72法则得到的结果有些不同，但已经足够接近了。

把5个重要指标放在一起，可以看到4个很协调统一，也很好估测。但自由现金就不那么简单了。它总是忽高忽低，尽管苏珊知道这是因为经营好的企业里经理会把额外资金用于扩张。

这里有一个很好的准则：如果你正在分析一个很有前景的公司，了解到它的自由现金遍布各处，但最近市价暴跌。我建议你检查一下此公司的营业资金，这会在公司的现金流量表中被提及。营业资金是企业在经营中所获得的资金，用以更新设备和支付股息。经理对资本项目的投资决定营业资金的波动程度。事实上，营业资金应该稳定，最好是稳中有升。在本例中，芝乐坊的营业资金正以每年略高于24%的速度稳步增长。

搞不清楚某家企业的自由流动资金吗？你应该清楚当企业决定用资金投资资本项目时，比如说在新地点建更多的商店，自由资金便会突然下降。其实这并非坏事。营业资金是企业经营期期末的剩余现款。它不包括贷款和股票销售收入，也不扣除用于维持企业经营的那部分现金。此外，自由资金就是企业维持经营之后所剩余的现金。由于一号法则企业很出色，不需要花费很多现金来维持经营，因此自由资金应与营业资金相近。但确实也有很多例外出现，不必大惊小怪。

所以说，当你在判断一家企业自由资金的运作有无风险时，请仔细观察它的营运资金流数据并且要判断出这些数据是否连续。你可以计算企业营运资金流的增长率，并把它与自由资金的数据相比较。若营运资金还在增长，你可以匆匆扫一眼其自由资金，放心而去。

另外，要牢记这些数字的先后顺序，即“优先级”，按照从最重要到最次要依次为：(1) 投入资本回报率；(2) 股本增长率；(3) 每股盈利增长率；(4) 销售额增长率；(5) 自由现金增长率。注意要时常观察这些流动资金（不论是自由资金还是营运资金），同时观察其他重要指标的情况。

康奈利夫妇确定了这家企业的品牌护城河的稳固。

他们也知道将用5个重要指标来决定未来10年中合适的每股收益增长率。基于对餐饮业的了解，他们没有感觉到任何限制芝乐坊能力增长的情况出现，过去7年中一直如此，而且销售额、每股盈利和账面价值仍将以每年超过20%的速率持续增长。根据五大重要指标来决策，是一种理性的预测。关键是不应该估测销售额将会以每年28%或股本会以每年25%的速率增长。这样的增长数值多少有些幻想色彩，但需要把它控制在大概范围内。

道格建议他们使用9年的股本增长率19%。苏珊指出19%过于保守，股本已经开始以24%的速度增长，另外，每股盈利、销售额和现金均以20%或者更快的速率飞涨。他们赞成大多数数字已达到甚至超过20%，而且这20%的增长率属于正常增长范围。因此，他们认为这是他们最满意的历史增长率。

苏珊建议他们应该去看看管理，但道格建议既然已经找到了很好的每股盈利增长率，为节省时间起见，应该去寻找安全边际价格，确认芝乐坊的价格是否划算。（如果它们看起来都很不错的话，他现在都很愿意买。）若价格不合适，道格建议进一步调查，去寻找更好的股票。

计算安全边际价格，他们需要了解标价。为计算标价，他们需要以下3个数据：

1. 当期每股盈利——他们从公司财务报告中获悉为0.64美元。

2. 未来10年每股盈利增长率——他们估测为20%。

3. 未来10年市盈率——苏珊发现正达到35的平均值。

但是，每股盈利增长率为历史增长率与专家5年预期增长率中较低者。为了获得专家的观点，道格点击左边菜单中的“收益预测”（Earnings Estimates），然后再点击“收益增长率”（Earnings Growth Rates）的按钮，如下页图所示。

一般来说，这张图表显示专家预测增长率为21%，这确实几乎就是道格和苏珊所期待的。他们都相互祝贺彼此得到了精准的估测。的确如此，每当自己不太确定的想法被证实后，心里总会有一种莫名的欣慰感，不是吗？

他们也很想证实自己对市盈率估测正确。可选择的一种方法是把增长率翻倍，由于目前的增长率为20%，若翻一番的话，那么芝乐坊的市盈率便是40。但由于历史市盈率是35，因此为了谨慎，采用35，而不是40。到目前为止，他们已经获取了计算标价所需的3个数字：

1. 每股盈利＝0.64美元；

2. 未来10年每股盈利增长率＝20%；

3. 未来10年市盈率＝35。

苏珊想知道每年20%的增长率，需要多长时间才能翻一番（从20到72，每3.5年翻倍一次）。每3.5年翻倍一次意味着在10年之内增长率大约要翻3倍。0.64

若四舍五入成0.60，则结果如下：

- 第一个翻倍：60到120。
- 第二个翻倍：120到240。
- 第三个翻倍：240到480。

她预测每股盈利在10年后大约会是4.80美元，姑且看作5美元。用5美元乘以市盈率35，那么10年后市价为175美元。苏珊知道一号法则的最低收益率为15%，那就意味着在10年内翻两番。

> 另外，苏珊可以登录www.ruleoneinvesting.com，找到“标价与安全边际”（Sticker Price & MOS）计算器，在适当的地方分别输入10年、0.64、20%和35，点击“计算”，然后显示如下：
>
> 1. 未来价值：150.70美元；
> 2. 标价：37.25美元；
> 3. 安全边际价格：18.62美元。
>
> 正如你所知，按照72法则计算是22美元，而精确的安全边际是19美元。精确固然是好事，但如果你想依靠自己，72法则会更实用一些。

道格检查芝乐坊当天的销售价格：18.40美元。仅比安全边际价格稍低一点。现在道格和苏珊开始兴奋了。他们发现股市行情良好，而且今天的价格很吸引人，1美元的价值只按50美分的价格出售。

该考察企业的管理了。

道格点击菜单中的“证券交易委员会档案”（SEC Filings）选项，然后迅速得到了公司最近的档案。他搜寻年度财务报告，这就是所谓的“10K年度报告”（10 K Annual Filing），如下页图所示。

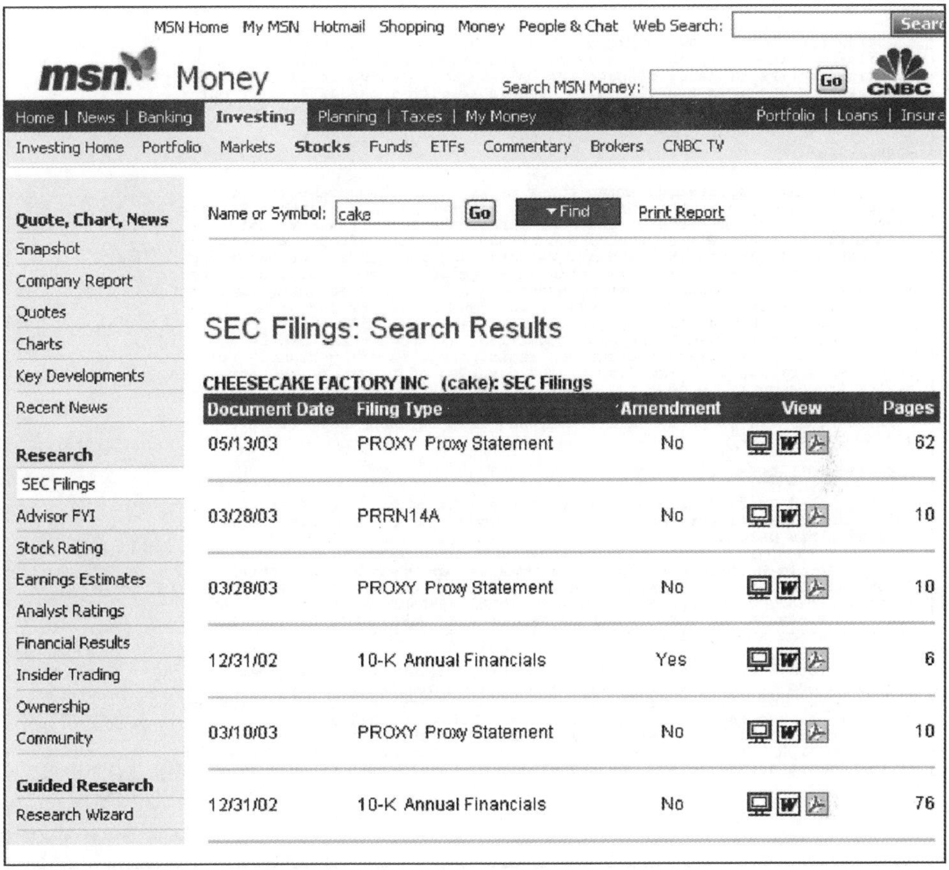

他点击报告，读出这些股票是如何产生的，怎么运作，竞争对手是谁，股票面临的所有风险，管理部门的业务会议。无论如何，最重要的是，谁是企业的真正操纵者。页面如下页图所示。

employees worked in our corporate center and restaurant field supervision organization. None of our employees are currently covered by collective bargaining agreements, and we have never experienced an organized work stoppage, strike or labor dispute. We believe our working conditions and compensation packages are generally comparable with those offered by our competitors and consider overall relations with our employees to be favorable.

Trademarks

We have registered, among other marks, "The Cheesecake Factory", "Grand Lux Cafe", "The Cheesecake Factory Bakery", "The Cheesecake Factory Express", "The Dream Factory" and "The Cheesecake Factory Bakery Cafe" as trademarks with the United States Patent and Trademark Office. Additional trademark applications are pending. We have also registered our ownership of the Internet domain name "www.thecheesecakefactory.com" and other names. We regard our trademarks as having substantial value and as being important factors in the marketing of our restaurants and bakery products. We have registered, or have pending applications to register, one or more of our trademarks in more than 70 foreign countries, although there can be no assurance that our name and marks are registerable in every country for which registration is being sought. The duration of trademark registrations varies from country to country. However, trademarks are generally valid and may be renewed indefinitely as long as they are in use and/or their registrations are properly maintained, and they have not been found to become generic.

Executive Officers

David Overton, age 56, serves as our Chairman of the Board and Chief Executive Officer. Mr. Overton co-founded our predecessor company in 1972 with his parents.

Gerald W. Deitchle, age 51, serves as our President and Chief Financial Officer. Mr. Deitchle has over 26 years of executive and financial management experience with national restaurant and retail chain operations. He joined our Company as Senior Vice President, Finance and Administration and Chief Financial Officer in July 1995.

Michael P. Berry, age 54, joined our Company in July 2002 as President and Chief Operating Officer of The Cheesecake Factory Restaurants, Inc., our largest restaurant subsidiary. Prior to joining us, Mr. Berry served as President of Barnes and Noble Booksellers. His prior experience also includes service as a senior operations and foodservice executive with The Walt Disney Company, Harvard University, the University of California at Irvine and the University of California at Los Angeles.

20

CHEESECAKE FACTORY INC *Filing Date: 12/31/02*

Peter J. D'Amelio, age 41, was appointed President and Chief Operating Officer of our Grand Lux Cafe restaurant operations in October 2002. Mr. D'Amelio joined our Company in 1990 and steadily advanced through our operations organization, with his most recent position as Senior Vice President of Restaurant Operations.

Max S. Byfuglin, age 57, serves as Executive Vice President of The Cheesecake Factory Bakery Incorporated, our bakery subsidiary. Mr. Byfuglin joined our bakery operations in 1982 and worked closely with our founders, serving in nearly every capacity in our bakery over the past 20 years.

15

道格了解到公司董事长和首席执行官是大卫·埃弗顿（David Overton），他与父母在1972年共同创办了这家公司。苏珊知道如果企业所有者经营企业就好像这一企业是他们100年里唯一的收入来源那样，那么投资这样的企业一定不错。苏珊上网找到很多篇关于埃弗顿先生的评论。她得知他曾在加利福尼亚的一所法学院就读，曾是一名成功的摇滚乐队鼓手。而且那时他还曾合伙做过小面包房生意，为他母亲的奶酪蛋糕设计了独特的商业模式。1972年他们合伙开了一家餐馆。

道格在一篇关于埃弗顿的文章中发现了一句特别有趣的话："但埃弗顿先生说他的经营模式仍有需要改进之处。让顾客满意的理念永远是第一位的。"

换句话说，这位企业家建立品牌护城河不仅仅是为了满足机构投资者的要求。这是一个具有百年战略眼光的人。因此，道格认为埃弗顿先生属于一号法则管理者——用长远的眼光考虑，而不是只顾眼前利益。这非常重要，因为我们由此可以确定它10年后依然状况良好。否则，我们无法预测收入增长状况，不能预测标价和安全边际价格。

苏珊和道格查阅了关于埃弗顿先生和芝乐坊的所有资料，拼命寻找不买其股票的理由，但没能做到。所有关于他的管理和股票的信息都显示出很大的吸引力。现在该看看埃弗顿先生如何评价自己的企业。

他们点击芝乐坊的网站并阅读埃弗顿先生的信件。他强调"真正阻挠我们完成年度增长指标的只有我们自己经营餐厅的能力，它包括如何引起大众关注，怎样培养优秀团队从而保持品质"。然后他便开始解释他是怎样处理这些问题的：开发特定区域从而增加芝乐坊的数量可以使营业额增长，他坚信这项举措可以保持20%以上的增长率。尽管夫妇二人预定的10年目标回报率是26%以上，但最终他们还是一致认为芝乐坊公司通过了4M测试。于是一切尘埃落定。

现在他们要搜寻自己心目中更理想的股票。

下一个目标是Landry's。苏珊输入它的股票代码"LNY"，然后迅速查看那些“关键比率”去评估它的投资回报率。如下图所示。

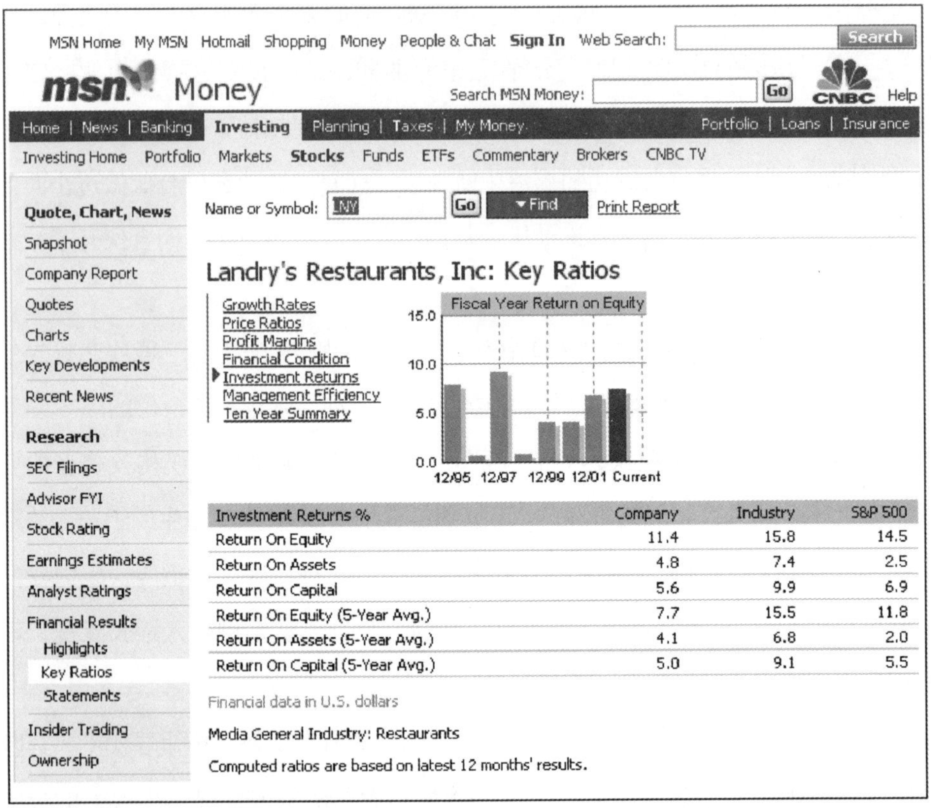

Investment Returns %	Company	Industry	S&P 500
Return On Equity	11.4	15.8	14.5
Return On Assets	4.8	7.4	2.5
Return On Capital	5.6	9.9	6.9
Return On Equity (5-Year Avg.)	7.7	15.5	11.8
Return On Assets (5-Year Avg.)	4.1	6.8	2.0
Return On Capital (5-Year Avg.)	5.0	9.1	5.5

Financial data in U.S. dollars

Media General Industry: Restaurants

Computed ratios are based on latest 12 months' results.

Landry's 5年的投入资本回报率为5%，1年的投入资本回报率为5.6%，这两个数字都很低。这些投入资本回报率根本没有显现出品牌护城河，这对道格和苏珊来说是一个危险信号。这并不意味着Landry's的股票很糟糕，不能带来经济效益，或者在一段时间后公司会倒闭。也许投入资本回报率如此低是有鲜为人知的原因的。但他们不是喜欢研究的人。如果这家公司不符合一号法则，对于道格和苏珊来说就意味着必须放弃。用一号法则分析时，记住要从最关键的数字投入资本回报率开始。如果投入资本回报率没有达到10%，我们应不假思索地离开。以下是5项指标分析的顺序：

1. 投入资本回报率——如果大于等于10%，请继续……

2. 股本——如果大于等于10%，请继续……

3. 每股盈余——如果大于等于10%，请继续……

4. 销售额——如果大于等于10%，请继续……

5. 现金——如果大于等于10%，请继续……管理和安全边际。

下一家。达登餐饮集团（DRI: Darden）。它的投入资本回报率很不错，但股本增长率只有6%。

下一家。布林克国际餐饮集团（EAT: Brinker International）。它的投入资本回报率很不错，但股本增长率为9%，情况不妙。过去5年时间里每股收益增长率一直低于10%。

道格和苏珊最终只找到一家通过4M测试的企业：芝乐坊。他们目前有2万美元可以马上投入。接下来呢？

工作已完成。似乎投资的时机到了，但还是想查看一下芝乐坊内部人员在做些什么。进入MSN理财，输入CAKE，点击“内幕交易”，没有重大内幕交易，很好。

判断内幕交易

用常识来判断内幕交易是危险信号，无论是例行公事还是没有影响的交易。如果一家公司董事正疯狂抛售手中的股票，并且已超过30%，这就是不祥的预兆。MSN和雅虎都显示出每个董事拥有多少公司股票。你可以链接MSN查阅“内幕交易”资料，或是在雅虎财经的“所有权”下查阅任何公司的数据，这些数据包括“内幕交易”和“内幕人员”。

现在道格点击“图表”查看机构基金此时此刻是否在做交易。他和苏珊了解到不论企业多么出色，不论安全边际有多高，一旦机构投资者在抛售，股价就会以更迅猛的速度下跌。

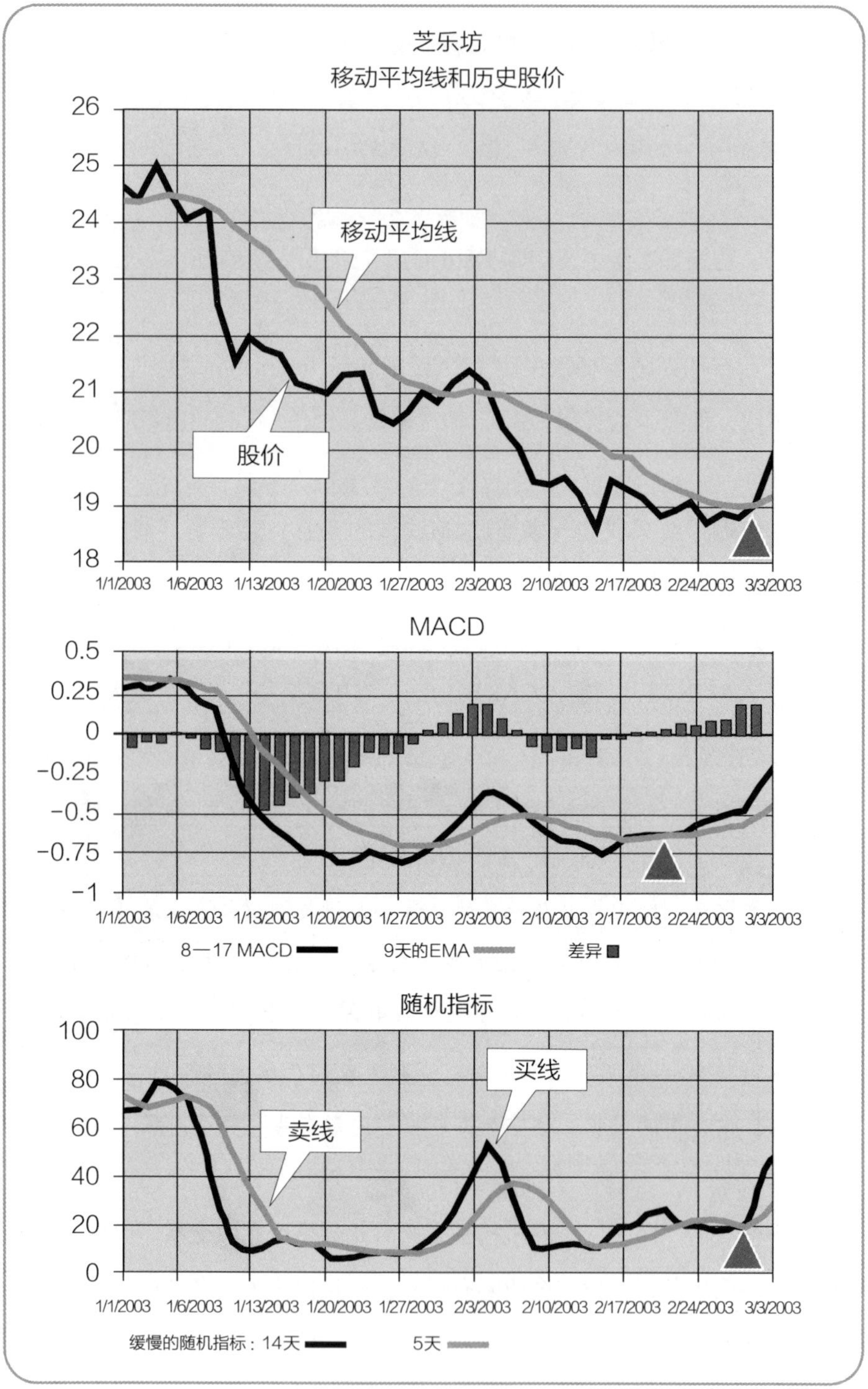
芝乐坊
移动平均线和历史股价
26
25
24
23
22
21
20
19
18
移动平均线
股价
1/1/2003
1/6/2003
1/13/2003
1/20/2003
1/27/2003
2/3/2003
2/10/2003
2/17/2003
2/24/2003
3/3/2003
MACD
0.5
0.25
0
−0.25
−0.5
−0.75
−1
8—17 MACD
9天的EMA
差异
随机指标
100
80
60
40
20
0
卖线
买线
缓慢的随机指标：14天
5天

这三张为芝乐坊公司制成的图表（移动平均线、MACD和随机指标图），在2003年上半年向道格和苏珊显示出“买进”信号。芝乐坊通过4M测试并有一个诱人的安全边际价格，更值得一提的是机构投资者也正在买进。康奈利夫妇已经为在线经纪人支付了2万美元费用。现在，他们下了1000股的市价单，这张订单将会在次日开盘时生效。

美国东海岸时间上午9点半，他们的在线经纪人以每股18.9美元的价格购进了芝乐坊的1000股。下图显示出接下来两天里的情况。

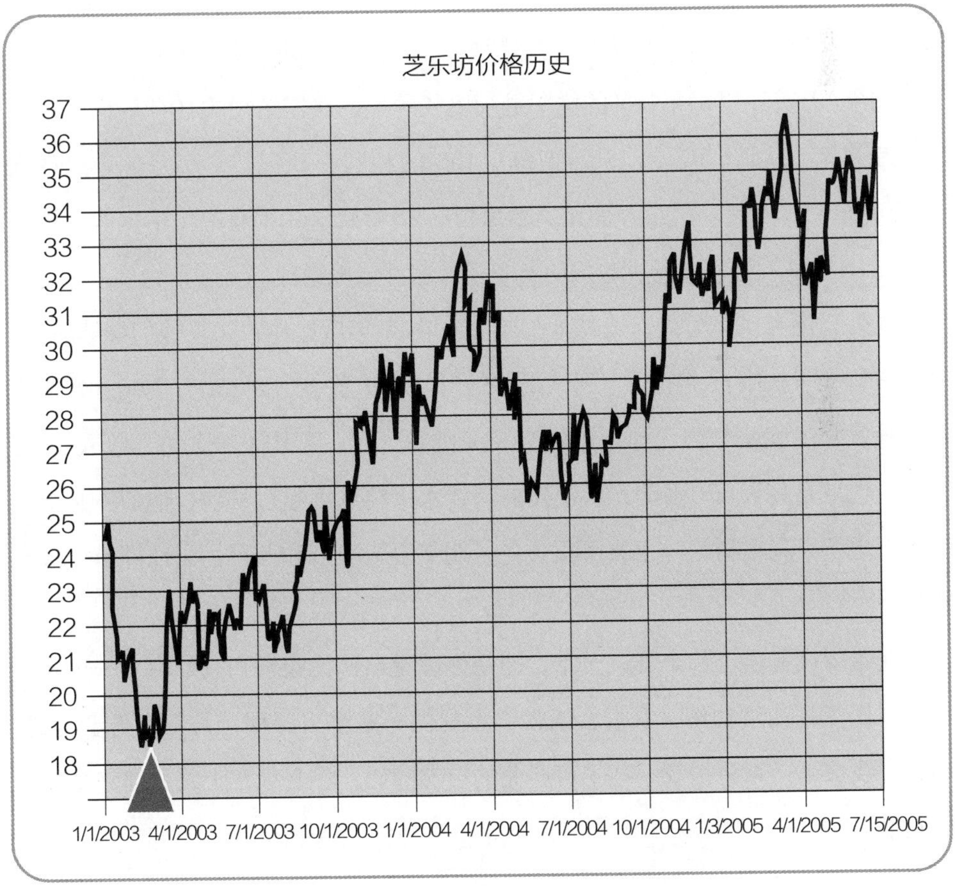

他们先是以低于19美元每股的价格购进，接下来两年中跟着机构投资者买进

卖出11次左右，另外，他们每月投入500美元积蓄，芝乐坊每年给予道格和苏珊56%的回报率。现在，他们的2万美元便成了7.8万美元。两年来一直都不错。但他们知道50%的收益率不会持续很长时间。而且几乎所有的理财人士都会批评他们没有分散投资。除了一号法则投资者。

既然现在他们拥有将近8万美元，就需要再搜寻几家企业，但必须是在充分了解的情况下。到2005年中，他们碰巧与巴菲特先生一起等待时机，准备购买另一家划算的出色企业。

对于康奈利夫妇来说，一号法则的好处就是：每年有15%都在他们的掌控范围之内。这将改变一切。因为退休所需要的钱比原来想的要少得多。

如果8万美元以每年15%的比率继续增长的话，只需短短的10年时间，就有32.3万美元。从那时开始，只需把每年15%的利润存到银行，每月就可以得到4000美元，而不用动32.3万美元。不用担心20年后退休困窘的生活，他们也许可以在10年以后就衣食无忧地主动离职了。这种憧憬给他们无限动力。

此外，还有一个好处。既然他们不愿意在20年后退休，如果他们继续积蓄，继续进行一号法则投资的话，到该退休的时候，积蓄将达到150万美元。到那时他们该发愁的就是如何花掉每年22万美元的收入了。平均下来，每月收入1.8万美元，也就是每天500多美元。他们的消费水平将远远超过从前，他们不必担心付不起电费，只需讨论一下去哪里过冬，明年夏天可以和儿孙们去欧洲哪个国家避暑。

我希望读者自己都来尝试一下，即使你感觉自己比康奈利夫妇晚了一步，没关系，毕竟是初学初练，我们会给初学者提供一些学习课程，希望你勇于尝试。而且，我在下一章将提及一些不可避免的自然障碍，你必须在上路之前完全克服掉它们。

Eliminate the Barriers

排除障碍 第十四章

如果只考虑经济因素的话，富有永远比贫穷好。

——伍迪·艾伦

到目前为止，如果你一路走来，应该或多或少找到适合自己的企业。但最后，仍然有必要确认一件事，那就是是否已排除5个最常见的困难，这些困难常常妨碍一号法则投资的成功。

1. 不良债务。
2. 税收。
3. 过分的多样化。
4. 基金管理人。
5. 莫名的恐慌。

摆脱不良债务

成功的最大阻碍是不良债务。良好债务是低利率贷款，在还债时会有很高的盈利。一个很明显的例子，便是你贷款来购置房地产，然后用租金偿还银行债务。相反，不良债务是高利贷款购物后，不能获得有价值的收益。比如购车、冰箱、衣服或去欧洲旅行。我们中的所有人都曾有过这种经历，并且付出了代价。不良债务实际上就是复合利率给你带来的损失。如果你的信用卡或银行贷款每天会扣掉18%或更多的利息，那退休后的保障就少了许多。既然一号法则的宗旨就是从不亏损，那么接下来该做的第一件事就是彻底还清贷款，消除不良记录。想想看吧：如果我目标回报率是15%，但信用卡却每年被无情地扣去18%。很显然，也就是说我们以18%的利率贷入，而仅仅创造出15%的财富。即使我们达到预期目标成为一名成功的投资者，但我们还是会有3%的损失。那便是投资成功的阻碍。唯一致富的途径是碰运气买彩票，否则你必然会不名一文。但请注意如果我们悬崖勒马，抽出所有用于投资的钱，转而偿还欠款，就会收支相抵。虽然分文未得，也没有违反一号法则。然后再继续实践锻炼、学习、攒钱，总有一天会富有起来。

有良好债务记录的一号法则成功投资者亦是如此。在这里我要提供承担债务的3个充分条件。

1. 你是一个经验丰富的、成功的一号法则投资者。

2. 债务利率要占期望回报率的比例少于30%，如果期望回报率大于21%，你可以借利率为7%的贷款。

3. 所有债务（不包括房产），必须在少于1年的时间里付清，当然我指的是能维持正常生活的情况下。

为了加速获取总回报利率，负债可以算是一种“高级战略”。其实我在这里提到这些，心里有一点忐忑，因为怕对你们有负面作用，万一读者要是头脑一热，就像我说的那样做了，甚至没有多加思索一下。我想说的是千万不要那样，除非你真的对自己的想法行为了如指掌，否则先不要涉足债务。也没必要从一开始就心神不宁，恨不得赶快还清这笔债务。对于初学者来说，用一号法则模拟真实交易，但又不用真正向市场投入资金是至关重要的。

纳　税

如果我们仅仅购买持有，就不会有税收问题了。不幸在于，我们都无法预知股价是否会下降。所以我们需要工具的辅助，跟随那些“大人物”进出市场，避免一定风险。这真是太好了，除了要缴税之外。我认为纳税是我们的义务。其实仔细想想，纳税同时也在无形之中保护我们自己的利益。事实上，美国政府提供了大量的“税收漏洞”，我们还可以倚此延缓纳税期限。这些“漏洞”有利于建立退休账户。我们甚至可以建立一个托管机构，拖延缴税期限。

切勿寅吃卯粮

很多人把自己的收入用在日常生活费用上，结果退休时，没有任何积蓄。若在过去，农民们会说：“别寅吃卯粮。”

如果你计划15年后退休，但你奢侈的生活方式吞掉你的全部收入，那你该如何是好？你需做出很多艰难的抉择而且还要付诸行动。

选择1：找到另一份高薪工作，研究一号法则，然后每月额外投入个人退休账户500美元，然后开始实践一号法则并获取15%的收益。

选择2：研究学习一号法则，每月减少500美元的其他花费，把积蓄投入到个人退休账户，然后在一号法则指导下开始创造15%的收益。

这里有个好消息：一旦你学习一号法则且每年获益15%，最终你所需的退休资金总量要远远小于你的预想。比方说一个一号法则投资者，他每年需5万美元来满足自己奢侈的生活，其实退休时仅仅需要30万美元。就算现在他没有一分钱积蓄，一个一号法则投资者也将在不到15年的时间里获取30万美元，只要他从现在开始每月存款500美元。

如果你照我说的做，你可以在15年之后退休，因为你的后半生中每年将获取5万美元的收入。如果你现在就有5万美元，那么你可以在10年或更短时间内退休而生活无忧。

获取利润与为逃避纳税把钱投在长期交易中相比，后者是最佳选择，但我不会乖乖待在那里。

我不呆在那里的原因是被严重高估的股市早晚会崩溃。这当然不一定发生，因为过去不一定预示着未来。但它确实有可能发生。如果你的股价从100美元跌至20美元，这意味着你的股票将彻底崩溃。只有股票增值400%，也只能是刚刚好处于崩溃与不崩溃的临界点。

多样化

你已经知道我关于市场投资多样化的态度了。这是给那些无知者的，你已不再是他们中的一员。所以你不会再多样化投资。而且你不会买由100种股票组成的共同基金来实现投资多样化。你应该把资金集中投资于一些对于你来说有意义的企业。不要买一些你不明白的技术企业来实现多样化。我们从不参与那种游戏，即使是像吉姆·克莱默这样的大投资家力劝我们，也不会动摇。

我很欣赏吉姆·克莱默，也喜欢他的讲演。如果你感兴趣的话，我建议你去看看他的演讲。你会听到很多投资理念，尽管他不称之为一号法则，但其实他也是一个一号法则投资者。吉姆·克莱默是个非常精明的人。他做很多事情都足够精明，而我只精通一样：一号法则。

我和吉姆的另一个不同之处在于他可以始终待在市场中，而我不行，我只能在某些时间留在市场，跟着那些“大人物”的脚步。吉姆告诉你每周大约要花费5小时进行研究分析。但是，坦白来讲，不是所有人都热衷于股票投资。一部分人想着边钓鱼边赚到一年15%。如果你属于这类型，那就坚持用一号法则投资吧。

把所有的鸡蛋都搁进一个篮子里，然后仔细观察。

另一种多样化方式是资产组合，包括现金、房地产、股票、债券。房地产投资和企业投资很难在短时间内转换成现金。债券，对我来说，是一个可以短期存储现金的地方。我更喜欢国库券。任何长于1年或2年的投资都存在市场风险。

但那和我投资多样化的标准有关：现金和企业股票，短期政府公债，房地产，共三大组。

我曾经拥有很多房地产，远比现在要多。那是很久远的事了，是在我学习怎样用法则和工具安全投资股票之前。之后，我减少投资房地产，大部分原因是因为我很懒惰。我懒得同那些银行打交道，查明收支报告。

剩余资金在一号法则投资的企业里运转，大部分都是流动的。

大多数理财规划师不是一号法则投资者，他们经常劝告你随着年龄增长应改变投资组合，从而降低风险。比方说“当你30岁时，你应该把所有资金投资股票，当你60岁时，不管怎样，你应该或多或少投资债券”。但对于一号法则投资者来讲，年龄不是问题。只要你头脑清晰，你就可以在股票市场投资。

而且当退休时的收益是15%而不是4%时，生活方式和水平会截然不同。一旦你真正退休，这种情况尤其明显。只要你遵从一号法则，你可以早点退休而且安乐无忧。

告别基金管理人

请牢记，你的基金管理人想要使你的钱保值（那是他工作的一部分）。你的经纪人，还有其他理财专业人士也都如此。他们都认为：

1. 你不知道自己在做什么。

2. 你没有任何经验。

3. 投资就像脑外科手术，最好留给专家来做。

4. 无论如何，没有任何人可以与市场相抗衡。

5. 对于业余人士来说，一年15%的利润不可能，所以最好别试。

6. 专业人士做不到，你当然也做不到。

7. 若你能做到，那没有人会失败。

8. 到底谁是一号法则投资者？

考虑一下这件事：很久很久以前，像我们这样的投资小户，作为农民生活在欧洲的小乡村里，每个村庄都有那么一个人，他给我们读信并回信。他精通文学，受到村民的敬畏。他涉猎广泛，文笔出色，如果你问他你是否应该学习阅读和写作，他一定会忍俊不禁，然后从书架上抱下一本极沉的精装书，打开它，给你看复杂难懂的文字。不知道为什么他认识，但对于你来讲，这无异于天书。他一定对你说："当然，只要你有时间就可以学。但老师和工具都很必要，费用都很昂贵。我怀疑你是否有能力承受，即使你有一份收入颇丰的稳定工作。此外，你大可不必这样做。这些都是我应该为你做的，而且我很乐意。如果你有任何看不懂的书籍或资料，只需把它拿来。毕竟，我在为你工作。"

等你离开那里，忘掉所有关于阅读和写作的任何想法，把它当成是愚蠢的幻想和对时间的浪费。尽管几年后，古腾堡[①]回来了，带着新技术发明——它可以使书在很多人的掌中传阅。然后不久，普通老百姓也可以阅读写作的想法便广泛传播开来。

与此相似，我认为理财教育正在接近你。很简单，不久每个人都去做。如果你继续练习一号法则投资，会受益匪浅。我始终被追问这样的问题：如果全世界的投资者都从基金管理人那里抽走资金，然后自己单独投资的话，会发生什么

① 约翰·古腾堡（Johannes Gutenberg），德国活字印刷发明人。——译者注

事？好像可怕的事就会发生。经济不是玩一场零和游戏，不一定非得分出胜负。经济从稀薄的空气中创造出价值。某人发明了某物，突然间，过去要花10小时的努力，现在只需10秒。节省10小时的体力劳动就等于创造财富。

所以说如果所有投资者都有意控制自己的钱，如果不管怎样我们是一号法则投资者，企业将停止不合理地定价。这意味着你很难得到大的安全边际。对企业所有者不忠实的管理团队不会获得投资，弄虚作假的企业不会获得投资。股市整体回报率可能会降低，因为要找到大的安全边际将越来越困难。但另一方面，市场崩盘的可能性也在下降。长期来看，这似乎算是公平合理的。不过要真的发生，需要很长时间。这期间，一号法则投资者就会享受到市场不合理定价的好处。

战胜恐惧

还记得ERI吗？投资情感法则。该法则指出，如果你一旦购买股票，它的价格将会下跌。那确实就是你所担心的。要克服害怕损失的恐惧心理，唯一出路就是确信自己不会损失。

我始终被追问，“我最少能用多少钱投资这种股票？”答案在这里：“零”。而且我确实想让你们刚开始就从零起步。投资0美元。

记住，一号法则的要求是不要用自己辛苦得来的钱冒险。如果你在一无所知的情况下开始投资，那你一定会失误，然后损失你辛苦挣来的钱，即使你是一号法则投资者。如果你从未有过这种经历，相信我，在短时间里创造出无数金钱是一件很有乐趣的事。所以，不要恐惧。因为我们不打算冒任何风险。

我们用模拟交易代替真实交易来开始。你需要准备一个本子记下你的决定和成为百万富翁的希望。

至于“模拟交易”，你首先搜索价格划算的出色企业。然后，做4M分析找到真正可以购买的企业。在你的本子上，记下企业的名称、代码、标价、安全边际价格、现金总量。你可以模拟投资10万美元，或你自己认为合适的初始投资金额。如果多投入一些，你就有能力多样化，这样可以加速你的学习进程。所以我会选择10万美元。

当3种工具都显示“买进”，那就以书面形式买下股票。如果你开始真正投资的时候，你需要记录准确的价格。所以不论你登录哪个网站进行搜寻，比如说MSN理财网站，一定要仔细观察股票目前的卖出价格。如果纽约过了交易时间（上午9：30到下午4：00），请耐心等待并观察明天早上9：30（美国东部时区）股市开盘时的价格。在像MSN Money这样的免费网站上，看到的信息通常比交易时间延迟了20分钟左右，所以你看到的价格并非交易时刻的准确价格。为了更精确起见，你可以开立一个交易账户，而后从你的在线经纪人那里得到第一手的信息。

我在www.ruleoneinvesting.com上放了一个电子交易日志，你可以在Excel中使用它作为纸质日志的模板。去下载它，做一些让你的未来变得更好的事情，从现在开始。

在你的本子里，可以记录下买股票的时间、每股价格、购进多少股和总交易额。别忘了把每次交易的10美元佣金算进去。

现在检查3种工具。只要你投资了股票，从那一刻开始你所做的一切就是观察那些工具，等待它们发出离开的信号。只需几秒时间。做几次之后，你就会明白其中的端倪，一旦你接手一些大买卖，每周只需花费15分钟时间而已。

当那些工具发出离开信号，观察价格并且记录在案，这需花费另外10美元的佣金。作为投资回报额，记录下来。你投入和退出时数据的差异就是你的盈利或亏损。现在把你所有剩余的现金添加到你的现金余额中。

以下是我根据康奈利夫妇对芝乐坊的投资建立的交易分类账目，显示出他们从2002年用2万美元开始投资，想办法从积蓄中拿出5500美元投资，到2003年底，本金已从2万美元涨到了3.95万美元。当然，一旦你真的开始投资，你的经纪人将自动为你记录下这些数据。

Buy Date	Stock symbol	Buy Price	# of Shares	$ Out	Broker Comm	Total $ Out	Sell Date	Stock symbol	Sell Price	# of Shares	$ In	Broker Comm	Total $ In	Banking Date	Deposits and Withdrawals	Cash Balance
														15-Jan-02	$ 20,000	$ 20,000
13-Feb-03	CAKE	$ 19	1000	$ 19,000	$ 10	$ 19,010										$ 990
														15-Feb-02	$ 500	$ 1,490
														15-Mar-02	$ 500	$ 24,000
							4-Apr-03	CAKE	$ 22	1000	$22,000	$ 10	$22,010			$ 24,000
														15-Apr-02	$ 500	$ 24,500
6-May-03	CAKE	$ 22	1100	$ 24,200	$ 10	$ 24,210										$ 290
														15-May-02	$ 500	$ 790
														15-Jun-02	$ 500	$ 1,290
														15-Jul-02	$ 500	$ 27,100
							7-Aug-03	CAKE	$ 23	1100	$25,300	$ 10	$25,310			$ 27,100
														15-Aug-02	$ 500	$ 27,600
28-Aug-03	CAKE	$ 21	1300	$ 27,300	$ 10	$ 27,310										$ 290
														15-Sep-02	$ 500	$ 790
														15-Oct-02	$ 500	$ 1,290
							18-Nov-03	CAKE	$ 25	1300	$32,500	$ 10	$32,510			$ 33,800
														15-Nov-02	$ 500	$ 1,290
2-Dec-02	CAKE	$ 25	1300	$ 32,500	$ 10	$ 32,510										$ 1,790
														15-Dec-02	$ 500	$ 1,790
							30-Dec-03	CAKE	$ 29	1300	$37,700	$ 10	$37,710			$ 39,500

“模拟交易”的时间应该取决于你的自信程度。如果你损失了1%到2%，不要急躁，耐心些。这种情况时有发生，即使在行情好的时候。但如果你已经通过4M测试且整个市场没有在下跌，你将会看到你的股票价格在攀升。一个小小的攀升便会减少很多损失。对于投资新手来说，模拟交易可持续6个月甚至更长时间。如果你还没有准备好进入，请不要气馁。市场就在那里，而且你每一次的亲身实践都会教给你很多东西。如果你的成效显著，那你一定很遗憾那不是一场真的交易，只是虚拟练习。每个人都有同感。但不论如何，都要从模拟交易开始练起。

Prepare for Your First Rule #1 Purchase

第十五章

为你的一号法则投资做好准备

为实现梦想做好明确的计划并立即行动，不管是否做好了准备，都立即把计划付诸行动。

——拿破仑·希尔

在我刚开始投资的时候，整个投资行业根本不适合小投资人生存。经纪人不愿意为资本少于10万美元的人工作，更不用说只有1000美元的人了。我往往要花费几周的时间来搜集信息。我想看年度报表，但是可能10天以后才能看到。我不得不到图书馆去找信息，但也总是很难找。我也从来没有及时得到过内部交易信息。内部交易几乎都不报道，即使偶尔报道了，也是交易结束很久以后的事情，那时信息已经过时。

我也从来没有听说过什么技术分析工具。如果没有人手把手教我，并在我投资生涯的每一步帮我，像我这样的导游就不可能成为一个投资人。100年以来，在金融服务业领域，事情一直都是这样发展的。投资行业从来都是为那些大庄家和有钱人服务的，只有他们才付得起钱获得那些被行业内部人牢牢抓着的情报。这就难怪直到现在金融服务业的人仍然以为小户投资者的最好选择是找专业人士帮他们投资（理财经理和顾问也依然想依靠小户投资者谋生）。在过去的100年里，说他们是唯一能够帮你明智投资的人也许很对，但是以后不会这样了。

你已经看到，轻轻一点鼠标，就能在你的电脑上找到很多金融信息。实际上，今天情况已经异于往夕。随着美国证券交易委员会（SEC）颁布强制性法令形成公平竞争环境，再加上网络设施便利了关键信息的及时传递，现在小户投资者也能轻而易举地获得许多即时信息，这些都让金融服务业感到了危机。通过把我们宝贵的时间和资源准确地集中在我们想要找的信息和怎样找到这些信息上，一号法则顺利地解决了这些问题。它教给我们一些知识和工具来获得高于正常收益率的投资回报。但是即便如此，如果以前没有进行过投资，我们还是需要克服一些在股市上真正进行投资会面临的威胁。

本章，我将带你演练一遍投资流程。首先把钱从账户中提出来，为它们创办一个适合的账户，然后就可以投资你认为出色而且能够以优惠的价格买到的股票。我要提前祝贺你迈出了这重要的一步，一旦迈出了这一步，你就能轻松获得一号法则的好处了。

开设一个经纪人账户

虽然我们可以不经过经纪人直接从股市上购买股票，就像我们直接从房地产商那里购买一份房产那样，然而一旦拥有以后，想要再卖出去就不容易了。不管是在房地产市场、石油天然气市场还是股票市场上，经纪人都扮演着重要的角色，他们使人们很容易地买卖交易产品。经纪人所做的就是让你知道什么人愿意购买，而且在你想买进或者卖出的时候，他们能够保证按照买卖双方的意愿来促成这笔交易。然后他们处理所有的文件并让交易更容易达成。

房地产交易一般进行比较缓慢，所以我们能清楚地看到整个交易的流程：经纪人把待售房产清单列出来，告诉你房屋的所有权，帮你确定为某个产权支付的价格，然后处理文件，向卖方传达你的购买意愿，在双方讨价还价时处理更多的文件，直至双方达成满意的价格后，经纪人把双方的条件列入合同，最后完成交易。当你购买股票时，整个交易过程基本是一样的。但是购买股票的交易流程非常快，你根本什么都看不到。购买一个房产可能需要60天来完成，而股票交易只需要6秒。与购买股票相比，房产经纪人根本就是以冰河世纪的速度在移动。

通过拥有大量的同类产品（公司同等份额的股票），大量的买家和卖以及有时通过自己买卖股票，股市经纪人在几秒内就能完成一次交易。一次交易中买进或者卖出股票的平均数量为345份，价值大约5000美元，但股票交易时间根本就不受股票交易平均数量和价值的影响。小额交易比大额交易所用时间更短。（还记得大庄家是如何悄悄地进入和退出市场的吧？）经过几年的发展，股市已经形成了一个非常方便的程序，使股票的买进和卖出交易比我所见到的任何其他交易都要快，甚至比你到杂货店买东西还快。

要想参与股市买卖，你要做的第一件事就是在一个经纪人那里开一个账户。你有三种选择：提供全面服务的服务经纪（如美林证券：Merrill Lynch）、折让经纪［如史考特证券（Scottrade）、嘉信理财（Schwab）、道明银行旗下的TD Waterhouse理财］和在线经纪商（如亿创理财：E-Trade）。折让经纪的范围非常广泛（信不信由你，有一些被称为“溢价”折扣经纪，还有一些被称为“基本”折扣经纪）。有大量经纪人可供选择，因此你需要花费一些时间来寻找合适的经纪人。不同的经纪人收取的佣金和交易费用差别非常大，但幸运的是，最近几年，折扣经纪人之间激烈的竞争已经使很多交易费用大大降低。当你比较不同的经纪人时，一定要考虑提供的服务范围、价格和使用的便利程度。

像摩根史坦利投资公司（Morgan Stanley），瑞银集团（UBS）、花旗美邦（Smith Barney）和美林证券这样的全面服务经纪人会为投资者提供个人服务，但是一般只服务资产超过25万美元的人（通常最低额度更可能是50万美元）。即使拥有50万美元，并且有一个提供全面服务的经纪人，通常买到的也不过是一种私人关系，而不会得到什么重要的建议。大部分经纪人都没有能力和工具来教你如何才能达到年15%的收益。也有极少的经纪人有这样的能力和工具，但他们通常都不会为你工作，除非你有上亿的资产。即便如此，也不乏有些人喜欢掌握更多线索，而且不是很在意结果，也不在意支付高额的佣金。如果你有50万美元，那么一年需要支付给全面服务经纪人大约1万美元的佣金，相比较来说，只用支付给一个在线经纪人500美元就可以进行50次交易。当然，这样的交易需要额外支付大笔费用来确定一切都进展顺利。引用巴菲特先生的一句话："华尔街是世界上唯一会有坐劳斯莱斯车的人把自己的钱交给坐地铁上班的人的地方。"

找一个在线经纪人（这些人通过电话来工作）开立一个账户，就能两全其美，充分享受网络和现实世界的双重好处。要找到一个好的在线经纪人，以谷歌搜索引擎为例，搜索"在线经纪人排名"（online broker ratings），你就会得到一个在线经纪人排名表。

许多公司每年都对券商进行排名。在所有受欢迎的证券经纪公司中找到利弊清单是一件相当容易的事情，互联网使其变得很简单。找到在线经纪公司的独立评级和排名，这可能是一个有用的起点。比如在美国，可以使用SmartMoney、Weiss Ratings, Inc.、JD Power和Keynote Systems等平台。在你的所在地，找到一个适合你自己的经纪平台，开立一个账户，会让事情变得更简单。

在你最后决定用哪个在线经纪人之前，确认一下你是否愿意用你的经纪人账户进行网上支付，还要确保你的经纪人是否为你制定了个人退休金账户，你是否能够自由投资共有基金。如果你要开设一个资产低于2500美元的账户，也要事先核对你选择的经纪人是否允许你开设小额账户。

向经纪人提出的问题：

1. 交易费用和佣金是多少？
2. 提供何种账户？
3. 各种账户的最低存款额度是多少？

4. 现金账户的利率是多少？

5. 提供什么样的银行便利设施？

6. 在购买方面会有什么限制吗？

本质上，开一个交易账户和在银行开一个支票账户没有什么区别。寄给经纪公司一张能满足最低账户余额的支票，从1美元到2500美元不等。不管存进多少钱，几天之内账户就能使用。然后你可以开始用这笔钱进行投资。

注意，有很多种账户供你选择。之前讨论收入所得税时我提到了几种账户。最常见的是个人账户和个人退休金账户。我本人强烈推荐至少要开立1个个人退休金账户，这样就既能使用退休金进行投资，又不用交税。每个好的经纪公司都会打电话告诉你如何把退休金账户中的钱转移到投资账户中，而且不用交税。他们每周都要重复做这种转移好几千次，所以你没有理由不去完全管理自己的退休金。

先前我还注意到，许多退休金账户都有很多限制。开设账户种类应该取决于收入和投资额度。目标很明确，就是尽可能把更多的钱放进最优惠的保税账户中。然后，正像我上一章讨论的，如果你有任何疑惑，就和你的会计或纳税建议者讨论你现在的具体状况。你的在线经纪人也可能帮你解决这些困难。

购买股票

开设账户以后，当你购买股票时，经纪人就会从你的账户中把钱提走，购买你指定数量的股票，直到你卖出这些股票。卖出股票以后，经纪人又会把所赚的钱打入你的账户。你的账户余额会一直显示你所持有的股票现值和可以用来投资的余额。

每次买进或卖出股票，在线经纪人都会收取佣金。几乎所有的在线经纪人收取的佣金都是一个固定的数目，为了达到获利的目的，你可以尽你所能购买更多的股票，而支付的只是一次交易的佣金。例如，不论你买了100股还是1000股，佣金都只有9.99美元或者经纪人收取的数目。这样你能物有所值。

虽然跟以前相比，佣金已经很低了，但如果你没有足够的钱用来投资的话，这些佣金累计起来也还是很多的。考虑一下，如果你仅仅投资1000美元，当你买进的时候，10美元的佣金就占了1%。当你卖出的时候又支付10美元，1%。这就意味着只有股价上涨2%，你才能收支平衡。因此非常有必要尽快把你的投资账户余额累计到大约5000美元。对于5000美元来说，10美元的佣金就不算多了。

一旦开设了账户，你就已经完成了一号法则的基本工作了，而且你已经准备好去投资了，接下来你将面临一些选择。

当你打开账户，并且按下“交易”按钮，输入你想要买的股票代码，它会告诉你一些像“获得报价”这样的信息。这意味着经纪商会找到买家给出的最新报价，这叫做买价。也会告诉你卖方给出的最新报价，这叫卖价。最后，网上还会告诉你最后价格，也就是最后实际买卖股票时的价格。

在我写这本书的时候（2005年），全食超市股票**WFMI**的买价是每股134.62美元，卖价每股136.68美元，最后价格是135.95美元。我想你已经注意到了，最后价格介于买价和卖价的中间。不管你是买进还是卖出，一个好的在线经纪商会为你寻找这个中间价位。而一个不是很好的在线经纪商就会在高价时为你买进，在低价时又为你卖出，这样每股你就损失了1美元或者2美元。信誉良好的经纪公司就不会这样做，这也是为什么要选择这种经纪公司的一个重要原因。有时股票的买卖价相差很多，但是对大多数契合一号法则的公司股票来说，买卖价之间的差别一般都很小。

当你点击“买进”时，网络就会让你输入你想要购买的股票代码和数量。我经常用股票总额除以最后交易价，得到购买的股票数量。举例来说，你想要购买沃尔格林（Walgreens）10000美元的股票，而沃尔格林股票的最后交易价格为34.51美元，你就用10000除以34.51，然后得到289.77股。你就买290股，再加上10美元的经纪人佣金，这笔交易的总投资额就是10017.90美元。或者，如果投资账户只有10000美元，你可以买289股，这样加上经纪人佣金，你的总投资额就是9983.39美元，你的账户中还有16美元的余额。

输入你要购买股票的数量和代码后，网络就会让你选择使用市价指令还是限价指令。如果你选择市价指令，就相当于告诉你的经纪人以当时市场上的股票卖出价格购买股票。在这个例子中，你最有可能在34.51美元这个价格附近进行交易，毕竟最后价格是最好的市场价格指示器。如果市场价格上涨，你就可能要多付一些；市场价格下跌，你就少付一些。因为你只购买290股，而一次交易的平均股票数量是345股，所以你的购买指令一次就能完成。但另一方面，如果你要购买1000股，你就会看到2次或3次交易，每次交易300到500股，每次交易价格很接近但不可能完全一样。但是，你只支付一笔交易费用。（我喜欢使用市价指令进行交易，因为这样交易就能在我关注股市的几秒内完成，然后我就能放心地去滑雪了。）市价指令非常有意思，因为交易发生得非常快，往往在你点击去看指令是否下达的时候交易就已经完成了。

限价指令和止损指令

然而，有时我们也许想买进股价波动非常厉害的股票，这次交易和上次交易的股价差别可能高达1美元。一般来讲，这不是一号法则推荐的股票的典型运动特征。因为这样剧烈的股价波动，一般情况下常发生在小公司或者新公司的股票上。这样的公司并不符合我们可预测的要求。但是如果我们想买的股票价格有这样的剧烈波动，就需要下达限价指令，以防购买股票时多花不必要的钱。

当你点击“限价指令”时，网页将询问你能够接受的最高价格。假设我最多愿意以每股34.80美元的价格购买沃尔格林的股票。如果我在这个价格处输入限价指令，我的经纪人将尽力在这个价格以下为我购买股票，而绝对不会以超过34.80美元的价格交易。如果没有人愿意以低于34.80美元的价格卖出股票，我的指令就会一直待在经纪人那里，直到价格低于34.80美元。如果价格低于34.80美元，经纪人就会购买股票，以可获得的最好价格进行交易。很多有经验的投资者都只使用限价指令。同时你也可以设定限价指令的有效期限，如果限定的价格从来没有达到过，那么过了限定的期限以后指令就自动取消。

在现实中，你会一次次被小公司或者首次公开发行的股票吸引。知道自己在做什么可能需要几年时间。坚持购买可预测走势的股票。因为有时你会发现一些股票的价格难以置信地优惠，只是交易量不大。缺乏活跃的交易使股票的“流动性不足”，这意味着如果股价没有显著下降，你就不能轻易脱身。在特定股票上我喜欢看到平均每天至少有50万股的交易。我知道那听起来很多，但事实上并不多。微软每天有大约500万股的交易。如果你被每天只有5万股交易的公司吸引，我保证，如果你买了它，就会亲身体验一下大庄家的经历，但除非价格明显下跌，不然根本不可能脱身。

我曾经买过小公司的股票，每天的交易量只有2万股，而我买了3万股。几周之后，我清醒时才发现在我卖出股票的时候，只能眼睁睁看着股价像掉下的砖块一样下跌。我开始出货，但在我卖光之前股价已经从1.20美元下降到了0.80美元。这就是机构投资者每天的感受，我一点都不喜欢这种感受，我想你也不会喜欢，所以直到你有足够的经验之前，都不要涉足交易量小的公司股票。

移动止损法是在你没有注意到的情况下保护你免受价格下跌影响的好办法。移动止损法即设定一个止损指令，也就是设定一个低于现价的固定百分比水平。当股市价格上升时，止损指令设定的价格就会自动跟随现价进行调整。对于不喜欢时刻关注股市的人来说，这是一个非常好的工具。这个方法在减少你损失的同时，还能增加你的利润。当市场价格在标价的20%范围内波动时，就非常有必要使用止损指令或者移动止损法。这是大庄家开始紧急抛售股票的价格范围，因此瞬间之内就可能发生很多事情。一般移动止损法设定的百分比是5%。

跟经纪公司核实它们允许你如何使用这些指令。一般情况下止损指令是不需要额外付费的，所以这些指令就是你正常交易的一部分。要制定止损指令，大部分网站都只需点击“卖出”，然后选择“移动止损法”。

“市值”指的是所有已发行并被投资者持有的股票的总价值。股票的市值等于已发行股票的数量乘以现在的市场价格。

有一个好的方法可以估计市值，以及检验股票是否拥有足够的市值使得对它的投资是正确的。一般来讲，你希望找到日成交量超过50万股的股票。如果每股定价少于1美元，那么日交易量就需要超过100万股。基本的想法就是每天都有足够的成交量，这样你就可以在不影响股票价格的情况下顺利退出。

另外一个方法就是确保你持有的股票价值总额少于平均成交额的1%。举例来说，全食公司股票每天的交易量大约为90万股，每股130美元，每天的成交量就是大约1.2亿美元。那么任何时候，我都不愿意持有价值超过10万美元的全食公司股票。如果你投资超过这个数目，那么当你准备突然退出时就会引发一次大规模的抛售。

要记住，真正用钱投资之前，你必须拥有一些钱。我的建议就是，从你开始学习要成为一号法则投资者那刻起，就要紧衣缩食，停止去买那些华而不实、只能给陌生人留下深刻印象的东西。作为新手，我依靠一个睡袋和背包生活，已经觉得非常舒适。在我遇到沃尔夫并进行投资之前，我从19岁就开始那样的生活了。对我来说，每次投资都紧紧抓住每一毛钱不成问题。但不论赚了多少钱，我只尽力以同样的方式生活。当然，我承认一旦一号法则帮我创造了财富，我就可以立即用这些钱去买一个房子和一辆捷豹汽车，但我更愿意将我的钱再次投入到这精彩的投资当中去。所以我就买了辆捷豹汽车。刚开始我觉得特别不好意思，然后也就习惯了。当这辆捷豹出现问题时我就以比买时更高的价格卖掉了它！卖掉了这辆车后我买了一辆吉普车。这更像我的风格。要记住，一号法则在很多市场都能发挥作用——房地产、汽车、钻石。你需要做的就是用50美分去购买1美元价值的东西。

你应该拥有多少股票呢？巴菲特先生拥有30只，当然他也有600亿美元用于投资。如果你的资产达到了1万美元，那你就应该只买1只股票。如果达到了2万美元，那就能买2只。最多只买5只左右。最终要跟踪观察监视列表上的30或者40只股票。这些公司应该属于不同行业，而且都符合一号法则，但要么不能以安全边际价格获得，要么没有引起市场足够的兴趣，所以没有吸引机构投资者投资，推升股价。你应该时刻关注这些可能的庄家，当他们又对这些股票感兴趣时，你就可以考虑买进这些股票，并抛出价格失去吸引力的股票和已经失去了机构投资者支持的股票。每次你都应该把钱集中在一到五只股票上，这些股票应该是你很熟悉并且股价依然低于标价的。

如果以标价购买股票也没有什么问题，那为什么不跳过所有的安全边际价格，直接以标价购买呢？因为MOS意味着：这是一个安全边际，可以帮助你避免其他可能发生的错误。如果我们获得了正确的标价，我们就可以在股价从安全边际价格到“标价”的大幅上涨中获利。在这次获利时，我们希望回报率比15%的目标回报率高得多。一旦我们抓住了这个上升机会，就可以一直持有股票，直到股价加速上升达到并超过标价。当达到标价开始：（1）这只股票就不可能继续带给我们之前的回报了；（2）如果我们继续寻找，一定也存在其他很多符合一号法则标准的股票，能够以安全边际价格获得。那么既然稍微努力一下，就能够找到带来20%或者更高回报率的股票，为什么还要接受15%的回报率呢？

你的第一个1000美元

现在你已经完全准备好了。那么就用这全部的1000美元去购买符合一号法则的股票吧。即使你有更多的钱可以用于投资，也只用1000美元开始。当你对"现实世界"的投资觉得有信心的时候，你就可以再多投资一些钱了。购买一只股票，使用这3种工具进行监控，在接下来的几天、几周甚至几个月之内，你都必须在每天的某个时间点上检查这些工具。没有必要每天一开盘就去股市看一下，但是一定要坚持每天检查这3个工具。当其中一个工具显示出消极信号时，就是该卖出的时候了。MACD或者随机指标发出消极信号时，你应该严密监视第三个工具是否也显示消极。如果是，你应该立即回到在线经纪人账户，卖掉这个公司的所有股票。然后等着这3个指示器告诉你大庄家何时再回来。

准备好应付这些。这些工具能做的事情就是：防止股价暴跌；让你在股价大规模上升之前买进这些股票。其实这也就是你需要的全部。

请格外注意：永远不要忘记，如果你试图去买价格已经远远超过了票面价格的股票，这些工具也有可能不能帮你赚钱。如果你在确定股票的票面价格时犯了重大错误，那么当股价下降，低于你认为值得的价格时，这些工具将让你进行很多次只能保持收支平衡的交易。一定要保证投资之前你已经做了全部的一号投资法则分析（4M检查）。如果你连续几次交易都只是收支平衡，也许你应该重新用4M来检查这只股票。

不管你有多少资金能用于投资，我都让你从1000美元开始进行投资。原因是我想让你亲自确认一下，你真正用钱投资时能够和模拟交易一样获得成功。一旦你真正确信，即使你给股票估错了价，用一号投资法则进行投资时依然不会有所损失，那就能增加投资账户中的钱了。把你的账户总额增加到3000美元，然后继续投资，直至你确信在投资时任何非理性因素都不会改变你的处理方法。当你确定你能完全控制股票的正常收益率时，你就能把账户资本增加到5000美元了。

一旦账户总额达到5000美元，那么每次买进卖出股票时缴纳的佣金就不是个大数目了。举例来说，在史考特公司，70美元的佣金允许让你在一年之内买卖一只股票5次，投资5000美元，一年70美元的佣金也就才1.4%。

很明显，你肯定不想挣了钱以后还去缴税，所以就在你的个人退休金账户中尽可能地投资吧，毕竟个人退休金账户是不用缴税的。掌握了投资精髓之后跟着大庄家买进和卖出股票就行了。

风险投资

一旦你成为一号法则投资能手，就能积累数量可观的一笔钱供你投资，你的好奇心就会膨胀。你可能想尝试把一号法则运用于你感觉非常好但是相对较新的公司。那么，一号法则到底有没有例外呢？

偶然间我发现了一个高科技公司，我认为它已经通过大部分的4M检查，但是却不能完全符合一号法则，因为这个公司还太新，只有10年的交易记录，同时对于一个导游出身的投资者来说这个公司也过于高技术化从而难以全面了解。但是，我仍然认为自己对这类公司已经足够了解。而且，它的股票市场价格远远低于票面价格。事实上，很久以前我就向这种诱惑屈服了。我只是还不能一直都安全操纵这种股票，但是我真的想拥有能够改变世界的股票。所以我就创造了所谓的风险股票投资组合。下面是一些规则：

1. 在股市上你最少拥有5万美元资本。

2. 只能把资本总额的10%投资到风险股票投资组合中。

3. 你必须相信自己真的了解这只股票，即使事实上你并不了解。

4. 像老鹰一样时刻关注3种工具。

风险投资非常奇妙。而且当你擅长这个投资以后，最大的获利将来自于这个投资组合。我投资成功的第一个公司是一个小的生物技术公司，第二个公司是一个小的软件公司。在更大的公司收购它们之前，这两个公司都不是很大，但是它们给我带来的回报却是巨大的！亲眼看着1000美元的风险投资在4年的时间内变成100万美元的感觉非常棒。而且，有了3种工具以后，价格下跌的损失与价格上涨带来的收益相比非常之小。

底线：找到价格暴涨的热门股票是一件很有趣的事情。你可通过风险投资将你的投资组合水平直接提高一个等级，但是等到你对每年15%—20%的回报率感到厌烦的时候再去考虑风险投资，好吗？（永远不要认为风险投资就不用承担风险了！）

现在就去投资吧

讲到这一点的时候，我的老师对我说，“那么，现在就去投资吧。”一次只迈一小步。不要着急往前冲。因为市场是狂热的，你每时每刻都能以优惠的价格买到好公司的股票。你的任务就是一步一步从容进行，坚决不能违反一号法则。在开始的时候，我会说每天花费15—30分钟的时间就可以了。然后，当你有了一系列想要购买的公司股票时，就要减少到每周15分钟。所以，去股市逛吧，找到合适的股票，然后享受一号法则给你带来的财富吧。

Q&A

第十六章 股票投资常见问题解析

任何个人都没有理由在家中拥有电脑。

——肯·奥尔森，数字设备公司总裁

问：如果我是一无所知的新手怎么办？我从来没有在股票市场上投资。我不了解它。我干得了这项工作吗？

答：你是我喜欢的学生。你当然能够学会做这项工作。要循序渐进，牢记一号法则。开始挑选可以购买的一家企业。越快列好自己的购买清单，就能越快买下企业，让精明的企业家使你致富。不要随波逐流，让没有实际经验的人告诉你干不了。你为何要让他来决定你20年内的生活呢？

问：市场上的投资活动实际上如何运转？我需要一位经纪人吗？

答：你需要经纪人，但不需要每次交易都支付昂贵的费用。顶多应支付5美元到14美元。在经纪公司开设账户就像开设活期存款账户一样。你把钱存入一个账户，就可以准备开始了。要习惯经纪公司网站上的功能可能需要一些时间，但是它们大多数的运作方式都是相似的。点击交易按钮，输入你想拥有的公司的标识和股票的数量，点击“限价指令”，浏览一下你即将实施的购买，如果情况看来对头，再购买。就这样简单。经纪人会立即在最合算的价格上买进该股票，从你的账户上划拨资金。你卖掉股票后，反复采取类似的步骤，经纪人会对你的订单采取逆向操作，把钱放回到你的账户中。当然，如果你不是按照买入价抛售股票，经纪人就不会把相同数额的钱放回你的账户。

问：要习惯当一名一号法则投资者需要花多长时间？将会牺牲多少工作时间和与家人共度的时光？

答：我每周大约花费15分钟查看我的证券投资组合，计算数字。有时花费的时间较长。但大多数时间，只需不到1分钟。这是因为我想要拥有的企业的列表相当短，并且拥有得心应手的工具。如果我列表上的企业有大量的机构投资资金涌入，就是我采取行动的时候了。否则就没有任何事情需要做。一些投资专家在这个问题上与我发生分歧。有些人认为，每周每家公司需要花费1个小时左右，而且起码需要有5家公司。这就意味着每周5个小时。但实际上，这些人始终都待在市场上，试图赚取很高的回报率。我这样做只是为了避免赔本，我乐于每次长达几个月都不进入市场。

问：我该如何起步？一旦开始投资，最初几步怎么走？

答：我的一号法则10项步骤如下：

1. 牢记目标：花50美分购买1美元的价值。

2. 做好准备工作，找到少数几家符合前3个“M”的企业。要记住，具有可预测前景的企业就是卓越的。你必须了解它，想拥有它，并且能够发现高超的领导才能和耐久的护城河。

3. 要想知道是否发现了花费50美分购买1美元价值的机会，必须了解企业的价值。这就要求你要能够在一定程度上预测其未来。要进行计算，以提出一个保守的标价，并以此为依据计算。

4. 确定安全边际。

5. 制作一个监视清单。

6. 耐心等待。

7. 当“市场先生”提出的价格与你的要价相符时，准备采取行动！

8. 监视“3种工具”，以了解何时买进和卖出，在所有工具都发出“行动”

指示的时候采取行动。

9. 跟着庄家进出市场，用好这些工具，直到“市场先生”给出的价格达到或者超过标价。

10. 当“市场先生”的价格高于标价时，请把这家企业放回到监视清单上，然后去寻找一家可以收购的新的企业。

问：是否有一家网站可以帮助我完成这些一号法则工作呢？

答：是的，就是我的网站：www.ruleoneinvesting.com。

问：您可以告诉我们您过去收购了或者回避了哪些企业吗？

答：如果你想获得股票方面的具体指点，就是没有领会本书的要旨。我想让你集中精力学会如何成为一位一号法则投资者，找到对你来说有意义的企业——你所了解和想要拥有的企业，这种体验是你的切身体验。我的经历对于你成为出类拔萃的一号法则投资者来说无济于事。推荐股票有悖于我的一号法则。请记住，一号法则是投资企业，而不是股票。拥有一家企业是个人价值观、学识和见识的表达。我可以告诉你我曾经拥有和回避了在本书中所谈到的这些股票。

问：您在投资中会犯错吗？您是否曾经有过重大失误？

答：我当然有过重大失误，但我还没有犯过使自己亏本的重大错误。之所以损失了部分收益，是因为像巴菲特先生对待可口可乐公司一样，我持股的时间太久。我曾经用大约50万美元买进一家一度使我赚了100万美元的软件企业，但是我以为它会赚到2000万美元。它的确做到了，但是被严重高估，然后突然间暴跌。我带着我的100万美元解套，幸免于难。我从中学会了恰好在股价达到或者刚刚超过标价的时候平仓。

问：您这样大谈巴菲特，我很想知道：我是否应当在他的公司投资？我是否应当投资他所投资的公司？

答：我喜欢巴菲特先生的投资原则。他是一个伟大的偶像，因此人们很容易依赖他。既然你已经读了这本书，你实际上已经知道这个问题的答案：请让伯克希尔·哈撒韦公司接受4M的检验，看一看：你是否认为这是一家卓越的企业？它的价格是否十分划算？如果在你看来它是卓越的和划算的，就请购买。

至于巴菲特先生通过伯克希尔公司拥有的企业，像可口可乐公司和华盛顿邮报，对它们进行4M检验，如果在你看来它们很卓越和划算，就将其买下。你也许会发现它们卓越但却并不划算，那么就请将其放到监视清单上，每年大约4次更新标价，如果它们变得划算，就将其买下。但是永远也不要因为别人买了一家企业你也买下。巴菲特先生总是不断地收购企业，进行套利或者置换债券方面的活动。因此如果一家企业没有达到一号法则的标准，我不在乎谁拥有它，我会另辟蹊径。

问：如果你对伯克希尔·哈撒韦公司做一项一号法则分析，情形会如何？

答：就是这样：

有关伯克希尔·哈撒韦公司的一号法则分析

（2005年9月左右）

当前价格：82990美元

前推12个月每股盈利：4736美元

5项重要指标	历史	5	3	1
投入资本收益率	11%			
股本	21%	9%	15%	12%
每股盈利	24%	27%	144%	-10%
销售额	37%	25%	25%	16%
现金	21%	23%	-2%	-16%

5项重要指标增长率：17%（我的预测）

分析师估算的增长率：11%

一号法则增长率：11%

历史市盈率：22

2×增长率计算市盈率：34

一号法则市盈率：22

预期每股盈利：13447.50美元

预期价值：295845美元

标价：73128美元

安全边际：36564美元

我的估测结果而不是分析师的预测：

预期每股盈利：22765.14美元

预期价值：500833美元

标价：123798美元

安全边际：61899美元

问：假如一个精明的人考察一家公司，进行了所有的计算，看到巨大的潜力，但是没有任何基金管理人同意，因而股价从不上涨。因此投资活动的关键难道不是预测大多数人都会做什么吗？换言之，就是为多数人设身处地地着想，像他们那样看待市场？

答：问题在于，这与投机和股票投资相关。作为一号法则投资者，我们必须像企业所有者一样行事，而不是购买股票。我们不在乎股票市场，只想以十分划算的价格购买一家卓越的企业。别人做什么或者想什么不关我们的事。对学者们和股市的涨落关注得越少，我们的境况就会越好。

如果我们按照适当的安全边际价格获得适合的企业，就会赚钱，我们只是不知道需要等到什么时候。对我们来说，“多数人”不同意我们的观点并不相干，因为我们知道，到某一时刻，他们会逐渐地同意我们的看法。对此我是可以打保票的。

问：如果我在一段时期里不能监视市场怎么办？比如说当我度假的时候，或者知道连续几天我都不会有机会上网和进行交易？止损或限价单的情况如何？

答：如果你将无法监视你的投资，止损就是一个好主意。止损单是使损失减少到最低限度的一条途径。当某只股票达到一定的价格，比如低于你愿意支付价格10%的时候，你向经纪人提交订单，指示他购买。我动用这种指令的时候，将其确定在低于目前价格5%，因为我知道，降低5%通常产生技术上的退出信号。（一旦降低5%，所有3项工具都会发出“退出”信号，即使我当时无法了解到这些信号。我的订单会照顾到这项工作。）

如果你能够采用移动止损，跟随股价，请这样做。在大多数经纪公司网站上，这都叫做“移动止损”。当然，你可以平仓，在几周时间里不去管它，而不会造成任何损失。我去年和孩子们一起去罗马时，就是这样做的，在3周时间里完全把它忘掉。

问：周期性股票的情况如何？符合一号法则的企业有没有周期性的？如果没有，那么我是否还能在这种股票呈上升趋势的时候，运用3种工具在其中投资？

答：首先我们来界定“周期性”的含义。周期性股票是随着经济增长的波动而涨落的股票，尤其是随着具体产业的周期。例如，汽车制造公司和飞机制造公司受到经济的影响（人们在经济不景气的时候不会购买轿车。同样，航空公司在经济繁荣的时候购买新的飞机），而医疗保健一般不是周期性的，因为人们无论如何都会购买药品。周期性产业的其他例子包括钢铁、造纸、重型机械和家具等。周期性产业对经济周期和物价的变化很敏感。另一方面，一些公司的产品或者服务无论经济情况如何都有需求，这些公司称为“长期性”或“非周期性”企业。

一句话，一号法则的要旨是以半价购买1美元的价值，无论是什么样的企业。实际情况是，在周期性企业身上很难这样做，原因很简单：这些企业增长速度都会减慢，没有办法确切地知道这种减速会持续多久。而如果你不知道是多久，怎能知道它值1美元？尽管如此，有了3种工具，在一家周期性企业摆脱周期的时候，你还是可以买进的。如果抓住了适当的时机，可以做得很好。只需运用工具，如果在几个月中没有任何情况发生，也不要无所事事。

问：我要创建我所中意的公司清单，需要多少时间？

答：对最终放到你的监视清单上的每家公司需要进行4—10个小时的研究。具体情况要看你已经知道多少。对大多数人来说，我们已经对自己喜欢拥有什么成竹在胸。很显然，你不会在你所考察的每家企业身上都花费4—10个小时。但是如果把范围缩小到少数候选者，你就会在这些精选的少数企业上花费更多时间。如果使用最好的工具，理财研究会十分迅速，而利用免费的东西就比较慢，但是这又何妨？没有必要仓促行事。市场不会发生很大变化，请相信我的话！你所物色的是便宜货。选购商品就是一种乐趣，请慢慢来，充分享受这一过程。

问：如果我花不起钱购买专业工具，到哪里去获得研究资料？

答：种地仅仅是挖一个洞，然后把一粒种子放进去。一些农民仍然用棍子挖洞。一些则使用大型拖拉机。拖拉机要快得多，但是要旨在于，你不需要拖拉机。它是不是更能干？是的。更快？是的。活干得更好？是的。但是如果你买不起拖拉机，仍然能够种地。投资活动就像这样。“棍棒”方式投资就是获得年度报告，从中挖掘。很慢，慢得要命，但却是可以的。如果四处搜寻一下，你会找到一些免费的互联网工具。这些网站包括了几千种股票的数据资料。目前它们的搜索工具还很平庸，但是只要你知道你想要研究的是什么公司，互联网上的免费信息高速公路就能为你提供70%左右的东西——如果你不介意四处挖掘，以挖出这些数据的话。第一次不要望而生畏。一旦习惯于使用互联网获取信息，就要摄取你所需要的东西，然后加以识别。

除此之外，还需要利用一个强大的搜索引擎来获取新闻和了解企业的管理层。还可以使用我的一号法则计算器。另外，从一家理财网站或者经纪公司网站获得关键的指标，包括平滑异同移动平均线、随机指标和移动平均线等。

问：如果我负债累累怎么办？

答：在特种部队长期服役的好处之一就是，对于生活中出现的小问题，我都能够泰然处之。一旦经受过枪林弹雨，别的事情似乎都无关紧要。因此，关于负债累累的问题，我首先能对你说的就是要采取合理的态度。采用特种部队士兵处理不测事件的方式来思考：没有人丧命，我们仍然很健康，仍在参与游戏。

但是，在这里要采取合乎实际的看法，因为你仍然很难摆脱债务的压力。因此要想解决这个问题，必须获得较好的培训。

首先是培训：请阅读苏兹·奥尔曼（Suze Orman）、威廉·丹克（William Danko）和戴维·巴赫（David Bach）等人的书。他们的书会帮助你在自己开始还债的时候就有钱可赚。

然后，制订一项计划并坚持按计划行事。要牢记目标，不出几年（也许是5年左右，这并不重要），你就会摆脱债务，有钱可以投资。

与此同时，在你偿还债务的同时，你将获得最重要的东西：投资经验。不论你负债与否，如果你刚刚开始进行一号法则投资，我建议你用30万美元进行模拟交易，直到熟练为止。这也许会让你花费2个月或者2年时间。但这完全可以，因为你拥有了宝贵的经验，同时解决了债务问题。

问：经常买卖股票在纳税方面带来的后果是什么？

答：如果你采用个人退休账户，就不会带来任何纳税方面的后果。在个人退休账户内，你可以随心所欲地买卖，而不用缴纳收益税。如果你在一家小企业工作，或者自己就是企业所有者，就能每年都把几千美元放入个人退休账户之中。这是一个很大的好处。如果你有钱可以投资却无法进入一个在税收方面得到保护的账户，那么你不会因为税收问题抛售。这有点愚蠢，对吗？因此如果你必须纳税，就纳税吧。如果你每年赚取15%，最终赚取了10%，这难道不比亏本要好吗？

问：哪个指标是5项重要指标当中最重要的，为什么？

答：最重要的是投入资本收益率（投入资本回报率），因为它使我们了解到有关企业管理水平。其次就是股本的增长率，因为它是标价（亦称内在价值或零售价）增长率的近似。如果股本每年上升24%，标价最终也会反映出这一增长率。但所有5项指标都很重要。

问：我知道，我必须不断追踪有关我的企业的新闻和数据，但是我应当在多大程度上不断追踪世界上所发生的事件以及一般性的新闻呢？对于所有那些电视（尤其是有线新闻电视台）的理财节目应当怎么办？

答：你的确必须不断地进行充分的追踪，以了解你所拥有的企业。除此之外，依照我个人的观点，我宁愿去玩滑雪板或者在山里骑马，也不会听在电视节目中露面的人物的那种夸夸其谈。我每天仅仅对3项工具匆匆瞥上一眼，为的是监视机构投资者。请相信我的话，与你我相比，对于正在发生的事情及其对你的企业的影响，他们所知道的总是要多得多。因此，一旦你挑选了中意的企业，就要注意庄家如何买卖你的企业的股票。与阅读和看电视相比，你这样做所了解的情况会多得多。如果他们开始疯狂地抛售，你可能就想要看一看新闻了！

如果你还是观看电视上露面的人物，请记住你所观看的是一场游戏。这些家伙投入了大笔的钱，什么能够促销他们的企业，他们就会做什么和说什么，尤其是如果他们想要抛售的话。尽管如此，我还是喜欢看吉姆·克莱默的节目。他是一个狂人，但却是精明的狂人。你所能做的莫如考察一下他在节目中表示喜欢的那些企业。

问：是否有适当的时机可以买进一家指数基金或者产业基金？

答：你可以把指数基金当作股票来购买。它们被称为交易型开放式指数基金（ETF）。购买指数基金的好处在于不必找到满足所有4个“M”的卓越企业。只需拥有指数基金或者产业基金中的所有股票（可以解释为“好坏都有”）。最大的不利之处是，指数基金会按照它所有股票的平均数上涨，而通过了4“M”检验的卓越企业没有这种局限性。例如，5年来食品零售商和批发商指数基金的增长率为零，而全食超市却上涨了600%。另一方面，如果你不想知难而进地学习一号法则投资，那么次优选择就是长期指数基金。

问：如果一家公司提供大笔的股息，对一号法则投资者来说，这是好事还是坏事？

答：都不是。要看具体情况。我们喜欢企业利用剩余现金扩建企业，只要投入资本收益率保持在很高的水平。如果投入资本收益率下跌，我们希望获得股息，将其再投资到安全边际很大的某个领域中去。

问：进行交易的最佳时机是什么时候？早晨、中午还是收盘以后？周末怎么样？如果我周五找到一家可以购买的企业，我是否要等到周一早晨开市？

答：收盘后再查看。如果在交易日查看，只会扰乱你的ERI，使你发疯。请放松一下。“开夜”车很好，但最适当的时机还是每天花费2分钟，即使需要周末。

问：用债券来平衡一个证券投资组合有什么好处，如果股本收益率平平而债券蒸蒸日上时，一号法则投资者能以何种方式参与？

答：请记住这一点：我不在乎你买的是房地产、股票、非上市企业、金币、老爷车，还是债券，一号法则投资不是“平衡的投资组合”，而是购买1美元价值，而仅仅付出50美分。所以，如果你知道债券很便宜，就买债券。要记住，在几乎任何股市条件下，都有卓越的企业按照十分便宜的价格出售。

问：有时是否可以按照标价水平或者稍低于标价的价格收购一家卓越的企

业？如果我找到一家价格中等的出色企业怎么办？

答：查理·芒格是沃伦·巴菲特的合作伙伴，他依靠自己的能力成为一名杰出的投资者。他说，最好是收购一家价格中等的卓越企业，而不是一家价格十分出色的中等企业。然而，查理和沃伦十分擅长估算一家企业的价值。你我呢……咳，我们不是芒格或巴菲特。因此我们需要依靠很大的安全边际来免除后顾之忧，以防在标价问题上出错。越是接近于标价购买，如果在估算标价方面严重失误，你留有的余地就越小，在股价上涨时迅速获利的可能性也就越小。因此，我建议你等待以后购买。如果你非要拥有这家企业，那么一定要起码拥有低于标价20％的安全边际。然后，要密切监视庄家的动向。要始终牢记，只要你多下功夫，就有其他卓越的和价格更加划算的企业可以购买。

问：一些投资专家说，收购企业时不考虑利率很愚蠢。我在多大程度上应当注意美联储的行动和当前的利率？

答：不用怎么考虑，但并不是不考虑利率。这是因为首先，我们要求获得15％的收益率，其次，要求安全边际达到惊人的50％。利率在计算这两个数字时已经考虑在内。

问：在著名的大公司身上赚很多钱是否很难？最大的收获是否来自于在不知名的企业创设时就加以辨别？

答：也许精神上的最大收获来自于找到下一家初创时的戴尔公司。但是，大多数时候，你为收购不可预测的企业付出的代价远远超过所得。在著名的大企业定价严重过低时，将其买下要安全和有利可图得多，因为我们能够知道它的定价严重过低。如何才能知道一家创业企业的价值？就连风险投资人士也并不真正了解。要坚持依靠已经建立了很宽护城河的企业。虽然没有一鸣惊人的新企业所带来的刺激，但却可以高高兴兴地安度晚年，而不用为钱犯愁。如果你像我一样，不能克制自己，因而总想投资少数具有改变世界潜力的企业，那么请用自己的一小部分资金建立的风险企业投资组合来做。

问：我通常自己用便捷的软件计算纳税。然而，一旦开始交易，建立了一号法则账户，我是否必须找一位好会计，让他处理纳税材料？

答：你大概不会进行那么多买卖活动。你可以自己来处理会计工作。

问：我兄弟是一位理财分析师，他认为我亲自来管自己在市场上的钱很愚蠢。我应当对他说什么？

答：要和颜悦色。他就像500年前为村里阅读和写信的秀才一样。尽管他非常爱你，但是如果你自己来做这件事，会有悖于他所相信的每一项行为模式。此外，他实际上不想让你学会理财，因为那样，你就不会需要他了。告诉他你明白自己做这项工作是愚蠢的，但是你无法克制自己，你希望今后需要的时候他会帮助你。然后，到市场上去，第一年就赚取20%的收益，就在他建议投资的共同基金收益为零的时候。向他展示你的成果，然后问他是否认为20%的收益率很不错。我的一位学生在进行一号法则投资的第一年年底把成果告知对他持有严重怀疑态度的会计师，问他做得如何。会计师计算了一下说："你去年赚了36%。"我的学生故作无知地说："这出色吗？"所以现在，他的会计师成了一名一号法则投资者。

问：几个月前我以十分划算的价格买下一家卓越的公司，公司的业绩一直很好。但是现在看来，它却已经碰壁，虽然各项指标都显示我应当抛售，但是我真的不想这样做，因为我知道，这家公司的股价将会反弹并继续攀升。您有什么忠告？

答：你肯定可以继续持股，如果你收购这家公司的时候它完全符合一号法则的所有标准。但是现在的做法就是在碰运气，可能会做对，也可能会做错，但却不得不在一段十分艰难的时期里，或者在严重的市场崩溃期间持股。请记住对于今天市场上的任何股票，我都说过什么：由于只有基金管理人能够控制的种种市场力量，即使你收购达到了一号法则各项标准的卓越企业，其股价也可能会莫名其妙地暴跌。因此，要积极地投资或者避税，就得避免很多风险。底线在于要另辟蹊径，找到更好的企业，而把中等的企业留在你的监视列表之中。你随时都可以将其购回！

问：您对初级产品企业的看法如何？一些初级产品企业的财务状况与一家拥有很宽护城河的公司相比难道不是更好吗？即使仅仅因为前者经营状况较好？如果我打算购买初级产品，比如说一种金属，拥有金属本身难道不比拥有一家金属公司更好吗？

答：按照定义，一家初级产品企业是没有任何护城河的（就是说它不能满足一号法则的4M）。无论其财务状况是否出色，一家没有护城河的企业在长期里都是不可预测的，因为它没有能力使股价持续上涨。去年的玉米价格与1948年完全相同。没有人知道2015年玉米的价格会如何，但是我可以跟你打赌，起码根据生活费用指数计算，可口可乐将会涨价。如果你问我在初级产品方面进行投资如何，我只能告诉你，这是巴菲特等高深投资者进行的博弈。目前请坚持练好基本功。扎扎实实每年取得15%以上的收益率，就会使你获得充分的幸福感。

如果你想要通过购买一种初级产品来打破一号法则，我的建议是购买反映初级产品价格的初级产品交易型开放式指数基金（ETF）。例如，你可以拥有黄金指数基金，而不是黄金股票。只要黄金价格上涨，黄金指数基金就会上涨。在买卖ETF方面，我们的工具十分便利。

问："平均成本法"怎么样？无论市场行情如何，"平均成本法"不是都会带来长期收益吗？

答：如果市场行情或者股票在20年里飘忽不定的话，无论是在共同基金还是股票投资方面，"平均成本法"都不会保障盈利，更遑论过上优裕的退休生活了。由于一号法则投资者所坚持的价格，以及有3种工具可以保障我们的安全，因此平均成本法对我们一无是处。